Livia Schwander

*Seelenblicke*

*Auf dem Weg in eine neue Welt*

*Band II*

AF237614

LIVIA SCHWANDER

# Seelen blicke

AUF DEM WEG IN EINE NEUE WELT
BAND 2

Bibliografische Information der Deutschen Nationalbibliothek:
Die Deutsche Nationalbibliothek verzeichnet diese Publikation in
der Deutschen Nationalbibliografie; detaillierte bibliografische
Daten sind im Internet über dnb.d-nb.de abrufbar.

## IMPRESSUM

1. Auflage
Copyright © 2022 by Livia Schwander
Umschlaggestaltung: Renee Rott
Lektorat/Korrektorat: Esther Norman
Layout & Satz: Stefanie Scheurich
Gedicht-Grafik: freepik.com

Herstellung und Verlag:
BoD – Books on Demand, Norderstedt
ISBN: 978-3-7526-6678-6

# Inhalt

Vorwort     7

1: Altbekanntes – Liliane     13

2: Steine im Weg – Delia     19

3: Stete Wanderin – Ruth     25

4: Im Nirgendwo – Jakob     31

5: Endlose Weite – Delia     37

6: Die große Reinigung – Ruth     43

7: Innere Fesseln – Liliane     49

8: Alleine – Jakob     55

9: Kreationen – Delia     62

10: Altes und Neues – Ruth     68

11: Feuernacht – Amin     75

12: Schritt für Schritt – Liliane     82

13: Kälte – Jakob     88

14: Tiefe Gewässer – Delia     93

15: Innerer Tanz – Ruth     103

16: Ende des Spiels – Amin     111

17: Kunstwerke – Liliane     118

18: Träume aus Holz – Delia     126

19: Ewige Geschichten – Amin und Jakob     133

20: Lineares Geschehen – Ruth     142

21: Waldwege – Delia     150

22: Bunte Abenteuer – Liliane     157

23: Vom Brauchen und Wollen – Ruth     164

24: Leben lassen – Delia     172

25: Die Tiefen des Universums – Amin     181

26: Spuren der Zeit – Jakob 189

27: Mit sich selbst – Ruth 196

28: Lebendiges Leben – Liliane 204

29: Innere Wüste – Ruth 212

30: Ferne Seele – Amin 219

31: Du und Ich – Delia 227

32: Der lange Weg zurück – Jakob 235

33: Pfad des Vertrauens – Ruth 242

34: Reiche Ernte – Delia 252

35: Endlich Zuhause – Amin 260

36: Neues Beisammensein – Liliane 268

37: Seelenblicke – Delia 275

Gemeinsam unterwegs 286

In Liebe sein 288

Mio und die Funkelsteine 290

Über mich 291

# *Vorwort*

*Wie das Leben uns beschenkt*

Wie schön, dass du wieder da bist.

Es freut mich sehr, dass du nun Band zwei meines Romans in den Händen hältst.

Dass du dich weiter in die Tiefe wagen möchtest, immer weiter den Weg zu dir selbst gehst.

Es ist nicht immer einfach. Nein, das ist es nicht.

Ich sehe viele Menschen straucheln, zagen, zweifeln, kämpfen...

Ich sehe aber auch ganz viele Menschen, die immer mehr ihr Licht erstrahlen lassen. Die sich erinnern, wer sie wirklich sind. Was sie hier tun. Warum sie da sind.

Und vielleicht lässt uns gerade das Straucheln und Verzweifeln das Licht in uns erkennen. Nach und nach.

Immer ein bisschen mehr.

Denn das Leben beschenkt uns. In jedem einzelnen Augenblick.

Oh, entschuldige: Herzensblick.

Und weil wir nun noch einen Schritt weitergehen werden: in jedem einzelnen Seelenblick.

Ja, es geht nun immer tiefer.

Wird nochmals ehrlicher, direkter, deutlicher.

So fühle ich die Energie, die uns im Moment auffordert, uns radikal dem Leben zu widmen und so spüre ich die Botschaft, die in diesem Buch zwischen den Zeilen schwebt.

Kannst auch du sie bereits fühlen?

Lass uns gemeinsam eintauchen.

Hinein in eine Geschichte, die frei erfunden vielleicht doch die deine ist.

Schön, dass du da bist.

Es bedeutet mir viel, dass du dich auf die weitere Geschichte im Ringelblumenweg einlassen möchtest. Dass du wissen willst, wie es mit Ruth, Delia, Liliane und Jakob weitergeht und wie sie ihre Herausforderungen meistern werden.

Alte Muster, Wunden, Zweifel und Ängste – wir kennen sie alle. Und auch wenn diese Begleiter meist ungewollt sind, sind sie doch ein wichtiger Teil auf dem Weg der Bewusstwerdung. Sich mit ihnen zu befassen und ihnen zuzuhören, ist etwas geworden, was ich inzwischen liebe. Ich nenne diese Begegnungen mit den sogenannten dunklen Teilen von uns ‚Schattenarbeit'. Es betrifft all das, was wir nicht so gerne sehen und all die abgespaltenen Energien, die Delia in Band eins als Anteile benannte.

Ich weiß – viele machen einen großen Bogen um alles, was dunkel erscheint. Es ist ihnen zu tief, zu unergründlich, vielleicht einfach etwas zu viel und zu beängstigend. Doch mir ist all dies ans Herz gewachsen. Diese bewussten Begegnungen mit unseren ungelösten Energien.

Ich durfte insbesondere seit dem Erscheinen von ‚Herzensblicke' einige neue Ebenen in mir entdecken und integrieren. Das geht immer mit Schattenarbeit einher. Wir fühlen, erkennen, heilen und schaffen damit Raum, dass sich immer mehr Licht in uns ausbreiten darf.

Alles dient uns.

Auch unsere Schatten.

Sie beschenken uns, wenn wir es annehmen können.

Seit dem Erscheinen von ‚Herzensblicke' ist so viel Unglaubliches geschehen. Ganz besonders berühren mich die vielen herzlichen Rückmeldungen von euch. Es fällt mir schwer, mit Worten auszudrücken, wie viel es mir bedeutet, wenn ich lesen darf, dass meine Geschichte berührt und hilft, gewisse Dinge zu erkennen. Wenn sie inspiriert und vielleicht auch einmal den einen oder anderen Schatten triggert.

Es ist für mich das Schönste, wenn ich erfahre, dass das, was ich mit der Welt teilen möchte, auch als Geschenk wahrgenommen wird. Wenn es gefühlt und gesehen wird. Das erfüllt mich mit großer Dankbarkeit.

Wir sind alle auf derselben Reise. Und doch ist es unsere ganz eigene und persönlich einzigartige Zeit des Wandels. Jede und jeder von uns erlebt diese besondere Zeitqualität auf seine Weise und dennoch erfahre ich immer wieder, wie ähnlich die Themen und Schritte sind, die wir alle gehen dürfen.

Ganz viel hat mit Loslassen zu tun.

Mit annehmen und erlauben.

Dies ist wohl die Königsdisziplin in diesem Prozess: Loszulassen, was wir kennen und zu erlauben, dass der Wandel durch uns geschieht.

Es ist so unglaublich viel möglich, wenn wir unsere Erwartungen und Bilder dessen, wie etwas zu sein hat, gehen lassen. Alte Strukturen brechen zusammen, Konzepte und Pläne verlieren an Wirkung. Das Leben zeigt sich auf einmal von einer gänzlich anderen Seite. So neu und ungewohnt.

So ist es nun mal auf einer Reise.

Wir entdecken und erforschen gerade eine völlig neue Welt, die sich parallel zu der zeigt, die wir schon seit Lebzeiten kennen.

Wundert es uns dann noch, dass wir manchmal straucheln? Das, was wir hier durchleben, ist gigantisch und wir dürfen liebevoll mit uns selbst diesen Weg gehen. Geduldig uns immer wieder daran erinnern, dass es nichts gibt, was wir dabei falsch machen können. Wir werden getragen, wenn wir uns dem Fluss des Lebens hingeben. Wir werden geführt, wenn wir anfangen, unserer inneren Stimme zuzuhören.

Ich wusste schon während des Schreibens von Band eins, dass es weitergehen wird. Eine ungefähre Vorstellung hatte ich in meinem Kopf, wie dies dann sein würde... wie die Geschichte von Ruth, Liliane und Jakob sich entwickelt und was die ungefähren Themen sein würden.

Es kam natürlich ganz anders.

Als ich erkannte, wie es mit Delia weitergehen wird, löste ich mich bewusst auch von allen anderen Vorstellungen, die ich hatte.

Und ließ mich führen.

Ließ mich leiten.

So entstand das Buch, das du nun in den Händen hältst.

Es gab Zeiten, da ließ ich das Manuskript liegen und brauchte Zeit, um mich selbst weiter zu entwickeln. Um gewisse Themen nochmals durchzufühlen. Sie noch tiefer zu verstehen. Oder auch einfach zu sein.

Und dann ging es wieder weiter.

Mit ganz viel Vorschussvertrauen, weil mein Verstand nicht wirklich begreifen konnte, was diese Geschichte soll. Doch das ist nicht so wichtig. Meine Seele weiß, dass genau diese Geschichte uns allen dient, vieles noch auf tieferer Ebene zu verstehen.

Es ist ein Buch, das dich verändern wird.

Wenn du es zulässt und zwischen den Zeilen fühlst.

Ich möchte mich bei allen bedanken, die mich während des letzten Jahres bei meinem Wirken ermutigt und unterstützt haben. So viele wundervolle Seelen haben mein Buch und meine Texte mit anderen Menschen geteilt und so mein Tun immer etwas mehr in die Welt hinausgesandt. Dafür bin ich unglaublich dankbar. Nur durch euch lebt der Ringelblumenweg und ist beseelt von all den Menschen, die ebenso auf ihrer Reise sind.

Auch danke ich Esther Norman, Renee Rott und Stefanie Scheurich für die zuverlässige und wertschätzende Zusammenarbeit beim Entstehen dieses Buches. Eure Arbeit hat meinen Roman bereichert.

Ich durfte während des vergangenen Jahres viele Geschenke empfangen. Angefangen mit dem Blog, den ich im letzten Frühjahr startete und dadurch die Möglichkeit hatte, nebst meinem Roman auch meine Gedanken und Empfindungen zu teilen. Oh, wie sehr ich es liebe, meine Erkenntnisse und meine Innenwelt in Worte zu fassen und mit dir zu teilen. Danke, dass du mir diesen Raum dazu gibst.

Ich lernte unglaublich wundervolle Menschen kennen, bekam die Möglichkeit, bei Podcasts und Konferenzen teilzunehmen und durfte immer häufiger erkennen, wie uns der Fluss des Lebens mit all den magischen Synchronizitäten dient, wenn wir uns dem großen Ganzen hingeben.

Das Leben ist unglaublich faszinierend.

Wenn wir hinter die Fassaden gucken und unsere Schatten als das sehen, was sie sind: die wohl größte Chance für Heilung und Wachstum.

Also worauf warten wir?

Lasst uns unsere Schatten lieben lernen, lasst uns in Freiheit fühlen und sein. Ich danke dir, dass du dich mit mir auf diese Reise begibst – auf diesen Weg in eine neue Welt – oder aber: auf diesen Weg zu dir selbst.

Ich wünsche dir ganz viel Freude und erfüllende Erkenntnisse beim Lesen dieses Buches.

Von Herzen,

*Livia*

# 1
## Altbekanntes
### Liliane

Mit gerunzelter Stirn schüttelte Liliane ein drittes Mal die lindengrüne Fransendecke aus und legte sie dann sorgfältig neben die aufgerollte Yogamatte und das seit Wochen ungenutzte Meditationskissen. Sie blickte sich im Dachzimmer um und konnte nicht verhindern, dass sie leise aufseufzte. Nachdenklich wischte sie sich die kurzen grauen Haare aus der Stirn. Alles war schön ordentlich an seinem Platz. Sauber war es hier, wurde dieser Raum ja kaum noch betreten, seit dem besagten Donnerstag vor gut einem Monat.

Liliane versuchte all die aufkommenden Sorgen zu vertreiben, indem sie noch ein letztes Mal über die Decke strich und sich dann dem Fenster zuwandte. Sogleich überkam sie ein wohliges Gefühl der Ruhe, als sie nach draußen und ins üppige Grün blickte. Seitdem sie durch ihre Nachbarin Delia wieder einen tieferen Zugang zur Natur gefunden hatte, schätzte sie ihren Garten und den angrenzenden Wald am Ringelblumenweg aus tiefstem Herzen. Es war eine Oase für die Sinne und ein Ort für Erholung und Heilung.

Jetzt im späten Sommer blühte es im ganzen Garten in allen möglichen Farben und Formen. Da waren natürlich die Flieder, die ihren wundervollen Duft verteilten, doch auch die Goldrute strahlte in ihrer ganzen Pracht und war von hier oben gut auszumachen. Liliane erfreute sich tagtäglich daran, mit zu verfolgen, wie die Sonnenblumen in die Höhe schossen. Es war wunderbar und tat ihrer Seele gut.

Ihr Blick schweifte zum Nachbarhaus, in dessen offenen Fenstern die feinen weißen Gardinen im Winde wehten. Das Haus wirkte so einladend und friedlich, wie es ihre Bewohnerin war. Ja, die liebe Delia... Lilianes Herz wurde durch den Gedanken an ihre lebensfrohe Freundin ganz leicht. Bereits den zweiten Sommer durften sie und Ruth mit dieser wundervollen jungen Frau verbringen. Delia, die so viel mehr war als eine Freundin oder Nachbarin. Liliane fragte sich oft, wie sie wohl die letzten Monate ohne die liebevolle Verbindung zu Delia überstanden hätten. Auch jetzt gerade war die junge Frau mit Ruth im Garten und gab Liliane somit etwas Raum für sich selbst.

Ja, es lagen schwierige Monate hinter ihr und Ruth. Liliane schüttelte mit besorgter Miene den Kopf. Wer hätte wohl gedacht, dass es so kommen würde? Noch immer konnte sie nicht ganz verstehen, wie all dies hatte geschehen können. Auch fühlte sie, dass es noch einiges zu entwirren gab.

Eine laut zwitschernde Amsel zog ihre Aufmerksamkeit auf sich. Der tiefschwarze Vogel saß auf einem dichten Haselstrauch am Rande des Mandalagartens. Wobei man die ursprünglich runde Grenze des kunstvollen Gartens gar nicht mehr so genau ausmachen konnte. Mit den Monaten hatten sich nicht nur die drei Frauen tiefer miteinander verbunden, sondern auch ihre beiden Gärten. So gab es inzwischen auch auf der Seite von Liliane und Ruth kreisrunde Beete mit kunterbunten Blumen und Pflanzen sowie kleine Wege mit Holzschnitzeln. Gerade letzte Woche hatte Delia einige der Pfade neu ausgelegt.

Der Garten wuchs und wuchs. Er war längst nicht mehr nur rund, sondern zweigte an manchen Orten etwas von der ursprünglichen Form ab. Liliane liebte diese neue Kreativität, die sie sich durch das Gärtnern mit Delia angeeignet hatte. Es war auch erstaunlich, wie groß die Erträge von Gemüse und Obst waren, seitdem sie die Kulturen mischten und mit Pflanzen zusammensetzten, die nach Lehrbuch kaum gepasst hätten. Es machte unglaublich Spaß und die Möglichkeit, aus eigens geernteten Gemüsen oder Früchten ein Gericht zu zaubern, war etwas, das Liliane durch die letzte Zeit getragen hatte. Egal was gerade war, ein gutes Essen hatte sie selbst und auch Ruth immer wieder etwas aufgemuntert.

Auf einmal kam Liliane der Kartoffelauflauf in den Sinn, der in diesem Moment im Backofen war und wahrscheinlich schon längst eine goldene Kruste hatte.
Hastig schloss die ältere Frau das Fenster vom Dachzimmer und eilte zur Treppe. Es war schon ein komisches Gefühl, diese obere Etage des Hauses auf einmal so ungenutzt und still vorzufinden. Die Tür zum angren-

zenden Zimmer, in welchem Jakob für einige Zeit gewohnt hatte, war zu. Hätte Liliane nicht in der Küche zu tun gehabt, wäre sie wohl auch hier wieder einmal lüften und Ordnung machen gegangen. Doch es eilte ja nicht. Wer wusste schon, wann oder ob Jakob wiederkam.

Liliane schluckte und stieg dann die Treppenstufen nach unten. Vorbei an ihren eigenen Räumen und dem Schlafzimmer von Ruth bis hinab in das unterste Stockwerk mit Wohnzimmer und Küche.

Ein Blick in den Ofen genügte und Liliane bemerkte mit einem zufriedenen Lächeln, dass der Auflauf perfekt gelungen war. Sie hatte die letzten Kartoffeln des vergangenen Jahres genutzt, bevor bald die Zeit da war, um die diesjährigen Knollen aus dem Boden zu graben. Ja, die Zeit verging wie im Flug.

Während Liliane die heiße Auflaufform mit zwei Topfhandschuhen vorsichtig aus dem Backofen zog und auf die Anrichte stellte, um ihn auskühlen zu lassen, dachte sie an den vergangenen Sommer zurück.

Es schien ihr damals alles so einfach. Das Leben so luftig und bunt. Gerade auch, weil sie durch Delia zurück zu ihrer alten Kraft gefunden und viele neue Freuden in ihrem Leben entdeckt hatte. Besonders das sichtbare Aufblühen ihrer Tochter Ruth war etwas, was sie damals stark bewegt und tief berührt hatte. Bis tief hinein in den Herbst war Ruth damit beschäftigt gewesen, ihre Praxis für Ernährungsberatung in eine ganzheitliche Praxis für Gesundheit umzuwandeln. Fast ohne sich Pausen zu erlauben und manchmal auch ohne Blick für das, was rundherum geschah, hatte sich ihre Tochter ins Lernen gestürzt. Buch um Buch hatte sie gelesen, einzelne Kurse besucht und viel Zeit mit Jakob verbracht. Durch sein Fachwissen über Heilpflanzen und seine jahrelange Erfahrung in der Drogerie, konnte er Ruth mit Rat und Tat zur Seite stehen. Ja, es schien damals vorwärtszugehen. Im Eiltempo. Ein Höhenflug von Ruth, der vor ein paar Monaten mit einigen harten Aufschlägen am Boden geendet hatte.

Auch bei sich selbst hatte Liliane mit der Zeit diese wellenförmigen Phasen erkannt. Manchmal schien es einfach nur zu fließen und an anderen Tagen war jede Aufgabe mit Mühe und einer altbekannten Schwere verbunden. Es war nicht zu leugnen, dass es seit einigen Wochen doch recht hart war, sich auf das Positive auszurichten. Es gab so viel, was scheinbar im Argen lag. Liliane wusste, dass dies nur äußerlich schien. So viel hatte sie bis jetzt in den Gesprächen mit Delia begriffen. Dennoch war es ihr oft ein Rätsel, warum gewisse Dinge so waren, wie sie eben sind. Aber vielleicht musste sie ja gar nicht alles begreifen. Vielleicht hatte das Leben auch einfach andere Pläne für sie und Ruth als für Delia.

Mit einem leisen Seufzer legte die ältere Frau zwei Teller und Besteck bereit. Es würde hoffentlich nicht mehr allzu lange dauern, bis Ruth ihren Weg zurück ins Haus schaffte. Dies war ja im Moment nicht ganz so einfach.

Liliane schaltete das alte Radio ein und lauschte der scheppernden Musik, die aus den Lautsprechern kam. Irgendwie klang in diesen Tagen alles so laut. So ungewohnt hart. Wo war all die Liebe geblieben, die sie in den letzten Monaten empfunden hatte?

Sie schaltete das Radio kurzerhand wieder aus und stellte die Auflaufschale ins Spülbecken. Da zog auf einmal ein stechender Schmerz durch ihr Kreuz und Liliane griff sich an den Rücken. Ein lautes Stöhnen kam über ihre Lippen und gleich darauf ein leiser Fluch. Ja, die körperlichen Schmerzen waren seit ein paar Tagen zurück und damit auch der altbekannte Wunsch nach Rückzug und Ruhe. Doch irgendwie wurde sie immer von allen Seiten gebraucht. Auch jetzt war sie ständig dabei, für Ruth zu sorgen, obwohl ihre Tochter die fünfzig überschritten hatte. Aber im Moment war es natürlich etwas anderes. Ruth konnte nichts dafür, dass sie sich gerade nicht wirklich selbstständig bewegen konnte.

Da weit und breit noch nichts von ihr zu sehen war, zog sich Liliane zu ihrem alten Lieblingssessel zurück und legte sich eine Decke über die Beine. Der Sommer war dieses Jahr nicht allzu heiß und da es gemütlich war mit Decke und Buch vor dem kalten Kamin zu sitzen, hatte Liliane nichts dagegen, die Minuten bis zum Abendessen so zu verbringen. Etwas Ruhe nach all dieser Arbeit hatte sie sich allemal verdient.

## 2
### Steine im Weg
*Delia*

Delia grinste bis über beide Ohren, als Ruth den kleinen gelben Ball mühelos mit der rechten Hand fangen konnte.

„Wunderbar!", rief sie und freute sich sogleich noch etwas mehr, als sie durch ihren lauten Ruf auch auf dem Gesicht ihrer Freundin ein Lächeln ausmachen konnte.

„Na, hoffentlich kann ich den Ball mit Rechts noch fangen! Dieser Arm ist ja nicht eingegipst", meinte Ruth lächelnd und versuchte den Rollstuhl mit ebendiesem Arm etwas zur Seite zu schieben, sodass sie ein klein wenig mehr Bewegungsfreiheit hatte.

„Es ist alles so anstrengend!", meinte sie kurz darauf leise und versuchte sich nicht anmerken zu lassen, wie frustrierend es sein konnte. Seit dem Unfall letzten Monat war alles anders. Und so viel beschwerlicher.

Delia nickte: „Ich verstehe dich, meine Liebe. Es hat dich buchstäblich aus deinem gewohnten Leben gerissen. Doch glaube mir, alles, was zu dir kommt, dient dir auf der einen oder anderen Ebene."

„Ja, das sagt sich so leicht", konterte Ruth ohne viel Kraft, „doch wie soll mir dieser Unfall dienen, wenn ich nun gar nichts mehr tun kann? Ich sitze jetzt einfach da und warte, dass meine Brüche heilen. Na bravo!"

Delia spürte den Frust, der sich in Ruth ausbreitete und sah über das aufgesetzte Lächeln ihrer Freundin hinweg. Dahinter lag eine Menge Traurigkeit, die sich einen Weg an die Oberfläche bahnte. Auch spürte sie eine große Verwirrung, die dieser Vorfall und auch andere vergangene Ereignisse in ihrer Freundin ausgelöst hatten. Es war nicht nur ein Unfall gewesen. Es war eine riesengroße Chance auf ganz vielen Ebenen zu heilen. Eingeschlossene Gefühle wollten freigelassen werden, alte Wunden reingewaschen und neuer Raum für ein anderes Sein geschaffen werden. Noch war es nicht an der Zeit, um Ruth all dies zu erklären. Viele Erkenntnisse davon würden in den passenden Momenten zu ihr gelangen.

„Fühle hinein und es wird sich dir zeigen", war somit alles, was Delia antwortete. Sie packte die beiden Griffe des Rollstuhls und begann vorsichtig den Rückweg. Über den Pfad mit den Holzschnitzeln ging es noch einigermaßen gut, doch als bald darauf ein kleiner Platz mit Steinen kam, musste sie den Rollstuhl ganz schön festhalten, um ihn sicher und bequem über die am Boden liegenden Hindernisse zu stoßen. Immer wieder lagen größere Steine im Weg und Delia kam ganz schön ins Schwitzen.

Doch als sie bald darauf bei der Hintertür des Hauses ankamen, war die Anstrengung schnell vergessen. Delia umarmte Ruth, die sie dankbar anlächelte. Dann klingelte sie und nach kurzer Zeit tauchte Liliane auf, um ihre Tochter in Empfang zu nehmen. Ein paar Worte wurden ausgetauscht und danach stand Delia wieder alleine da.

Es waren nicht alle Tage wie dieser. Oft staunte sie, wie positiv ihre beiden Nachbarinnen die Herausforderungen angingen. Doch manchmal, ja manchmal waren beide einfach erschöpft. Delia kannte dies selber sehr gut, wobei es schon etwas länger her war, als sie selbst durch solche Phasen gehen durfte. Sie hatte nichts beschönigt, als sie meinte, dass einem jedes Ereignis diene. Es war nur oft sehr anspruchsvoll, die eigenen Bewertungen einer Situation fallen zu lassen, die ganzen Schmerzen anzunehmen und sich vollkommen ehrlich und verletzlich den dahinterliegenden Chancen zu öffnen. Ja, es war nicht angenehm, sich gewisse Dinge bewusst zu machen, Wege neu auszurichten oder Vergangenes vollständig loszulassen. Und es konnte so richtig schön tief gehen. Gerade in der Zeit der großen Transformation wurde auch der Körper nicht verschont. Waren doch noch zu viele längst vergessene Geschehnisse und uralte Wunden dort eingebrannt. Diese durften nun ausfließen. Nach und nach. Sturm um Sturm. Und mit jeder neuen Welle, die der Körper losließ, machte er Raum für den Lichtkörper der Seele. Ein Raum für völlig freie Energie, die losgelöst von alten Strukturen sich gänzlich neu anfühlte, ein so ganz anderes Leben ermöglichte. Ein Leben aus der ureigenen Schöpferkraft.

Delia setzte vorsichtig einen Fuß vor den anderen, als sie zurück über die sonnenwarmen Steine ging. Ihre nackten Füße spürten Rillen, Vertiefungen und auch das wunderbar glatte Gefühl mancher Steinoberflächen. Sie lächelte. Ja, das Erwachen und der darauffolgende Weg der immer tieferen Erkenntnis bis hin zu einem verkörperten, bewussten Seelenwesen war ein langer und oft wortwörtlich steiniger Weg. Dennoch gab es für Delia nichts, was in sich schöner und wertvoller gewesen wäre.

„Wenn du beginnst, in jedem einzelnen Augenblick den Herzensblick zu erkennen, dann wirst du immer von Schönheit umgeben sein", murmelte sie leise und strich einer violetten Glockenblume über das kleine Köpfchen.

Zwischen den Steinen wuchsen einige Blumen und auch viele unterschiedliche Gräser. Delia setzte sich hin und ließ die warme Sonne auf ihre nackten Arme und Beine scheinen. Das Gesicht dem Himmelskörper zugewandt, atmete sie bewusst und tief bis in den Bauch.

Sie kannte die Stürme, die gerade das Leben ihrer Nachbarinnen auf den Kopf stellten. Sie hatte diese Wellen alle erlebt. Natürlich auf ihre eigene Weise und mit anderen Umständen. Dennoch wusste sie zutiefst, wovon sie sprach, wenn sie Ruth oder Liliane von ihren Erfahrungen erzählte. Nicht selten war es unglaublich schwierig, gewisse Dinge in Worte zu fassen, die sie erklären wollte. Doch Delia wusste auch, dass es nicht darum ging, diese Stürme gänzlich zu verstehen. Der Verstand kam da nicht mehr mit. Sie konnte mit ihren Erfahrungen eine Stütze sein und gewisse Schritte erleichtern. Sie konnte durch ihr Sein die Mitmenschen erinnern. Doch das Wichtigste war, diese Stürme zu erlauben, ihre Kraft zu erleben und die Wellen ihr Geschenk der Reinigung bringen zu lassen. Und dies konnte jeder nur für sich alleine tun. Sturm um Sturm.

Und es ging immer eine Ebene tiefer. Immer tiefer und immer weiter. Der Bewusstseinshorizont dehnte sich aus und ließ neue Erkenntnisse zu. Ja, es konnte einem manchmal wie eine Achterbahnfahrt vorkommen. Willkürlich vielleicht und ohne jeden Halt. Doch dies war nur zu Beginn so. Mit der Zeit wuchs das tiefe Verständnis. Die volle Hingabe an den Sturm selbst, weil man erkannt hatte, dass es nur noch eine Ebene tiefer ging. Und höher. Beides gleichzeitig. Sowohl als auch.

Delia pflückte einen roten Klee und sog den süßen Saft aus den kleinen Blütenblättern. Es folgten zwei weitere, bis sie aufstand und über die warmen Steine zum kleinen Beet ging, in welchem die Datteltomaten wuchsen. Der Sommer war dieses Jahr erst spät gekommen. Viel Regen und einzelne Unwetter hatten lange Zeit kühlere Temperaturen gebracht. So wuchsen zwar einige kleine Tomaten an den Stauden, waren jedoch noch gänzlich grün.

Delia zupfte ein paar gelbe Blätter ab und richtete einen der Äste auf, der in der Mitte eingeknickt war. Die Stauden hatten einiges über sich ergehen lassen müssen. Die Stürme der Menschheit zeigten sich nicht nur im Innern. Auch das Außen war gezeichnet worden.

Doch Delia spürte eine große Dankbarkeit in sich. Sie durfte diese Zeit erleben, in welcher sich immer mehr Menschen ihres ursprünglichen Wesens bewusst wurden, alte Stränge losließen und sich nach und nach von Leid und Schmerz verabschiedeten. War das nicht ein wundervolles Geschehen, welches sich gerade auf der

Weltenbühne zeigte? Ja, sie wusste, dass es vielen Menschen Angst machte. Sie sah auch, dass die Weltenbühne je nach Blickwinkel anders wirkte. Dunkler werdend, kontrollierend und machtbasiert. Doch das war nur die eine Seite, die eben jenen Menschen ihre inneren Anteile spiegelte. Sobald man das Verständnis für die eigene Wahrnehmung entwickelte und verstand, warum man gewisse Dinge auf eine bestimmte Weise sah, konnte man beginnen, das Spiel des Lebens zu lesen. Es war eine Sprache für sich. Mit verdrehten Spiegeln, mit verdeckten Geschenken, doch immer – und da gab es für Delia keinen Zweifel – immer mit etwas, was einem dienen konnte. Es gab nichts, was es zu bekämpfen galt. Nichts, was nicht gut war, wie es war.

Leise summend band sie das kleine Ästchen an einen dünnen Stab und strich vorsichtig über die noch grünen Früchte.

„Letztendlich ist da so viel Liebe, wenn wir sie zulassen. Auch in den dunkelsten Stunden", murmelte sie leise und blickte liebevoll lächelnd über die Stauden hinweg und hinauf in den Himmel. Nur wenige Wölkchen waren an diesem Tag zu sehen. Einige Schwalben zogen ihre Kreise und vereinzelte Schmetterlinge tanzten in der nahe liegenden Blumenwiese durch die Luft.

„Ja, Liebe ist überall, wenn wir ruhig werden und hinter das Geschehen fühlen können. Alles ist gut, wie es ist."

### 3
### Stete Wanderin
## Ruth

Vorsichtig, um ihre linke Seite nicht zu belasten, zog sich Ruth vom Rollstuhl hinüber in ihren gepolsterten Ohrensessel. Sie hatte sich ja anfänglich gegen den Stuhl auf Rädern gewehrt, bis sie eingesehen hatte, dass er ihr zusätzliche Bewegungsfreiheit ermöglichte. Bis ihr linkes Handgelenk genug belastet werden konnte, um auf Krücken umzusteigen, war sie dankbar um diese Möglichkeit. Allzu lange würde es jedoch nicht mehr dauern und dies erfüllte sie mit einer gewissen Hoffnung.

Es verheilte alles sehr gut. Ihr linkes Schienbein war beim Unfall zertrümmert worden, wie auch das Handgelenk auf derselben Seite. Weiter hatte sie sich lediglich ein paar Prellungen zugezogen. Glück im Unglück hatten die Ärzte gemeint.

Der Fahrer eines weißen Geländewagens hatte sie in vollem Tempo erwischt. Wahrscheinlich hatte sie wirklich Glück gehabt, auch wenn sie nebst den körperlichen Gebrechen ihr geliebtes kleines Auto hatte gehen lassen müssen. Nun ja, es gab Schlimmeres.

Zum Zeitpunkt des Unfalls war sie sowieso bereits angeschlagen gewesen. Wohl nicht äußerlich sichtbar, doch innerlich hatten sich alte Wunden aufgetan. Sie hatte sie schon gekannt, diese Wunde des Verlassenwerdens. Doch als dann Jakob wirklich seine Sachen gepackt und sich zurückgezogen hatte, war es doch ganz schön hart gewesen. Und wenn sie ehrlich mit sich selbst war, so blutete diese Wunde immer noch.

Hinzu kam dieser Unfall, der ihr regelrecht den Wind aus den Segeln genommen hatte. Sie ausgebremst hatte. Sie hatte sich inzwischen schon so oft gefragt, warum sie dies erleben musste. Antworten hatte sie viele.

Ja, vielleicht war sie vorher wirklich zu schnell unterwegs gewesen. Vielleicht hatte sie zu viel gewollt? Vielleicht wollte ihr Körper eine Auszeit und Ruhe?

Delia hatte einmal zu ihr gemeint, dass sie es aus einer größeren Perspektive betrachten solle. Dass sie einen Schritt zurück und das vergangene Geschehen möglichst aus Sicht der Energiedynamiken erfassen solle. Doch irgendwie war Ruth damit etwas überfordert. Wie tat man dies bloß?

Und vorhin hatte ihre Freundin gemeint, sie sollte hineinfühlen. Hatte sie dies nicht schon unzählige Male gemacht?

Doch Ruth war nicht mehr dieselbe wie vor einem Jahr. Sie hatte gelernt, sich selbst und ihre Gedanken und Empfindungen zu beobachten. Nicht, um sie später zu bewerten oder sich selbst kleinzumachen, sondern um zu erkennen, wo sie im Fluss mit sich selbst war und an welchen Stellen sie sich immer noch gegen Dinge oder Umstände wehrte.

So fühlte sie schon die ganzen letzten Tage, wie sie sich innerlich gegen etwas sträubte und sich immer in demselben Gedankenkreislauf des ‚warum' befand. War es denn so wichtig?

Achtsam begann Ruth zu atmen. Sie wollte sich diesem inneren Widerstand bewusst nähern. Sein Geschenk entgegennehmen. Sie hatte jetzt alle Zeit der Welt. Niemand wartete oder erwartete etwas von ihr. Sie hatte nur sich selbst.

Sie atmete und fühlte, wie sie immer tiefer bei sich selbst ankam. Ja, das Ankommen. Das war auf einmal so spürbar und Ruth erkannte, wie das letzte halbe Jahr sie zwar gebeutelt, doch letztendlich näher zu sich selbst gebracht hatte. Sie konnte auf einmal gar nicht mehr anders, als sich selbst wichtig zu sein. Doch was bedeutete dies konkret? Hatte es Auswirkungen auf ihren Alltag?

Als Ruth spürte, wie sie langsam wieder in ihre Gedanken abdriftete, stoppte sie kurz und atmete dann erneut mehrere Male bewusst bis tief in den Bauch. Sie gab sich hin, fühlte bewusst und achtsam in ihren Körper. Er war ihr Instrument, ihr Kanal um Zugang zu ihrem inneren Wissen zu erlangen.

Es ging jetzt um sie selbst. Das spürte sie genau. Noch musste sie nicht wissen, was dies alles im Detail bedeutete.

„Lass es einfach auf dich zukommen. Vertraue", hörte sie Delia innerlich sagen.

Und dennoch gab es bestimmte Dinge, die geregelt werden mussten. Wenn auch nicht heute. Wie ging es weiter mit ihrer kleinen Praxis? Wollte sie überhaupt dorthin zurück?

Im Moment fühlte Ruth eine große innere Leere. Es schien ihr, als sei ihr Leben durch den Unfall gänzlich grau geworden. Nicht, dass sie so unglücklich war. Doch es fühlte sich auf einmal so vieles fahl an. Nicht mehr passend. Zu eng.

Dennoch wusste sie nicht, was sie anders hätte wählen oder angehen können. Sie hatte doch schon so vieles geändert. Doch irgendwie schien es nicht genug.

Ruth versuchte die vielen aufkommenden Fragen und möglichen Zukunftsbilder loszulassen. Sie wollte es diesmal anders angehen. Sie wollte versuchen zu erlauben und sich nicht mehr alles zu erdenken. Ja, sie wollte erlauben und geschehen lassen.

Als sie diese innere Entscheidung klar in sich fühlte, sah sie vor ihrem inneren Auge ihre Arbeit der letzten Monate. Sie hatte sich eine Praxis für Gesundheit aufgebaut. Mit Ernährungstipps, jedoch auch mit Wissen und Anwendungsideen rund um einheimische Heilpflanzen. Sie hatte einiges dafür umgestaltet. Ihre Praxis von Grund auf neu ausgerichtet. Dennoch sah sie nun auf einmal, wie sich genau dieselben alten Muster fortgesetzt hatten.

Ruth holte tief Luft. Das tat weh! Dennoch fühlte sie nochmals genauer hinein und spürte es ganz deutlich. Ja, es gingen zwar kaum noch Nahrungsergänzungsmittel über ihren Tresen, doch waren es nun einfach andere Döschen oder anders aufgesetzte Heftchen mit Tipps und Anleitungen. Es ging um das Wissen, welches sie selbst als wahr erachtete. Es ging um Konzepte, um lineare Herangehensweisen, um den ‚richtigen' Weg hin zu Gesundheit. Es ging auf einer gewissen Ebene auch um eine klassische Hierarchie von Klient und Lehrmeister. Es war ein ‚ich gebe dir die Lösung, nach der du suchst' und ein ‚ich weiß, was dir guttut'. Linear, limitiert und mit einer mentalen Herangehensweise. Es war im Grunde eine Kopie ihres vorherigen Wirkens. Ihres ganzen vorherigen Lebens. Zwar schöner eingepackt und auf einer gewissen Ebene sicherlich breiter und tiefer. Dennoch war die Energiedynamik dahinter dieselbe. Sie hatte dieselben Energiemuster ihres vorherigen Lebens mit einer anderen Farbe angemalt. Das war alles.

Eine Träne rollte über Ruths Wange. Es war nicht mal die Tatsache, dass sie so viel Zeit und Arbeit in diese Umgestaltung hineingesteckt hatte. Es war viel tiefer, was sie nun in sich spürte. Sie fühlte sich unfähig, so richtig unfähig, ihr Leben in Leichtigkeit und Vertrauen fließen zu lassen. Da waren einfach noch so viel Kontrolle, so viel Enge und Wertung, mit denen sie, ohne es zu bemerken, weitergelebt hatte.

Auch nahm Ruth eine tiefe Traurigkeit wahr, noch nicht angekommen zu sein. Sie wollte es doch so sehr. Sie wünschte sich aus tiefstem Herzen, endlich nicht mehr die stets Suchende zu sein. Sich auszuruhen und aufzuatmen. Das zu tun, wozu sie hergekommen war und an dem Ort zu sein, wo sie hingehörte. Doch wo war das? Und was war denn nun ihre Aufgabe? Diese Hilflosigkeit, verbunden mit der Ohnmacht, die sie in sich aufsteigen fühlte, ließen weitere Tränen über ihre feuchten Wangen kullern.

Sie fühlte sich zurückgeworfen auf sich selbst. Gänzlich mit sich allein. Am selben Punkt, wie schon so viele Male zuvor. Unwissend, unfähig, nicht gesehen.

Nach ein paar weiteren tiefen Atemzügen nahm Ruth jedoch auch wieder diese andere Stimme in sich wahr.

Die Stimme, die sie langsam dabei war zu entdecken. Da war ein Teil in ihr, der immer wusste, was zu tun war. Der immer gelassen und ruhig bei ihr war und sie nie alleine ließ. Sie tröstete. Wie auch jetzt. Sie hatte diese Präsenz das erste Mal in der Höhle in den Bergen bei sich gespürt. Nun war sie öfters da. Immer dann, wenn sie ganz genau hinhorchte und fühlte.

Sie durfte diesen Moment einfach so annehmen. Mit all seinen Schmerzen und all seinen Wunden, die gerade präsent waren. Ruth öffnete ihr Herz soweit für sich selbst wie sie konnte und ließ zu, dass die gefühlt kleinste und schutzloseste Version ihrer selbst in ihr Platz fand. Und auf einmal war alles einfach gut so, wie es war.

„Vielleicht bin ich eine Wanderin. Eine stete Wanderin. Und das ist in Ordnung so", flüsterte sie leise in den stillen Raum.

4
Im Nirgendwo
*Jakob*

Es war kalt in der Hütte und Jakob überlegte, ob er nicht doch ein Feuer machen sollte. Viel Feuerholz war nicht mehr übrig und der stämmige Mann im grauen Wollpullover runzelte die Stirn. Es war Sommer, verdammt noch mal! Doch irgendwie schien seit einiger Zeit gar nichts mehr so zu klappen, wie er es sich wünschte.

Unentschlossen und unwillig mit sich selbst setzte sich Jakob auf die schmale Holzbank neben dem kalten Ofen. Die Hütte war sehr klein und baufällig. Sie gehörte einem Freund, der ab und an in diesem Wald für Ordnung sorgte und dem es gleichgültig war, ob sie nun zeitweise besetzt war. Er nutzte sie eigentlich nie.

Neben einem einfachen Tisch und einem klapprigen alten Bett gab es lediglich eine Feuerstelle zum Kochen und die kleine Bank, auf welcher Jakob nun saß. Merlin lag schlafend zu seinen Füßen.

„Manchmal wäre ich auch gerne ein Hund", dachte Jakob und musste über seinen eigenen Gedanken schmunzeln. Doch gleich darauf erlosch es wieder. Was sollte er nur mit sich selbst anfangen? Was wollte das Leben von ihm oder er vom Leben?

Unwirsch packte er den frischen Lindenast, den er sich am Vortag abgesägt hatte. Noch war er nicht weit gekommen mit seiner Schnitzkunst. Doch was sollte er denn sonst hier oben tun? Er liebte die Einsamkeit, die Stille und das Alleinsein, welches er hier in den Bergen zur Genüge hatte. Ja, er liebte es. Brummig nickte er und setzte das Messer an. Er war schon immer gerne allein gewesen. Dann hatte man am wenigsten Probleme. Doch warum fühlte es sich auf einmal so komisch an, diese altbekannten Gedanken erneut in sich zu finden?

Bevor Jakob in den Ringelblumenweg gekommen war, hatte er geglaubt zu wissen, was er wollte und was nicht. Er hatte Freiheit und Ungebundenheit gewählt. Er hatte sich für ein einfaches, klares Leben entschieden. Er wollte genießen und seine Ruhe haben.

Doch dann rief ihn Liliane an und er wurde in die ganze Geschichte mit den Heilpflanzen miteinbezogen. Eigentlich hatte es ihm unglaublich viel Freude gemacht, all sein Wissen und seine Fähigkeiten an Ruth weiterzugeben. Doch dabei blieb es ja nicht.

Jakob wusste noch genau, wie es war, als er Ruth das erste Mal gesehen hatte. Die einst zurückhaltende und etwas spröde Tochter seines besten Freundes war zu einer lebensfrohen, kraftvollen Frau geworden, die genau wusste, was sie wollte. Sie sprühte nur so vor Ideen hinsichtlich ihrer Arbeit und sog jedes Wort in sich auf, das Jakob von sich gab. Ja, sie verzauberte ihn vom ersten Augenblick an.

Er hätte nicht gedacht, dass er mal jemanden so lieben könnte. Er, der sich nie hatte binden wollen. Nun ja, das wollte er auch jetzt nicht. Doch es passierte einfach, dass er begann zu lieben und dies machte sein Leben zu einem heillosen Durcheinander.

Ruth war zu Beginn sehr vorsichtig gewesen. Fand es schwierig, dass er der beste Freund ihres Vaters gewesen war und sorgte sich auch, dass er gleich unter demselben Dach schlief wie sie. Doch nach und nach öffnete sie sich und ließ zu, dass sie ihn mochte. Sehr mochte sogar, das wusste Jakob genau. Hoffte er jedenfalls. Glaubte er zumindest.

Er war sich all dessen gar nicht mehr so sicher.

Und nun saß er hier. Ohne zu wissen, was er vom Leben noch wollte. Oder wo er hingehörte. Er schien ein ewiger Wanderer zu sein. Nirgends wirklich gewollt. Überall nur geduldet.

Mit viel Druck in den Händen und die Zähne aufeinandergepresst zog Jakob die eine Furche durch das weiche Lindenholz. Er wollte sich einen Stab schnitzen. Ein Zepter. Delia hatte ihm einmal erzählt, dass es hilfreich sein konnte, sich einen Gegenstand zu erschaffen, der einem half, im Vertrauen zu bleiben. Ein geschnitzter Holzstab schien ihm da ganz passend. Er würde sein Leben nicht nur aufgrund von ein paar Frauen so tiefgreifend ändern. Er würde nicht all seine Prinzipien über den Haufen werfen, nur um dann wieder enttäuscht alleine zu enden. Nein, er würde in vollstem Vertrauen auf das Leben zulaufen. Wenn auch alleine hier oben in der Hütte. Das musste reichen. Jakob schluckte.

Bevor ihn seine Gefühle wirklich übermannen konnten, stand Jakob auf und packte die alte Axt, die neben der

Tür angelehnt war. Er würde jetzt endlich neues Feuerholz hacken. Zeit hatte er ja mehr als genug.

Kaum aufgestanden, hechelte Merlin schon erwartungsvoll an seiner Seite. Wenigstens einen treuen Freund hatte er noch bei sich. Die Angeln quietschten, als Jakob die Tür öffnete und gemeinsam mit seinem weißen Gefährten ins Freie trat. Hier draußen war die Luft zwar genauso kühl wie in der Hütte, doch der moderige Geruch war weg. Jakob atmete befreit auf und ging zielstrebig los.

Ein kleiner Kiesweg führte von der Hütte weg zu einer überschaubaren Lichtung, auf welcher haufenweise Äste und auch frisch geschlagene Baumstämme lagen. Jakob schritt über den moosbewachsenen, leicht feuchten Boden zu einem großen Haufen Äste, der etwas abseits stand. Die Unwetter, die vor ein paar Wochen diese Gegend durchzogen hatten, hatten ganze Arbeit geleistet und Jakob war die letzten Tage damit beschäftigt gewesen, heruntergefallene und abgebrochene Äste zu sammeln und so das Waldstück etwas zu räumen. Einige hatte er für die Insekten und Kleintiere liegen gelassen. Doch dieser Haufen hier würde gutes Brennholz abgeben, sobald es dann in ein paar Monaten etwas trockener war. Würde er dann noch hier sein?

Jakob spürte, wie ihn dieser Gedanke unruhig werden ließ. Eigentlich hatte er keine Lust, noch viel länger in dieser engen und modrigen Hütte zu hausen. Ja, ‚hausen‘, das war das passende Wort. Er kam sich inzwischen fast schon wie ein Landstreicher vor. Sein Bart war wild gewachsen, seine Kleider schon seit vielen Tagen nicht mehr ordentlich gewaschen. Einem Teil von ihm war dies durchaus recht. Zeigte es doch auf eine Art und Weise, wie er sich innerlich fühlte. Doch da gab es auch noch den anderen Teil in ihm, der nicht aufgeben oder sich ganz gehen lassen wollte.

Wo er in ein paar Monaten mit sich selbst und seinem Leben stehen würde? Irgendwie wollte er es gar nicht wissen. Ja, da war eine Angst, dass er wieder einmal mehr von sich selbst enttäuscht sein würde, könnte er in die Zukunft blicken.

Und was würde Ruth jetzt von ihm denken, könnte sie ihn so sehen? Wie es ihr wohl ging? Sicherlich war sie Tag und Nacht damit beschäftigt, neue Rezepturen auszudenken und in ihrer kleinen Hexenküche umzusetzen.

Jakob fühlte einen leichten Stich, wenn er so an sie dachte. Diese wundervolle, starke Frau, die nur allzu perfekt war. Ja, in ihrer Umgebung musste immer alles perfekt sein. Ordentlich, nach Plan und genauer Vorstellung. Da passte er nicht hinein. Da konnte er nicht hineinpassen! Er war ein Freigeist und wollte sich nicht so leicht verbiegen lassen. Es lag nicht an ihr, ihm zu sagen, wie er zu sein hatte oder sich geben sollte. Nein, er wollte und konnte sich nicht in ein so enges Bild eines Partners quetschen lassen. Er brauchte Freiheit.

Jakob zog einen besonders großen Ast vom Haufen und legte ihn so hin, dass er mit seiner Axt ans Werk gehen konnte. Er passte auf, dass Merlin weit genug entfernt lag und legte auch seinen Wollpullover zur Seite. Sein Blick schweifte in die Ferne, wo man zwischen den Tannenzipfeln ins Tal hinunter und hinüber zu einigen Bergspitzen blicken konnte.

„Sei dir bewusst, dass du alles in deinem Leben wählst", kamen ihm die Worte von Delia in den Sinn. Auch wenn es schon ein paar Wochen her war, seitdem er den Ringelblumenweg bei Nacht und Nebel verlassen hatte, doch diese Worte waren ihm geblieben. Er war hier wohl doch am richtigen Ort. Die Berge waren sein Zuhause.

Ein wacher Blick, eine unbändige Kraft aus dem Innern und die Axt sauste ein erstes Mal nieder.

## 5
### Endlose Weite
*Delia*

Mit ihrem Rücken auf dem großen warmen Felsen lag Delia mit ausgebreiteten Armen da und blickte in den Himmel. Über sich ein paar winzige Schäfchenwolken, rings um sich der grüne dichte Wald. Hier oben auf dem Felsen war sie oft zu finden. Es war ein Ort der Stille und der Hingabe für sie geworden. Ein Ort ihres Herzens, hatte sie hier doch schon so vieles für sich erkannt und integriert.

Der laue Sommerwind streifte über ihren ausgestreckten Körper, spielte mit ihrem leichten Sommerkleid und ihren zerzausten Haaren. Es kitzelte und Delia lachte leise auf. Sie nahm so vieles gleichzeitig war. Ihr ganzer Körper nahm Impulse auf, die sie früher übersehen hätte. Das feine, weiche Moos unter ihrer Hüfte, die kleinen Gräser an ihrer linken Schulter und die rauen Steinkanten, die an ihren weichen Körper drückten. Oh, und die Sonnenstrahlen, die sich je nach Wolkendecke mit einem anderen Bild auf ihrer Haut ausdrückten. Da waren so viele Farben, so viele wirbelnde Energien und ein Meer aus feinen Tönen, wenn man genau hinhorchte. Es war ein Bad in Hunderten Sinneseindrücken gleichzeitig.

Delia schloss die Augen und fühlte nach, was sich ihren äußeren Sinnen verbarg. Da war diese scheinbar endlose Weite, in die sie sich ausdehnen konnte. Wie ein großer leerer, weißer Raum fühlte es sich an. Eine Empfindung, die sie noch nicht allzu lange kannte und die sie Tag für Tag etwas weiter erkundete.

Es schien wie eine neue Dimension, in die sie eintrat. Ein neues Tor, das sich geöffnet hatte und sie in eine Welt führte, die so unsagbar neu und umfänglich war, dass es ihr an Worten fehlte.

Delia konnte sich noch gut erinnern, als sie dieses Tor das erste Mal durchschritten hatte. Auch damals befand sie sich hier auf ihrem großen Felsen und hatte mit einem Lächeln in die Ferne geblickt. An jenem Tag war sie erfüllt gewesen von einem inneren Wissen, dass ein neuer Schritt bevorstand. Sie hatte sich so bereit gefühlt und hatte dennoch nicht gewusst, wofür. Sie ließ sich leiten, fühlte in sich hinein. Nahm den inneren Frieden wahr und das große JA für dieses neue Unbekannte. Eine lachende Erwartung und ein etwas wehmütiges Lächeln. Es durfte etwas Neues geboren werden und ein weiterer Teil durfte gehen. Im Fluss des Lebens, im Kreis des Seins. Ja, sie hatte ihren Gefährten damals so deutlich bei sich gespürt. Diese unglaublich tiefe Liebe, das gemeinsame Versprechen, tiefer und älter, als es in Worten auszudrücken möglich war. Die Verbindung ihrer Seele, die alle Zeiten und Welten überdauerte. Und dann kam der Schritt, der plötzlich DA war. So kristallklar vor ihr lag und ihr dennoch sehr viel abverlangte.

Sie ließ sich in das Neue fallen. Ließ ihren Liebsten auf allen Ebenen los. Einfach so. Mit dem wohl größten JA zum Leben selbst, das sie bisher in sich gefunden hatte. Sie ließ ihn los.

Was sie davor schon auf allen anderen Schichten und in allen anderen Dimensionen gemacht hatte, war nun auch auf der tiefsten aller Ebenen an der Zeit. Sie ließ ihn frei und erkannte im selben Atemzug, dass sie sich selbst frei ließ. Er war sie und sie war er. Und dennoch ließ sie ihn mit all ihrem Wesen frei, um in jeder Zelle zu spüren, was sie bereits gewusst hatte: «Ich bin Schöpfung. Ich bin das ewige Sein. Ich bin.»

Ihr Liebster hatte ihr die ganze Zeit als menschliches und geistiges Wesen gespiegelt, was sie noch nicht in sich selbst hatte sehen können. Was sie noch nicht bei sich selbst fühlen oder wahrzunehmen fähig war. Bis zu dem einen Zeitpunkt, an dem sie auch diesen allerletzten Spiegel zurücknehmen konnte. Als sie tief drinnen spürte, dass alles, was sie wahrnahm, ein Ausdruck ihres eigenen göttlichen Wesens war. Sie war in sich selbst nach Hause gekommen. Gänzlich angekommen.

Nun gab es keine Spiegelwelt mehr. Es gab nur noch ein Meer aus Potenzialen, eine grenzenlose Freiheit zu wählen und ein Sein in Fülle und Frieden mit sich selbst.

Ein Teil von ihr weinte damals. Trauerte um diese letzte verlorene Hülle. Doch da war auch diese Neugierde. Diese Freude am Erleben selbst. Noch war alles so vollkommen neu. Manchmal auch einfach schwer zu begreifen. Nach so vielen Lebzeiten und gefühlten

Äonen von Jahren war alles so anders. Ab und an wechselte sie noch zwischen diesen beiden Welten. Alt und neu. Oft aber nahm sie auch beide Realitäten gleichzeitig war. Nicht an jedem Tag war es ihr möglich, sich vollständig dieser inneren Weite hinzugeben. Noch brauchte es etwas Zeit, um diese neue Welt in sich zu verankern. Noch waren ihre Flügel ganz zart.

Als Delia einen Bussard über sich schreien hörte, ahmte sie ihn leise nach und schwieg dann erneut, um seinen Rufen zu lauschen. Es klang so sehr nach Freiheit. Nach einem Ruf, der sie hatte suchen – und finden lassen. Ihr Lächeln vertiefte sich und sie rekelte sich wohlig auf dem sonnenwarmen Felsen. Gab es etwas Schöneres, als endlich anzukommen? Durfte es für das menschliche Wesen auch etwas erschreckend sein, weil das Leben plötzlich kein Ziel mehr hatte? Keine Bewegung mehr nach vorn? Da war nur noch Sein. Nichts zu tun.

Die Erinnerungen an jenen Tag des Übergangs waren noch so frisch, erlebe sie es doch fast täglich wieder. Immer tiefer hinein in diese innere, unendliche Weite. In diesen großen, weißen Raum, der keine Richtung mehr kannte. Manchmal erneutes Loslassen. Täglich ein neues Erkunden eines Lebens ohne Zeit und räumliche Dimensionen. Eine neue Welt. Delia schluckte tief bewegt.

Auf einmal mischte sich zu den Rufen des Bussards das mehrmalige Krächzen eines Eichelhähers. Delia öffnete die Augen und setzte sich neugierig und wachsam auf. Sie kannte das Verhalten der Tiere inzwischen sehr gut und wusste, dass diese Warnrufe nicht ohne Grund ausgestoßen wurden. Rund um den großen Felsen sah sie einige Wiesenabschnitte, sofern diese nicht vom Felsen selbst verdeckt wurden. Danach begann der Wald, der in diesem Teil besonders von Fichten, Föhren und Tannen durchzogen war. Delia liebte den harzigen Geruch, der immer mal wieder mit einem feinen Lüftchen zu ihr getragen wurde.

Der Eichelhäher krächzte erneut und nun konnte Delia endlich erkennen, was diesen Wächter des Waldes aufgescheucht hatte. Ein Mann kam ihr über die Lichtung entgegen. Erst auf den zweiten Blick bemerkte sie, dass sie ihn kannte. Es war Lukas, der Wildhüter.

Da Delia so oft im Wald unterwegs war, hatte sie natürlich längst mit dem Mann Bekanntschaft gemacht, der hier den Tieren des Waldes Sorge trug. Sie war sehr froh darüber, dass er ihre geliebten Wesen mit viel Liebe und einem Blick für das große Ganze betrachtete und die Natur in ihrer Intaktheit ließ, so gut es möglich war.

Noch hatte er sie nicht gesehen und Delia stieg behände den Felsen hinunter. Sie hatte gesehen, dass Lukas etwas in seinen Armen trug, das wie ein Tier aussah und dies weckte natürlich ihre Neugier zusätzlich.

Unten angekommen, war Lukas nur noch wenige Schritte von ihr entfernt und dennoch zuckte er leicht zusammen, als Delia ihn freudig beim Namen rief.

„Ach Delia, schon wieder schleichst du so lautlos, dass man dich nicht kommen hört", lachte er auf. Doch Delias Blick hing nicht an dem kräftigen Mann mit den blonden Haaren und den rotgefärbten Wangen. Ihre Augen glitzerten, als sie behutsam näher ging, gefesselt vom kleinen Wesen, welches in den Armen des Wildhüters lag.

„Hallo Kleines", flüsterte sie zärtlich, als sie über das Köpfchen eines kleinen Rehkitzes streichelte. Dann sah sie auf einmal die Wunde, die sich über das eine Bein des Kitzes zog. Ihre Augen blickten auf zu Lukas, der sie aufmerksam betrachtete.

„Es hat sich in einem Maschendraht verfangen. Seine Mutter konnte ich nicht mehr retten. Sie hatte wohl ihr Kleines befreien wollen und hat sich dabei selbst zu schwer verletzt. Doch nun werde ich das Kitz aufpäppeln. Es ist bei mir in guten Händen", meinte er.

„Davon bin ich überzeugt", lächelte Delia und strich erneut über das samtige Fell des kleinen Rehs. Sie spürte, wie sich ihre Energie mit der des kleinen Wesens verband und ihr Lächeln vertiefte sich. Tief drinnen fühlte sie eine Ahnung aufsteigen. Ein neues Potenzial auf der endlosen Weite, in der unendlichen Vielfalt. Das Leben musste nicht geplant werden. Es entstand von selbst, wenn man zuließ und vertraute.

# 6
## *Die große Reinigung*
### Ruth

Der Morgen war noch sehr jung, die Sonne versteckt hinter den Baumwipfeln, als Ruth sich eine warme Decke über die Beine legte und mit geschlossenen Augen die frische Morgenluft in ihre Lungen sog. Liliane hatte ihren Rollstuhl an ein Plätzchen im Garten geschoben, an welchem später die Sonne vorbeischauen würde. Hier ließ es sich gut ein Weilchen sein.

Ruth war gerne in der Natur und hatte beobachtet, wie sie an Orten wie diesem ihre jetzige Situation viel besser annehmen konnte. Denn es war nicht immer einfach. Auch jetzt hatte sie leichte Schmerzen in der Hüfte und einen steifen Nacken. Sie war es nicht gewohnt, sich so wenig zu bewegen und auf die Hilfe anderer angewiesen zu sein. Hinzu kamen so viele Fragen, die ihre Zukunft betrafen.

Ruth ließ ihren Blick schweifen. Da waren die noch geschlossenen Sonnenblumen, die große mächtige Königskerze und weitere Blumen, die auf das baldige Sonnenlicht warteten. Feine Tautropfen glänzten auf den satt grünen Blättern und kleine Mücken schwirrten bereits durch die noch kühle Luft. Hinter einigen Beeten und einer kleinen Wiese standen die ersten Bäume des nahe liegenden Waldes. Ihre Spitzen waren bereits etwas hell durch die Sonne und strahlten in einem leichten Orange.

Ruth schluckte. Es war so schön hier. Die Natur und die Welt an sich so berührend. Dennoch war das Leben manchmal so schwer. So tief und unergründlich. Wie konnte etwas so schön und schwer zugleich sein?

Eine kleine Träne löste sich von ihren Wimpern und lief über ihre kalte Wange, als sie ein leises Rascheln vernahm. Zwischen den Brombeeren und dem kleinen Apfelbaum sah Ruth, wie Delia auf sie zukam. Sie schien in ihrem leichten, hellgrünen Sommerkleid und mit nackten Füssen nicht zu frieren. In ihrem offenen Haar steckten ein paar kleine Gänseblümchen. Auch heute hatte sie die Kette mit dem schwarz-weißen Stein um den Hals, die Ruth ihr letzten Sommer geschenkt hatte. Sie kam mit einem Lächeln, das Ruth so sehr liebte und ihrem so wunderbaren Strahlen auf sie zu, drückte ihr einen liebevollen Kuss auf die Stirn und setzte sich neben dem Rollstuhl auf einen Stein.

Lange Zeit sagten beide nichts und beobachteten lediglich, wie die Welt um sie herum langsam erwachte.

„Wie kann etwas gleichzeitig so schön und schrecklich sein?", durchbrach Ruth schließlich die Stille. „Da ist eine Welt mit so viel Gewalt, Schmerz und Leid. Und da ist auch diese Welt der Leichtigkeit, der Freude und tiefen Erfüllung. Warum fühle ich das die Tage so stark?"

Es dauerte eine Weile, bis Delia antwortete: „Du bist vor einiger Zeit aus einem tiefen Schlaf aufgewacht.

Dieses Erwachen hat zur Folge, dass nach und nach aller Nebel, der dich umgibt, verschwindet. Du siehst und fühlst mehr. Du erkennst immer tiefer und umfassender. Das ist nicht nur einfach. Es ist nicht nur schön. Es kann auch ganz fest weh tun und dich mit Trauer und Schmerz erfüllen. Doch letztendlich dient dir diese Zeit, um wahre Weisheit und Mitgefühl zu erlangen. Du bist auf dem Weg, zu einem zutiefst wissenden und all-umfassend liebenden Wesen zu werden. Dies braucht seine Phase der Wandlung und Integration."

„Wie meinst du das?", fragte Ruth leicht verwirrt und fühlte gleichzeitig diese tiefe innere Berührung, die die Worte Delias bei ihr auslösten.

„All die Schmerzen und die Trauer, die Wut und jede tiefe Berührung deines Innersten lösen eine Reinigung aus. Es ist, als ob durch diese Wellen all dies ausgespült wird, was nicht mehr dienlich ist. Es wird Raum gemacht. Für dein Lichtwesen. Für deinen Körper der freien Energie, der sich nach und nach integriert. Aus diesem Grund nimmst du parallel zu diesem Schmerz auch so viel Schönes wahr. Es scheint vielleicht für den kleinen Menschen widersprüchlich, doch du dehnst dich durch die Schmerzen aus. Du kommst langsam in die Mehrdimensionalität. Es ist wie eine Geburt. Eine Geburt in eine neue Welt."

Erneut sprachen die beiden für lange Zeit nicht und spürten den Worten nach, die Delia ausgesprochen hatte.

„Manchmal wünschte ich mir, es könnte leichter gehen", meinte Ruth dann.

„Das verstehe ich. Doch da gibt es auch den Teil in dir, der es genauso, wie es jetzt ist, erleben möchte. Versuche diesen Teil in dir wahrzunehmen. Wir haben uns für diesen Weg entschieden, weil er so unsagbar wertvoll und tief ist. Eine Erfahrung, die wir als Seelenwesen noch nie machen durften und die es auch nie wieder geben wird. Es ist eine einmalige Wandlung, die wir nun durchleben. Es ist eine Erfahrung, die du dir als Seele genau in dieser Form gewünscht hast. Deshalb bist du hier."

„Auch, wenn ich so viel spüre, was mir nur wehtut?", meinte Ruth den Tränen nahe. Sie fühlte sich auf einmal so müde. Und so tief bewegt, dass ihr leicht schummrig wurde.

„Ja, auch dann", antwortete Delia mit einer Wärme in der Stimme, die von tiefstem Verständnis zeugte. „Da gibt es diesen Teil in dir, der aus jedem Schmerz und jeder Träne wahre Weisheit destilliert. Du bist nicht nur Mensch, der sich in dieser großen Reinigung manchmal gefangen fühlt. Du bist so viel mehr."

Als die ersten Sonnenstrahlen über die Baumwipfel reichten und die kleine Wiese vor Ruth und Delia in eine zauberhafte Szenerie aus glitzernden Tautropfen und regenbogenfarbenen Lichtreflexen hüllte, war es um Ruth geschehen. Sie begann bitterlich zu weinen. Es war einfach zu viel. Zu viel Schönheit, zu viel innerer Schmerz. Der Berg, den sie vor sich sah, fühlte sich so riesig groß an und die innerlich erlebte Reise so unsagbar gigantisch. Wie sollte sie da als kleiner Mensch mithalten können?

Es schüttelte Ruth durch und sie ließ los. Ließ sich gehen in diese wunderschöne Szenerie, die sie umgab. In die inneren Wellen, die sie spürte und in das große Ganze. So viel Schönheit und so viel Schmerz. Alles da.

Und alles trug dazu bei, dass sie werden durfte. Zu etwas, was sie selbst noch gar nicht fassen konnte.

Delia legte liebevoll ihre Arme um die im Rollstuhl zusammengesackte Ruth und hielt sie einfach fest. Es wurden keine Worte gesprochen. Es brauchte auch keine. Da war nur tiefstes Mitgefühl und Verständnis.

Ruth fühlte die Wärme der Umarmung und der Sonnenstrahlen, die sie beide zu halten schienen. Sie durfte sich ganz dem Moment hingeben und war dankbar für diese wundervolle Möglichkeit. Es war auch gar nicht mehr so schwierig, all diese Gefühle zuzulassen. Seitdem sie letzten Sommer in der Höhle gewesen war, konnte sie diese Tiefe schon viel besser zulassen. Es war nicht mehr ganz so beängstigend. Sie wusste, sie würde sich selbst darin nicht verlieren können.

Sie öffnete ihre tränennassen Augen und blickte zu den Blumen und Insekten, die sich ebenfalls an der Sonne erfreuten. Alles glitzerte und auf der Wiese sah sie den feinen Dunst, der durch die Wärme in den Himmel stieg. Ruth drückte die Hand ihrer Freundin und ließ zu, dass all die Tränen fließen konnten. Und sie verlor jegliches Gefühl für Zeit.

Später, als die Sonne schon ein gutes Stück weitergewandert und Delia wieder gegangen war, saß Ruth noch immer am selben Ort und fühlte tief in sich hinein. Ja, wenn der Sturm vorübergezogen war, zeigte sich eine neue Klarheit, die sie ein klein wenig an Weisheit erinnerte. Da war eine Ahnung. Ein Schimmer dessen, was genauso wahr war wie der Sturm, doch sich ganz anders anfühlte. Frieden. Vollste Annahme. Ruth kuschelte sich in diese Ahnung und schloss die Augen. Sie fühlte. Auf einer Ebene dahinter. In einer Schicht erweitert. Und auf einmal vernahm sie den feinen Schmerz, der zurückgeblieben war, die frische Luft nach dem inneren Regenschauer und den darunterliegenden Frieden gleichzeitig. Alles war da. Alles war gut, wie es war.

# 7
## Innere Fesseln
### Liliane

Liliane drehte und wendete den Brief, doch sie konnte keinerlei Anschrift erkennen. Lediglich eine weiße und eine rote Lilie waren darauf abgebildet. Wie dieser Brief wohl bei ihr gelandet war? War er für Delia bestimmt? Liliane konnte sich erinnern, dass sie schon einmal ein solches Kuvert in den Händen gehalten hatte.

Sie ließ die restliche Post auf dem Esstisch liegen und zog sich die Gartenschuhe über. Da es auch diese Tage nicht sehr sommerlich zuging, nahm sie auch die feine Strickjacke, die an dem einen Haken hing. Das Kuvert in der Hand stapfte sie zum Nachbargrundstück, wo sie Delia vermutete. Sie fand die junge Frau schließlich im hinteren Teil des Gartens, wo sie nahe einer großen Buche am Waldrand einige Bretter aufstapelte. Liliane wusste, dass auf diesem alten Baum eine Hütte entstehen sollte. Delia hatte ihr von ihren Baumhausträumen erzählt. „Warum nicht?", hatte sie damals nur gelacht und Liliane lächelte, als sie nun sah, wie tatkräftig ihre Freundin die eigenen Träume anpackte.

Als sie bei Delia ankam, fragte sie zweifelnd: „Hast du denn schon einmal ein Baumhaus gebaut?"

„Nein, bisher nicht", kam die fröhliche Antwort, „aber ich sehe genau vor mir, wie es einmal werden wird."

Delia und Liliane setzten sich ins Gras unter dem mächtigen Baum. Von hier aus sah man den Eingang zum Mandalagarten, sowie die Spitzen der beiden Häuser vom Ringelblumenweg. Wie wundervoll dies aus einer höheren Perspektive aussehen musste. Drehte man sich um, so sah man in den Wald hinein, der hier nicht allzu dicht war.

„Kannst du dies alles alleine bauen?", fragte die ältere Frau verwundert.

„Ich werde Hilfe bekommen", meinte Delia und blickte auf den Umschlag, den sie in den Händen ihrer Freundin entdeckt hatte.

Ohne den Brief geöffnet zu haben, wurde ihr Lächeln tiefer und ihr Strahlen noch etwas heller.

„Er kommt hierher", war alles, was sie sagte.

„Wer?", frage Liliane und blickte fragend auf das Kuvert.

„Du wirst ihn kennenlernen, wenn es so weit ist."

Liliane war mit dieser Antwort zwar nicht zufrieden, doch spürte sie, dass Delia sich nicht in die Karten blicken lassen wollte. So gab sie ihr wortlos den Umschlag und versuchte, sich nicht anmerken zu lassen, dass sie sehr neugierig war.

„Ich würde dir auch gerne helfen, doch ich habe im Moment einfach zu viel um die Ohren", wechselte sie das Thema. „Ich dachte ja, dass ich wieder mehr Zeit für mich haben würde, nachdem ich die Bildbände von Luisa fertiggestellt habe. Doch dem ist leider nicht so."

„Du hättest gerne mehr Raum für dich", stellte Delia fest.

„Unbedingt! Ich freute mich so sehr auf diese Zeit, die nur mir gehört. Doch nun braucht mich Ruth täglich und wie du weißt auch meine gute Freundin Hannah. Sie ist sehr krank. Dann habe ich nebst Ruth noch drei weitere Kinder und einige Enkel, die einen teilweise ganz schön auf Trab halten können."

„Und was löst dies in dir aus?"

„Ich fühle mich oft eingeengt und dies führt zu Frust, teils auch Wut. Ich kenne das so gar nicht, war ich doch mein Leben lang für andere da. Doch jetzt möchte ich endlich einmal Zeit für mich haben."

„Ich spüre, dass du der Frage nachgehst, warum du dich nicht wohl damit fühlst", meinte Delia und blickte hinüber zur älteren Frau an ihrer Seite. „Kannst du es denn annehmen, dass du diese Aufgaben im Grunde gar nicht möchtest? Oder fühlst du dich dabei schuldig, als schlechte Mutter oder Freundin?"

Als Delia sah, dass ihre Gesprächspartnerin das Gesagte auf sich wirken ließ, fuhr sie fort: „Kannst du annehmen, dass du diese Aufgaben aus einem bestimmten Grund selbst gewählt hast?"

„Wie meinst du das?", fragte Liliane nach.

„Es scheint so, als ob wir den Dingen und Geschehnissen in unserem Leben willkürlich ausgeliefert sind und lediglich reagieren können. Doch dem ist nicht so. Du wählst diese Ereignisse auf tiefster Ebene für dich selbst. Sie sind so lange da, bis du das, was sie dir schenken möchten, erkannt hast. Sie dienen dir, auch wenn es sich vielleicht nicht so anfühlen mag."

„Solange ich aber dauernd für andere da sein muss,

wird mir nichts geschenkt! Ich verliere dadurch meine Freiheit, eine Menge Zeit und Energie", warf Liliane ein und atmete hörbar aus.

„Das, was ich dir sage, wirst du vielleicht nicht mögen – doch ein Teil von dir findet Gefallen an dieser Situation, in der du steckst. Wir können uns sogar in den schlimmsten Stunden wohlfühlen, so falsch sich dies anhört. Doch ein Teil von uns kennt diese Gefühle von Ohnmacht, Enge, Betäubung und sehnt sich regelrecht danach. Es gibt diesem Teil in dir Sicherheit und sogar eine gewisse Form des Wohlgefühls. Aus diesem Grund ist es ganz wichtig, dass du dir immer wieder bewusst machst, dass du die Wahl hast. Bei allem. In jedem einzelnen Moment. Manchmal ist es einfacher das Altbekannte zu wählen, anstatt die Veränderung, das Neue. Doch du kannst immer hinein- oder hinausgehen aus jeder Situation. Du bist ein souveränes Wesen, liebe Liliane."

„Aber wenn sie mich doch brauchen...", kam nach einer Weile die leise Antwort.

„Das ist deine Interpretation dessen, was du siehst. Es gibt gewisse Aufgaben, die wir wählen, die uns über längere Zeit begleiten und aus denen wir nicht einfach so austreten können. Hierzu zählt zum Beispiel das Großziehen von Kindern. Doch auch da ist es total wichtig zu erkennen, wann wir nur noch helfen, weil wir es gewohnt sind. Weil es uns vielleicht von uns selbst ablenkt. Weil es allenfalls einfacher ist, als sich der inneren Stille zu widmen oder weil es uns wertvoll und wichtig fühlen lässt. Es gibt viele Gründe, sich im Außen zu verlieren. Doch in den allermeisten Momenten scheint dich nur jemand zu brauchen, weil du es so möchtest."

Liliane stand langsam auf und sah zu Delia, die es ihr gleichtat.

„Das klingt irgendwie hart", meinte sie.

„Ja, das mag sein. Oder es ist einfach klar ausgedrückt." Delia zwinkerte ihr zu und legte kurz den Arm um ihre Freundin.

„Du kannst dich immer fragen, ob das, mit was du dich gerade beschäftigst, wirklich deines ist oder nicht. Sobald du diesen Unterschied erkennst, wird sich gewaltig was ändern."

Liliane war etwas verwirrt. Sie hatte ja eigentlich nur den Brief der Lilien zu ihrer Nachbarin bringen wollen und jetzt stand sie da und wusste nicht mehr, was denn nun ihre eigenen Angelegenheiten waren und was nicht.

Nahm sie vielleicht unbewusst einfach Probleme oder Themen auf, weil sie sich selbst beschäftigen wollte? Weil sie sich nicht Wert genug war, sich selbst ein Leben in Freiheit aufzubauen? Half sie nur, weil sie sich schuldig fühlen würde, wenn sie es nicht täte? War es deshalb so, dass sie sich eingeengt fühlte? Oder brauchten sie diese Menschen wirklich? In ihrem Kopf schwirrten unzählige Fragen und Liliane runzelte die Stirn, als sie erkannte, wie viel dieses Gespräch eben ausgelöst hatte. Wenn es stimmte, dass sie immer die Wahl hatte, ob sie etwas für jemand anderen tat oder nicht, wie würde sie dann wählen?

Sie raufte sich ihre kurzen Haare und machte sich auf den Weg zurück durch den Mandalagarten. Sie fühlte,

wie sich das Gehörte langsam in ihr legte. Sie lief an einem lila Flieder vorbei und hielt dann doch kurz inne, um ihre Nase in die wunderbar duftenden Blüten zu stecken. Wie sehr sie diesen Duft und die Farbe liebte.

Im nächsten Beet wuchsen Stangenbohnen, die schon eine beträchtliche Höhe erlangt hatten. Auch einige Königskerzen wuchsen hier und es summte vor lauter Bienen und anderen Insekten. Liliane fühlte, wie sich inmitten der Natur auf einmal Klarheit in ihr ausbreitete und ein feines Lächeln stahl sich auf ihre Lippen. Vielleicht war alles gar nicht so kompliziert, wie sie gedacht hatte. Ja, sie hatte in jedem einzelnen Moment die Wahl. Sie nutzte sie nur nicht wirklich und tat das, was sie schon immer getan hatte. Sie half. Doch was für ein schönes Gefühl dies war zu erkennen, dass sie immer die Wahl hatte. Es war ein Gefühl, das sie beinahe vergessen hatte.

Liliane lächelte. Sie würde gleich jetzt bewusst wählen, etwas für sich selbst zu tun, was ihr unglaublich viel Freude bereitete. Schon zu lange hatte sie keine Zeit mehr dafür gehabt. Sie würde sich an die Staffelei setzen.

## 8
### Alleine
*Jakob*

Jakob schloss die kleinen Knöpfe seines letzten frischen Hemdes und warf das zuvor ausgezogene in die eine Ecke der Hütte. Er hatte auch fast keine Vorräte mehr. Höchste Zeit, um seinem Kumpel einen Besuch abzustatten. Daniel war leidenschaftlicher Förster und lebte in einer um einiges komfortabler eingerichteten Hütte, eine gute Stunde Fußmarsch entfernt. Sicherlich würde er Jakob seine Waschmaschine benutzen lassen und einige Vorräte mit ihm teilen.

Es war bereits kurz nach Mittag und Zeit, um aufzubrechen. Jakob packte seine schmutzige Wäsche und stopfte sie in seinen alten Rucksack, pfiff nach Merlin und machte sich auf den Weg in Richtung Talboden.

Es würde heute gegen Abend wohl wieder ein Gewitter geben. Jakob spürte das Vibrieren in der Luft und lauschte in den fast stillen Wald hinaus. Kaum ein Vogel pfiff. Hoffentlich war er bis zu dieser Stunde bereits wieder zu Hause.

Jakob stutzte. Zuhause. War diese Hütte nun wirklich der Ort, den er so nennen wollte? Irgendwie fühlte sich dies falsch an. Es war eine von vielen Stationen in seinem Leben. Mehr nicht. Er wollte es so. Doch wohin sollte er danach gehen?

Bisher hatte er sich erst wenig Gedanken und noch viel weniger Sorgen um seine Zukunft gemacht. Er hatte einfach Tag für Tag gelebt und es genossen, so unabhängig und mit sich alleine zu sein. Sein eigener Herr und Meister – war das nicht das, was er immer gewollt hatte? Immer suchte?

Die Zeit im Ringelblumenweg hatte ihn verändert und dies gefiel Jakob überhaupt nicht. Waren es die vielen Stunden, die er mit Ruth verbringen durfte? Oder die unzähligen Gespräche mit Delia, die ihn hatten innehalten lassen?

Wenn Jakob auf sein bisheriges Leben zurückblickte, dann sah er Freiheit, ja. Aber er erkannte auch einiges mehr. Da waren eine innere Getriebenheit und eine Angst, sich wirklich gänzlich auf etwas einzulassen. Er war gerannt. Sein ganzes bisheriges Leben lang. Vor was war er davongerannt? Er konnte es nicht genau benennen.

Beim Häuschen von Daniel angekommen, sah er, wie ebendieser gerade aus seinem Jeep stieg und sich den braunen Hut vom Kopf in den Nacken schob. Seine Schuhe waren schmutzig und auch seine übrige Kleidung trug die Spuren eines langen Arbeitstages. Noch bevor sich Jakob bemerkbar machen musste, sah er am Grinsen seines Freundes, dass er ihn bereits erblickt hatte.

„Na, wie siehst du denn aus", bekam er nebst eines kameradschaftlichen Schlags auf die Schulter zur Begrüßung zu hören.

„Ich hab ebenso gearbeitet wie du", brummte er als Antwort und grinste dann zufrieden, „du hast jetzt genügend Feuerholz für die nächsten zwei Jahre."

Daniel lachte laut auf und deutete Jakob an, ihm zu folgen. Er wusste natürlich, warum sein Kumpel hier war und ging zielstrebig auf die Waschmaschine zu.

„Wirf alles hinein. Ich mach uns in der Zwischenzeit etwas zu Essen. Ich bin am Verhungern."

Jakob nickte und machte sich daran, seine Hemden und Hosen in die Trommel zu stopfen.

Als die beiden Männer etwas später um das kleine Feuer saßen, welches Daniel hinter seinem Häuschen entfacht hatte, fühlte sich Jakob seit Langem wieder etwas wohler. Ein kaltes Bier in der Hand, ein gutes Mahl in Aussicht und was im Moment noch viel wichtiger war – etwas Gesellschaft, mit welcher man sich auch unterhalten konnte.

Viel sprachen die beiden zwar nicht. Doch es reichte Jakob, um sich immer mehr zu entspannen. Jedenfalls so lange, bis Daniel das Gespräch auf ein Thema lenkte, welches ihm gar nicht gefiel.

„Wie geht es den drei Frauen im Ringelblumenweg? Du hast sie bisher mit keinem Wort erwähnt."

„Hmmm, gut. Ich habe nichts von ihnen gehört. Also wird es ihnen gut gehen", brummte Jakob in sein Bier.

Daniel lachte und blickte dann jedoch schnell wieder ernst. Er spürte, dass hier etwas im Argen lag.

„Du brauchst mir nichts zu erzählen, wenn du nicht magst. Doch du weißt, dass du es erzählen kannst, wenn du möchtest."

Jakob überlegte. Er wusste, dass Daniel eine Frau und

zwei Kinder hatte, die jedoch vor mehr als einem Jahr ausgezogen waren. Da sein Gastgeber um einiges jünger war als er, schätzte er, dass seine Kinder noch nicht erwachsen waren. Genau konnte er es nicht sagen. Er hatte sie nie kennengelernt.

„Ich gehe dahin nicht mehr zurück", war dann jedoch alles, was er verlauten ließ.

„Was hat dich denn da so erschreckt?", fragte Daniel und zwinkerte.

„Nichts", kam die knurrende Antwort, „ich möchte mich nur nicht mehr verbiegen. Ich bin so, wie ich bin."

„Das ist den Frauen mit Sicherheit klar."

„Ruth heißt sie. Und nein, das ist es ihr nicht. Sie hat mir gesagt, ich solle mehr über meine Gefühle reden. Sie an meinem Inneren teilhaben lassen und so ein Zeug. Dabei ist das doch alles Quatsch!"

Daniel stand auf und lief hinüber zur kleinen Außenküche, wo er in den großen Topf langte und eine Handvoll Spaghetti probierte. Mit einem zufriedenen Nicken schaltete er die Herdplatte aus und begann, zwei große Portionen Spaghetti in Schüsseln zu schöpfen. Einen Schuss Tomatensoße oben drauf und fertig war das Abendbrot. Er reichte Jakob die eine Schüssel und hielt ihm eine Gabel hin.

Jakob griff zu. Für eine Weile aßen die beiden stillschweigend. Erst als Jakob aufstand, um sich noch etwas mehr Soße zu schöpfen, kam das Gespräch wieder in Gang.

„Bist du dir da so sicher, dass deine Ruth falsch lag?"

„Es ist nicht meine Ruth. Und ja, sie liegt falsch. Ich habe bisher nur Enttäuschung und Schmerz erlebt, wenn ich mich zu sehr auf meine Gefühle verlassen habe. Außerdem geht es niemanden etwas an, was in meinem Inneren abgeht." Jakob staunte selbst über die Härte in seinen Worten.

„Du kämpfst dagegen an", murmelte Daniel und blickte besorgt zu seinem Gegenüber.

„Vielleicht. Doch du solltest es am besten wissen, dass es nicht einfach ist in einer Beziehung."

„Solange du kämpfst ist es schwierig, da gebe ich dir recht. Doch das hat gar nichts mit einem Partner oder einer Partnerin zu tun. Das bist du selbst, der mit dir kämpft."

Jakob blickte in die Augen von Daniel und sah, dass sein Kumpel wusste, wovon er sprach. Also schwieg er. Er war nicht bereit, sich jetzt irgendwelche Ratschläge anzuhören.

„Sei dir bewusst, dass du alles in deinem Leben wählst", hörte er die Stimme von Delia in seinem Inneren. Seine Augen wanderten zu Daniel, der ihm ein zweites Bier hinhielt. Dankbar griff Jakob zu. Er war wirklich noch nicht bereit.


Das Feuer war längst heruntergebrannt und die dunklen Gewitterwolken am Himmel standen schon bedrohlich nahe, als sich Jakob auf den Rückweg machte. Den Rucksack gut gefüllt mit neuen Vorräten und in der einen Hand eine Tüte mit der noch feuchten Wäsche, fühlte er, wie er leicht schwankte. Mit gerunzelter Stirn schüttelte er den Kopf. Es war auch gar lausig, wie wenig Alkohol er in seinen Jahren noch vertrug. Er würde sich jetzt auf direktem Weg nach Hause begeben, um dem Gewitter zuvorzukommen und die feuchte Wäsche in der Hütte aufzuhängen. Sofern er nicht doch noch vom

Regen überrascht wurde. Es roch bereits deutlich nach dem nahenden Nass und die Luft hatte sich merklich abgekühlt.

Er pfiff Merlin zu sich und gab Daniel zum Abschluss kurz einen brüderlichen Klaps auf die Schulter. Dann machte er sich auf den Heimweg.

Als er das Häuschen seines Freundes hinter sich ließ und immer höher den Berg hinaufstieg, fühlte er sich auf einmal sehr alleine. Ja, alleine. Als er dies in sich erkannte, wurde sein Atem etwas flacher und der Knoten in seinem Bauch noch etwas härter.

„Ich brauche ein neues Ziel", rief er laut in den stärker werdenden Wind.

„Ein neues Ziel!"

Die dunklen Wolken hingen bedrohlich über ihm und Merlin, als die beiden auf ungefähr der Hälfte der Strecke in den dichten Wald eintraten. Mit festen Schritten und starrem Blick stapfte Jakob voran. Der Wind wehte nun noch kräftiger und ließ die Bäume schwanken. Das Rauschen der großen Tannen und das Heulen, das durch die einzelnen Windböen entstand, ließ Jakob an Tempo zulegen. Das Gewitter war nicht mehr weit entfernt.

Aber ja, ein Ziel war es, was er brauchte. Eine neue Motivation, die ihn antrieb. Weitergehen, das war nun die Devise. War es nicht auch das, was immer alle sagten? Er brauchte nur etwas Sinnvolles zu tun und dann würde er sich besser fühlen. Davon war Jakob überzeugt. Er drückte die Tasche mit der Wäsche an sich, als der Wind an ihr zerrte und schob sich die Kapuze tief ins Gesicht. Es ging nun steil den Wald hinauf.

Als ihm langsam die Puste ausging und sich ein Stechen in seiner Brust bemerkbar machte, fingen die ersten Tropfen an zu fallen. Dick und schwer prasselten sie auf Jakob nieder. Kurz blickte er nach hinten, als ein großer Ast von einer Fichte abbracht und mit einem Tosen zu Boden fiel.

Der Weg hinter ihm war leer. Er war allein. Ja, er war allein.

Wo war Merlin?

## 9
### Kreationen

*Delia*

Vorsichtig und langsam zog Delia den feinen Bleistift über das helle Holzbrett. Exakt in der Mitte verlief nun ein Strich, der ihr anzeigte, wo sie später durchsägen musste. Konzentriert und die Zunge zwischen die Zähne geklemmt, zog die junge Frau Strich für Strich, Linie für Linie. Immer mal wieder nahm sie dazu das Maßband zur Hand und kontrollierte, ob sie alles richtig auf das Brett übersetzte.

Es war nicht das erste Mal, dass Delia mit Holz arbeitete. Doch das Baumhaus war mit Abstand das größte, was sie bisher damit gebaut hatte.

Sie grinste: „Es wird gigantisch!"

Ihre Augen blitzten, als sie nach oben in die Baumkrone blickte. Die Aussicht würde phänomenal sein, der ausgewählte Ort perfekt. Auch die Zeichnung des Grundrisses, den sie selbst angefertigt hatte, gefiel ihr außerordentlich gut. Sie hatte von Anfang an einfach darauf losgezeichnet. Frei nach ihren inneren Bildern und Visionen. Es war alles ihre Energie, ihre eigene Kreation.

Sie hatte in den letzten Monaten so vieles entdeckt, was Energie betraf, so vieles erforscht. Da gab es die Energie, die als Schwingung zwischen zwei Polen hin und her floss. Energie, die eine Balance ermöglichte und auch aufrecht erhielt. So jedenfalls in der Welt der Polarität. Auch hier beim Bau des Baumhauses nutzte sie das Wissen um die Kräfte des Gleichgewichts. Scheinbar gegensätzliche Kräfte, die rein und klar in sich waren, hatten einen Energieausgleich zur Folge, der sich wie ein wunderschöner Tanz anfühlte.

Ja, diese polare Welt war ihr seit vielen Lebzeiten vertraut und dennoch war es ihr erst in den letzten Jahren des Erwachens gelungen, sie ganz in sich zu erkennen und sich selbst in ihre Hände zu geben. Die Kräfte dienten ihr nun.

Und gleichzeitig gab es da noch mehr. Es gab noch die Welt jenseits der Pole, die Delia nach und nach zu ihrer eigenen machte. Da gab es Energie, die noch nie in sich geteilt worden war. Diese freie Energie folgte ganz anderen Gesetzmäßigkeiten und war auch vom Empfinden her völlig verschieden.

Sie war überall. In unbegrenzter Fülle und in unvorstellbarer Menge vorhanden, war sie einfach da, sofern man sie wahrnehmen konnte. Anders als in der polaren Welt war sie jedoch ohne Bewegung, ohne Kraft und ohne Sog. Sie war einfach. Reinste, kristallklare Energie.

Delia liebte es, mit diesen freien Energien zu spielen. Sie durch ihr reines Bewusstsein zu erwecken und Dinge zu kreieren, in die sie später eintauchen konnte.

Oh ja – gab es etwas Schöneres, als mit freien Energien etwas zu erschaffen und danach mit seinem ganzen

Sein in ihnen zu schwimmen? Aus ihnen zu trinken, sie ganz in sich aufzunehmen und sie am ganzen Leib zu spüren? Zu fühlen, was die eigene Kreation in einem auslöste? Delia liebte diese sinnlichen Erfahrungen, die sie immer wieder aufs Neue entzückten.

Es war ihre eigene Energie. Alles war ihre Energie. Und sie erschuf Universen und Welten voller wundervoller, verrückter Kreationen.

Delia lachte leise auf, als sie das feine Prickeln an ihrem ganzen Körper spürte. Sie selbst war Energie. Ihr Körper, ihre Gedanken und Empfindungen. Sich dann selbst mit einem bewussten Ich-Bin als achtsames Schöpferwesen zu erfahren, war einfach nur wundervoll.

Sie wusste, dass sie nichts falsch machen konnte. Ihre Seele war schon viel zu weit gereist, um dieses Wissen der Energien zu missbrauchen. Es ging nur noch um Erfahrungen. Tiefste Erfahrung dessen, was sie selbst erschuf. Und sie tauchte ein. Jedes Mal erneut und mit jedem Mal etwas tiefer. Sie brauchte sich vor nichts zu fürchten. Ja, es war alles ihre Energie.

Delia legte den Bleistift zur Seite und stand auf, um die bisher bearbeiteten Bretter unter der großen Buche zu stapeln. Morgen würde sie all die Bretter zurecht sägen und danach ging es schon bald los mit dem Aufbau. Sie grinste bis über beide Ohren, als sie daran dachte, dass sie schon bald in ihrem eigenen Baumhaus würde verweilen können.

Fast schon liebevoll strich sie über die glatte Oberfläche eines Scheites und hinüber zu den Seitenrändern, die sich rau an ihren Fingerspitzen anfühlten. Morgen würde sie den nächsten Schritt auf dem Weg zu ihrem Häuschen vollziehen. Ganz nach ihrem inneren Plan, der es ihr ermöglichte, dieses Projekt in seiner ganzen Größe umzusetzen.

Sie strich sich eine lose Haarsträhne hinters Ohr und ließ ihren Blick nach oben in die große Baumkrone schweifen. Verweilte man in der Polarität und in der Materie, so waren Pläne manchmal hilfreich, ja sogar sehr wertvoll. In Momenten, in denen bestimmte klare Ideen intuitiv zu einem kamen, konnten sie die Schritte der Manifestation unterstützen. Doch ihr ganzes Leben zu planen, davor würde sich Delia hüten. Zu oft hatte sie beobachten können, wie Pläne auf das Leben angewandt, ebendieses erstickten. Wie sie die alten Muster fortführten, weil sie nur sehr wenig Raum für das Neue zuließen. Wahre Lebendigkeit sah anders aus als ein Plan.

So galt es, unterscheiden zu können, wann man Gebrauch dieser wertvollen Möglichkeit machen und wann man dem Geschehen seinen freien Lauf lassen wollte. Wann man sich auf die Polarität fokussierte und wann man ihr erlaubte, sich auszudehnen. Dahinter lag eine gänzlich andere Welt.

Denn wirkliche Kreation ging nach dem Empfinden der jungen Frau nach keinem Plan. Wahre Schöpfung auf der Ebene der freien Energie kannte kein limitiertes Denken, keine einseitige Herangehensweise und keine materiellen Hürden oder Hindernisse mehr. Es war purer Tanz der freien Energien, die sich ganz nach dem wachen Bewusstsein einer jeden Seele richteten, die mit ihnen spielte.

Delia begann sich langsam zu bewegen und tanzte dann einmal rund um den Buchenbaum. Auch dies war eine Form, Energien zu bewegen und lustvoll zu kreieren. Noch war dieser Tanz an sichtbare Linien, an erfahrbare Materie und an limitierte Körpermöglichkeiten gebunden. Doch es gab auch noch andere Ebenen, die dieser Tanz mitbewegte. Man konnte sie nur mit den inneren Augen sehen und mit der wahrhaften Sinnlichkeit fühlen.

Die junge Frau spürte das weiche Gras unter ihren Fußsohlen, als sie sich sachte im Kreise drehte. Die Arme weit ausgestreckt und den Kopf in den Nacken, fühlte sie, wie der Wind um ihren Körper strich und sich an ihrer Haut anschmiegte. Sie fühlte sich so weich, so leicht, so unsagbar verbunden mit all dem, was sie war.

Es gab keine Vorstellung, nach der sie sich richtete. Sie horchte nur genau hin. In sich hinein und um sich herum. Da waren Farben, die sie inspirierten, Wellen, die sie ermutigten und Töne, die sie verzauberten. Und all dies, was sie wahrnahm, setzte sie in ihrem Tanz um. Ließ sich treiben, ließ sich fließen, fühlte sich so grenzenlos, so wild und schön.

Ihr Sommerkleid bauschte sich, als sie zu einer großen Drehung ansetzte und ihre Haare flogen im Wind, als sie sachte hüpfend die dicke Buche umtanzte.

Sie selbst war der Wind, sie selbst war das Gras und der große alte Baum, um den sie sich bewegte. Sie hielt inne, legte behutsam ihre Stirn an den dicken Stamm und strich mit beiden Händen über die raue Oberfläche, die sich ihr darbot. Wie wunderschön es doch war zu fühlen. Die inneren und äußeren Empfindungen durch Hingabe an den Moment zu vereinen und nur zu sein. Als ein Teil ihrer eigenen, großartigen Kreation. Sie war all die bunten Empfindungen, all die berührenden Momente, all die gigantischen Tiefen, all das Leben selbst.

Ja, sobald achtsames Bewusstsein und freie Energie in Berührung kamen, wurde pure Lebendigkeit geboren.

## 10
## Altes und Neues

*Ruth*

Sie saß nun fast jeden Tag für einige Stunden hier. Es war ihr neuer Lieblingsplatz, diese kleine Wiese hinter dem Haus. Mit dem Rollstuhl kam sie ja sowieso nicht weit und viel zu tun hatte sie nicht. Also saß sie oft einfach da und dachte nach. Oder fühlte. Oder beides.

In zwei Tagen hatte sie endlich den ersehnten Termin beim Arzt, der sie wissen lassen würde, ob sie ihr Handgelenk langsam wieder etwas belasten konnte. Hoffentlich würde sie dann zu Achselkrücken übergehen können. Wie sehr sie sich darauf freute, endlich wieder etwas mehr Bewegungsfreiraum zu haben! Gleichzeitig spürte Ruth, wie es sie auch etwas ängstigte. Wenn es so voran ging mit ihrer Heilung, hieß dies auch, dass sie bald würde entscheiden müssen, wie es mit ihrem Leben weitergehen sollte. Oder setzte sie sich da zu sehr unter Druck? Im Moment fühlte sie überhaupt nichts, wenn sie an ihre alte Tätigkeit in der Praxis zurückdachte. Sie fühlte lediglich den Drang, sich mit sich selbst und ihren tiefsten Tiefen auseinanderzusetzen. Zeit für sich zu haben, alte Dinge loszulassen und Neues willkommen zu heißen. Wie und was genau, da hatte sie keine Ahnung.

Heute hatte sie eine Schüssel mit frisch gepflückten Bohnen vor sich liegen. Mit der eingegipsten Hand konnte sie die grünen Hülsenfrüchte einigermaßen halten und mit der rechten schnitt sie die kleinen Enden ab. So würde sie Liliane später weiterverarbeiten oder einfrieren können. Wenigstens für solch kleine Tätigkeiten war sie inzwischen wieder zu haben.

Während sie so vor sich hin schnipselte, hörte sie Delia im anderen Teil des Gartens leise singen. Sie hatte mit ihr neulich ein interessantes Gespräch geführt. Oder vielleicht hatte sie auch einfach viel mehr zugehört, wie ihre Freundin erzählte.

Delia hatte ihr versucht zu erklären, woher die teils total verschiedenen Empfindungen kamen, die Ruth im selben Moment in sich fühlte.

„Du bist nicht nur Ruth, der Mensch. Du bist in Wahrheit reines Bewusstsein und Seelenessenz, die sich durch dich im Menschsein erfahren möchte. Je mehr du deine alten Mauern abbaust, Blockaden löst und den Energien erlaubst zu fließen, umso mehr Raum schaffst du, dass die Seele in deinem Körper sein kann. Natürlich fühlst du dies auf gewisse Weise auch. Wenn du dich bewusst in deinem ganzen Sein wahrnimmst, wirst du in Zukunft mehrere Empfindungen gleichzeitig haben. Du wirst dich als Mensch und Seele im selben Moment erkennen können. Mehrdimensional."

War es dies, was sie in letzter Zeit häufiger spürte? Ruth konnte es nicht mit Sicherheit sagen. Doch sie spürte, dass sich einiges veränderte. Tiefer wurde und feiner. Mehrschichtig. Manchmal war sie total überfordert damit, nun so viel zu fühlen und wahrzunehmen. Manchmal kam es ihr wie ein zusätzliches Hindernis vor. Wie sollte man sich in einer Welt zurechtfinden, die so hart und verschlossen wirkte? Die den feinfühligen Menschen oft nur die kalte Schulter zeigte?

Oder war dies nur die ‚alte' Welt, die gehen durfte? Wahrscheinlich... Ruth war sich da nicht so sicher. Doch sie spürte, dass dieser Wandel, von dem Delia so oft sprach, sich immer mehr in ihrem Leben entfaltete.

Wenn sie ganz ehrlich mit sich selbst war, so war es jedoch meistens einfach eine gigantisch große Herausforderung, mit diesen Veränderungen umzugehen. Auf einmal stellte man so manches, wenn nicht alles infrage. Man wollte Muster und Glaubenssätze loswerden, die einen über Jahre, wenn nicht Lebzeiten begleitet hatten und fühlte den Drang, Schutzhüllen fallen zu lassen, die vergrabene Ängste und Wunden zutage förderten. War das die alte Welt, die sie hinter sich ließ? Auch all die engen Schubladen, all die eintönigen Abläufe und Schemata?

Obwohl sie sich im Moment kaum beweglich nennen konnte, fühlte sich Ruth, als befände sie sich in einer Art Spagat. Da war diese alte, bekannte Welt, die sie dabei war zu verlassen. Und da war diese neue, noch sehr ungewohnte Welt, die sie teilweise nur sehr vage erahnen konnte. War es dies, was sich so anspruchsvoll anfühlte? Dieser Spagat zwischen Welten, die sich kaum näherkommen konnten, weil sie unterschiedlicher nicht sein könnten?

Und wie gelangte man von der einen Welt in die andere? Delia sprach so oft vom Erlauben. War dies das Geheimnis der ganzen Reise?

Ruth spürte, wie sie einmal mehr versuchte, etwas mit dem Verstand zu verstehen, was auf diesem Wege kaum möglich war, zu begreifen. Dennoch waren da so oft so viele Fragen. Ruth nahm sich vor, Delia ein weiteres Mal dazu zu befragen. Vielleicht würde es ihr doch helfen, diese innere Zerrissenheit und diese Gefühle der Überforderung etwas besser anzunehmen.

Es raschelte leise, als sie eine weitere Handvoll fertig geschnittener Bohnen in den großen bereitstehenden Topf gleiten ließ. Nur noch wenige Bohnen lagen da, um zurechtgeschnitten zu werden. Ruth war gerade dabei, diese letzten paar zu stutzen, als sie leise Schritte auf dem Kies vernahm.

„Diese neue Welt ist dir in Wahrheit so viel vertrauter, als du denkst und näher, als du glaubst", vernahm sie eine tiefe, wohlklingende Stimme.

Da sie sich im Rollstuhl nur mühsam umdrehen konnte, wartete Ruth, bis der Mann vor ihr stand, der diese Worte gesprochen hatte.

Der hochgewachsene, eher schmale junge Mann hatte fast schwarzes, leicht gelocktes Haar, das sich verspielt um sein feines Gesicht legte. Seine Haut war etwas dunkler und die Nase leicht schräg. Unter seiner linken Augenbraue bis zu seinem Kieferknochen verlief eine feine, jedoch gut sichtbare Narbe, die ihm einen etwas verwegenen Ausdruck verlieh. Den weichen Mund zu einem leicht verschmitzten Lächeln angesetzt, bemerkte Ruth die funkelnden, wie schwarze Perlen glänzenden Augen, die sie an die Tiefen des Universums erinnerten. Sie blinzelte verwirrt.

„Wer bist du?", flüsterte sie und war unfähig, die Augen von ihrem Gegenüber abzuwenden. Er war seltsam gekleidet. Nebst einem weißen Leinenhemd und einer leichten Hose in ebendiesem Stoff, trug er einen feinen dunkelroten Schal um den Hals und lederne Sandalen an den Füssen. Es wirkte fast so, als käme er von weit her.

„Ich bin Amin", kam die Antwort des fremden Mannes, „Geschichtenerzähler, Weltenerforscher und Bote der neuen Zeit."

„Oh", war alles, was Ruth zu antworten fähig war. Wie sie diese Stimme und diese Augen faszinierten. Wie war dieser geheimnisvolle Mann nur in ihren Hinterhof gelangt?

„Du hast von dieser neuen Welt gesprochen", wagte sie den Versuch, etwas mehr über ihn zu erfahren, „kennst du sie bereits?"

Das Lachen dieses Mannes klang wie eine große, weiche Umarmung. Ruth jedenfalls fühlte, wie sie sich in Anwesenheit des Fremden augenblicklich entspannte.

„Deswegen bin ich hier", kam die knappe Antwort, der ein breites Grinsen folgte.

Kurz legte er Ruth die Hand auf die Schulter und deutete mit dem anderen Arm in die Richtung des Mandalagartens: „Ist sie dort?"

„Ja", murmelte Ruth bewegt, „Delia ist dort."

Der fremde Mann brauchte sich jedoch gar nicht auf den Weg zu machen. Ein paar Zweige raschelten, als Delia durch den Bogen aus Weiden auf den kleinen Vorplatz trat.

„Amin!", rief sie erfreut und breitete strahlend die Arme aus. Ein paar wenige, große Schritte und die beiden lagen sich in den Armen.

Eine Träne lief Ruth über die Wange, als sie zutiefst bewegt beobachtete, wie sich die beiden zärtlich begrüßten.

„Du bist da", flüsterte Delia freudig, als sie den Kopf hob und Amin in die tiefen, dunklen Augen blickte.

„Ja, es war an der Zeit", murmelte er und strich ihr sanft über die Wange. Die beiden strahlten. Sie strahlten so deutlich von innen heraus, dass Ruth fast meinte, dies mit ihren eigenen Augen sehen zu können.

Als eine weitere, lange Umarmung folgte, wollte sich Ruth zurück ins Haus begeben. Sie wollte nicht stören. Doch als hätten die beiden dies bemerkt, drehten sie sich in ebendiesem Moment zu ihr um.

Da war Delia, in ihrem grünen Baumwollkleid, den hell schimmernden Haaren und den leuchtend roten Wangen mit feinen Sommersprossen. Und da war Amin, der leicht dunkelhäutige große Mann, mit schwarzem, gelocktem Haar und einem tiefen, herzlichen Lachen. Beide blickten erwartungsvoll zu ihr hinüber.

„Möchtest du mitkommen und Amin unser kleines Reich zeigen?", fragte Delia und deutete in Richtung Mandalagarten.

Doch Ruth war gerade zu sehr mit sich und ihren Empfindungen beschäftigt und ließ die beiden ziehen. Mit ihrem Rollstuhl hätte sie sie sowieso nur aufgehalten.

So saß sie noch eine ganze Weile da und versuchte das zu begreifen, was sie gerade erlebt hatte. Dieser Amin hatte sie ganz schön berührt. Er strahlte eine so ähnliche

Magie aus wie Delia und obwohl die beiden äußerlich wohl kaum unterschiedlicher hätten sein können, war da etwas, was sie verband. Wer war dieser Mann? Und was war es, was diese beiden Menschen ausstrahlten?

Dieses Leuchten, die Leichtigkeit und diese liebevolle Energie, die beide aussandten, faszinierten Ruth und erinnerte sie an das, was sie selbst als Sehnsucht in sich wahrnahm. Wie viel Altes musste sie wohl noch hinter sich lassen, um dieses Neue in ihrem Leben willkommen zu heißen?

11
Feuernacht
*Amin*

Den Rücken an die dicke Buche gelehnt, saß Amin da und blickte sich mit einem leichten Lächeln auf den Lippen um. Der große Baum stand am Rande einer kleinen Wiese, die dahinter zum Eingang des kunstvollen Gartens führte. Dort, wo er herkam, gab es so was nicht. So hatte er sich die letzten Tage staunend und mit tiefster Dankbarkeit für die Wunder der Natur umgeschaut. Hatte den großen Mandalagarten und dessen Energie Stück für Stück entdeckt, mit allen Sinnen aufgesogen und war oftmals einfach nur tief berührt und in sich versunken verweilt. Was für eine Oase Delia hier geschaffen hatte und wie wundervoll auch der restliche Teil des Grundstücks war.

Noch war er erst wenige Tag hier, doch Amin fühlte sich unglaublich wohl an diesem neuen Ort. Er hatte gleich zu Beginn wahrgenommen, wie die Energie Delias fast das gesamte Anwesen zu durchdringen schien. Sie lud ein. Sie ermöglichte Tiefe und sie hielt den Raum für alle, die sich ebenfalls dem Fluss des Lebens hingeben wollten. So hatte er sich gleich wie zu Hause gefühlt. Auch wenn er eine Gegend wie diese noch nicht kannte. Alles war neu und durch Delia dennoch vertraut. Sie hatten sich bisher lediglich Briefe geschickt. Über Jahre sich auf diesem Wege verbunden. Dennoch war zwischen ihnen so viel mehr. So viel Vertrautheit und so viel Nähe, die nicht durch die Briefe entstanden waren. Sie spürten beide, dass sie sich schon so viel länger kannten.

Nun konnte er die Energie des Ortes mit ihr zusammen halten. Gemeinsam. Nun konnte er auch seine eigene Essenz der großen Reise hinzufügen. Ihre beiden Energien würden sich ergänzen, unterstützen und magische Tiefe erzeugen, das spürte er mit großer Klarheit in sich. Die raue Rinde an seinem Rücken fühlte sich angenehm uneben an und verleitete ihn, sich wohlig zu rekeln. Amin spürte, wie er immer mehr in diesem einen Moment ankam. Und an diesem Ort im Ringelblumenweg. Er war seinem inneren Ruf hierher gefolgt und fühlte, dass er hier einiges bewirken konnte. Nicht, indem er große Dinge bewegte, doch indem er mit seinem Sein und seiner Essenz zu diesem transformierenden Ort beitrug. Er war hier genau richtig.

Amin krempelte die Ärmel seines weißen Hemdes zurück. Obwohl es schon fast Abend war und die Dämmerung in greifbarer Nähe schien, war es noch erstaunlich warm. Auch Delia trug noch immer ein luftiges, rotes Kleid und lief wie üblich barfuß umher. Gerade stapelte sie unweit von ihm etwas Feuerholz auf. Amin stand auf, um ihr dabei zu helfen.

Als die Dunkelheit sich langsam über dem Garten ausbreitete, zündete Delia vorsichtig das Feuer an. Amin beobachtete, wie das weiche, warme Licht der Flammen das Gesicht der jungen Frau erhellte. Er konnte sehen, wie sie fasziniert dem immer größer werdenden Feuer zuschaute. Ihre Augen waren voller Neugier und Freude. Ihr blondes Haar leuchtete im hellen Schein der Flammen fast golden. Da war ein Hauch von Verrücktheit und ein Pulsieren purer Lebendigkeit zu spüren, als sie mit einem funkelnden Blick zu ihm hinübersah.

„Spielst du für mich?"

Amin griff zur Seite, wo er seine Gitarre hingelegt hatte und setzte sie sich auf die Hüfte. Er spürte einen Schauer und gleichzeitig eine Wärme im ganzen Körper, als er einzelne Klänge in die Nacht hinaussandte. Die ersten Töne vermischten sich mit dem leisen Knistern des Feuers und dem Zirpen der Grillen. Stille.

Andächtig lauschte er der Nacht und spürte in sich, was durch ihn hinaus in die Welt durfte. Ein Blick zu Delia zeigte ihm, dass sie ihm mit leicht schräg gestelltem Kopf aufmerksam zuhörte. Sie hatte die Augen geschlossen und das feine Lächeln auf ihren Lippen vertiefte sich, als Amin weitere Saiten zum Klingen brachte.

Er begann eine Melodie zu spielen, die er noch nie gehört hatte und dennoch bereits seit Ewigkeiten zu kennen schien. Sie floss von seinem Herzen durch seine Finger und auf sein Instrument, bevor sie in Form von bunten Schwingungswellen in die dunkle Nacht hinaus tanzte. Er spielte das Lied seiner Seele, so gut er es zu hören vermochte. Er fühlte, dass es durch ihn floss. So rein und klar, so tiefgründig und leicht, dass man es kaum in Worte fassen konnte.

Sein Blick wanderte zum Feuer und weiter zu Delia, die ihn nun mit Tränen in den Augen stumm anblickte. Er sah, wie bewegt sie war und spürte die Liebe, die sie ihm in diesem Moment entgegenbrachte.

Und er spielte. Verlor das Gefühl für Zeit und Raum. Eins mit dem, was er in sich fühlte und was um ihn herum geschah. Als Delia mit leisem Summen in seine Melodie mit einsetzte, als sie langsam aufstand und sich zu bewegen anfing, als sie schließlich feurig und wild um die Flammen tanzte und Amin seinem Lachen und seinen eigenen Tränen freien Lauf ließ, da fühlte er eine Dankbarkeit, die sich fast zu groß anfühlte. So unsagbar groß, so unendlich frei, so tief und berührend. Es fühlte sich so an, als würde er überfließen.

Als die Melodie nach einer Weile verklang und Amin die Gitarre auf die Seite legte, setzte sich Delia vor ihn auf den Boden und kuschelte sich in seine Arme.

„Danke", flüsterte sie.

Anstatt etwas zu antworten, hob Amin ihren Kopf leicht an, strich ein paar Haarsträhnen auf die Seite und küsste sie liebevoll auf die Stirn. Er fühlte das feine Haar in seinen Händen und ihre weiche Haut an seiner. Da war so viel Frieden in diesem einen Moment.

„Du weißt, dass ich auch ihn liebe", begann Delia das Gespräch.

„Du brauchst dich nicht zu erklären", flüsterte Amin.

„Ich weiß", kam es leise zurück, „doch ich möchte dich nicht verletzen."

Amin drückte einen weiteren Kuss auf ihr Haar und streichelte sanft mit der einen Hand über ihren schmalen Rücken.

„Das wirst du nicht. Ich weiß, dass du deinen Gefährten immer lieben wirst. Ihr habt euch etwas geschenkt, was es so kein zweites Mal mehr gibt. Dennoch weiß ich auch, dass du frei sein, lieben und dies in jedem Augenblick wieder neu erleben darfst."

„Herzensblick", fügte Delia an und Amin fiel in ihr leises Lachen mit ein.

„Ja, dein Herz ist frei zu lieben. Also liebe. In jedem einzelnen Moment", nahm er den Faden wieder auf, „du brauchst dich nie wieder selbst einzuschränken. Das ist vorbei, längst vorbei."

„Dafür bin ich so unendlich dankbar", murmelte Delia und setzte sich etwas aufrechter hin, sodass sie ihren Kopf an seine Schulter legen konnte.

„Was fühlst du?", fragte sie leise nach einer ganzen Weile.

Amin blickte hinüber zum glimmenden Feuer und hinauf in die nun sternenklare Nacht. Die Sternbilder sahen hier so anders aus, als er sie kannte. Doch die Magie, die Tiefe und die Stille der Nacht waren an allen Orten wohl gleich. Die Grillen spielten ihr nächtliches Konzert und ein Kauz ließ seinen Ruf ertönen. Leichter Wind wehte, ließ die Baumkrone der Buche tanzen und Amin erschauern. Die Wärme ihrer beiden Körper, die aufkommende Kühle der Nacht. Es war so vieles gleichzeitig da

„Ich fühle gerade ganz viel", antwortete er schließlich und ließ seinen Kopf auf den ihren sinken. „Da ist Liebe und Freude, Dankbarkeit, Neugierde, Staunen und eine große Erfüllung. Und da ist auch eine feine Traurigkeit, eine stille Sehnsucht und eine Berührung, die ganz tief in mir anklingt."

„Das große Und?", lächelte Delia in die Dunkelheit.

„Ja, das große Und", flüsterte Amin zurück und drückte sie liebevoll an sich.

Den Kopf im Nacken, den Rücken am dicken Stamm der Buche und in den Armen die friedlich schlafende Delia, blickte der junge Mann in die Nacht hinaus. Würde er je müde werden vom Anblick, der sich ihm bot?

Der fast schon volle Mond hing über ein paar Baumwipfeln, die den nahe liegenden Wald kennzeichneten. Die vielen Sterne konnte er durch einzelne Lücken im Blätterdach gut erkennen. Es war so still hier. Nur die Geräusche einzelner Tiere und das weit entfernte Rauschen des kleinen Bächleins waren zu vernehmen.

Er war weit gegangen, um an diesem Ort hier anzukommen. Weit gereist und dies nicht nur äußerlich. Die größte Reise hatte innerlich stattgefunden. Hatte ihn zu dem Mann gemacht, der so viel mehr war, als er jemals gedacht hatte zu sein.

Er war nicht nur dieser dunkelhaarige große Mann mit der Narbe und den blitzenden Augen, er war so viel mehr. Als er sich damals aufmachte und all seine Geschichten losließ, alle Ängste durchschritt und alle Wunden liebevoll umarmte, da hatte er wahre Tiefen in sich gefunden. So tief und dunkel, dass er sich manchmal hatte verkriechen wollen. Hinter Mauern, hinter Fassaden. Doch es ging nicht mehr. Das Lied seiner Seele war viel zu laut zu hören. Es rief ihn. Nach Hause.

Angekommen in sich selbst, einem multidimensionalen Wesen, ohne Bezeichnung etwas zu sein oder nicht zu sein. Reines Bewusstsein und ein Raum für den Ausdruck seiner Seele. Er hatte den Meister in sich entdeckt und so viel Weisheit gefunden. Hatte sich über die scheinbare Grenze der Polarität in ein Meer aus Potenzialen begeben und war nun hier, um das Leben in all seinen Formen zu erkunden und zu genießen.

Ja, seine Seele hatte in ihm Platz gefunden, weil er erlaubte, was durch ihn geschah.

Er war nun ein Mann der Mysterien, ein Meister der Energien. Er war Hüter seiner Seele und Entdecker neuer Dimensionen.

War seine Reise hier zu Ende? Amin konnte es nicht sagen. Es war auch nicht wichtig. Was zählte, war nur der eine Augenblick.

,Seelenblick' korrigierte er sich selbst und lächelte leise.

## 12
### Schritt für Schritt
#### Liliane

Es ging nur im Schneckentempo vorwärts, doch das war mehr als genug. Langsam, Schritt für Schritt setzte ihre Tochter einen Fuß vor den anderen und Liliane stand zu ihrer Seite, falls sie doch noch das Gleichgewicht verlieren würde. Den Rollstuhl hatten sie bei der einen Bank stehen gelassen und weiter ging es auf dem kleinen Waldweg mit den neuen Achselkrücken, die Ruth trotz eingegipstem Handgelenk nutzen konnte.

Ruth hatte sie nicht darum gebeten, hier zu sein, doch Liliane war gerne da und es freute sie unglaublich zu sehen, wie die Genesung ihrer Tochter voranschritt.

Sie hatte sich nach dem letzten Gespräch mit Delia für einige Tage zurückgezogen. Die Worte ihrer jungen Freundin hatten so vieles in ihr ausgelöst. Muster, die sie schon seit Jahrzehnten kannte, hatten ihr wieder ins Gesicht gegrinst. Alte Gefühle, die sie gedacht hatte, los zu sein, kamen erneut auf Besuch. Doch sie hatte gleichzeitig ihr eigenes Lächeln wiedergefunden. Und dies war ihr bereits Fortschritt genug.

„Noch gehe ich wie eine alte Oma, aber es kommt langsam", lachte Ruth auf.

„Übernimm dich nicht!", warnte Liliane, um gleich darauf freudig in die Hände zu klatschen, als ihre Tochter in großen und ziemlich sicheren Schritten auf sie zukam. In luftigen Jogginghosen und uralten Hausschuhen, die Augen konzentriert auf den Boden gerichtet, kam Ruth Schritt für Schritt näher. Mit einem zufriedenen Grinsen auf den Lippen und ihrem schulterlangen, kastanienbraunen Haar, das leicht hin und her schwang, sah sie wieder so jung aus. Ihr kleines Mädchen.

Doch Liliane wusste, dass Ruth diese Rolle schon längst verlassen hatte. Sie war diejenige gewesen, die sich an das Muttersein geklammert hatte. Ja, sie liebte es auch jetzt noch, die Menschen um sich herum zu versorgen und für sie da zu sein. Gleichzeitig hatte sie in den letzten Tagen erkannt, wie sehr sie diese Rolle verinnerlicht hatte. Wusste sie überhaupt noch, wer sie war, ohne dieses ‚für andere da sein'?

Sie setzte sich auf die Bank und beobachtete, wie Ruth weitere Schritte übte. Was änderte sich, wenn sie sich zurücknahm und das Geschehen mit etwas Entfernung beobachtete? Wenn sie sich Schritt für Schritt zu sich selbst zurückbegab?

Wie sie so dasaß und bewusst in sich hinein fühlte, breitete sich eine wohlige Wärme in ihr aus. Wie oft konnte man sich verlassen, bevor man wieder zu sich selbst zurückfand? Wie schnell ging man denn verloren?

Es war eindrucksvoll für Liliane, wie viel sie nun wahrnehmen konnte, wenn sie nicht auf Ruth und ihre Gehversuche fokussiert war. Sie hörte auf einmal so viele Vögel singen, spürte die Sonne auf ihrer Haut und in der Ferne sah sie Delia und Amin, die stapelweise Bretter für das Baumhaus präparierten. Ging man immer mit solchen Scheuklappen umher, wenn man sich in einem alten Muster verlor? Wie oft war sie wohl schon so blindlings unterwegs gewesen, ohne etwas davon zu bemerken?

Liliane spürte auch diese eindrückliche Gelassenheit, die sich einstellte, sobald sie das Außen vertrauensvoll loslassen konnte. Es war ja schon fast etwas verrückt und lustig, wie man als kleines Menschlein manchmal dachte, das große Weltgeschehen in ein besseres Licht rücken zu müssen. Kontrollieren zu müssen. Wie man sich überall einmischen wollte, um es dann ja in die gedacht richtige Position zu stellen oder etwas abzuändern, was in sich schon perfekt war. Lag es denn wirklich in ihrer Befugnis zu entscheiden, in welcher Form ihre Tochter den Unfall verarbeitete? Ob sie je wieder so leichtfüßig gehen konnte wie vorher? Basierte dies nicht nur auf tiefsten Ängsten? Was durfte alles in Leichtigkeit und Freude zurückfinden, wenn man wieder vertrauen lernte?

Als sich Ruth mit einem lauten Plumps auf die Bank neben Liliane setzte, lächelten sich die beiden Frauen fröhlich an.

„Du bist ganz schön mutig und stark", ließ die ältere der beiden verlauten.

„Genauso wie du", antwortete Ruth und drückte ihr einen Kuss auf die Wange.

„Danke, meine Liebe! Doch ich habe manchmal das Gefühl, als drehe ich mich im Kreis."

Ihre Tochter blickte ihr fast schon übermütig in die Augen und meinte: „Tun wir das nicht alle, bis sich der Kreisel von selbst ausgedreht hat?"

Liliane wiegte nachdenklich den Kopf: „Du meinst, deshalb kommen gewisse Themen und Muster immer wieder?"

„Sicherlich. Wir haben so vieles über Jahrzehnte verinnerlicht und Delia hat neulich auch das Kollektivbewusstsein angesprochen, zu welchem wir oftmals Verbindungen haben, die uns weiter mit gängigen Mustern versorgen. Es ist also kein Wunder, dass es schwierig ist, davon loszukommen. Es ist alles, was wir kennen."

Ruth rutschte etwas zur Seite, damit sie ihre Krücken ablegen konnte.

„Ich habe auch oft Mühe, wenn ich gewissen Themen wieder begegne, die ich schon längst hatte loslassen wollen. Doch seitdem ich sie nicht mehr groß bearbeiten oder verändern möchte, scheinen sie auch viel eher von mir loszulassen. Ich glaube also langsam, dass es darum geht, sie nur liebevoll anzunehmen. Zu dir einzuladen oder wie Delia immer so schön sagt: sie zu erlauben. Dann verlieren sie ihre Kraft. Gerade meine körperliche Unbeweglichkeit hat mich dies ganz stark gelehrt. Ich muss nicht immer aktiv was an mir oder einem Muster ändern. Es darf da sein und ich darf es mit meinem ganzen Herzen annehmen, dann ist es plötzlich gelöst."

„Seit wann ist meine Tochter denn so weise?", scherzte Liliane und legte einen Arm um Ruth.

„Nun, es fällt mir nicht immer leicht und manchmal vergesse ich es wieder. Doch wir werden immer wieder daran erinnert, ist es nicht so?", lachte diese zurück.

Einige Zeit später – Ruth war schon seit Längerem zurück im Haus – saß Liliane noch immer auf der Bank. Sie fühlte, dass vieles in ihr losgelassen oder angenommen werden wollte. Tief in Gedanken versunken erschrak sie leicht, als sich plötzlich Delia neben sie setzte.

„Was beschäftigt dich?", fragte die junge Frau zärtlich.

„Wie viel muss man auf dieser Reise loslassen?", versuchte Liliane ihre Gedanken in eine Frage zu fassen und hob etwas resigniert die Arme, um sie gleich darauf wieder in ihren Schoß fallen zu lassen.

„Alles", Delia ließ sich eine Weile Zeit, bevor sie fortfuhr, „du wirst im Verlauf dieser Reise alles loslassen dürfen. Nicht alles auf einmal, sondern Schritt für Schritt. Alles, was du dachtest zu sein oder sein zu müssen. Alles, was du von der Welt denkst, wie sie ist oder zu sein hat. Alle Ängste, alle Zweifel, alle Wunden, alle Geschichten... dich selbst. Dein Menschsein. Deine Wünsche, deine Ziele, deine Erwartungen... auch deine Familie, deine Ahnen, deine engsten Verbindungen, deine Liebsten..."

Nun war es still auf der kleinen Bank am Wegesrand. Liliane schluckte. War das möglich?

„Warum?", war alles, was sie fragte.

„Weil du zu dir selbst finden möchtest und dazu alles loswerden wirst, was nicht zu dir gehört. Zurück bleibt reinstes Bewusstsein, klare Energie und viel Weisheit."

„Ruth meinte vorhin zu mir, dass loslassen auch irgendwie annehmen sei."

„In gewisser Hinsicht schon, ja. Du könntest auch sagen, dass loslassen bedeutet, alles zu lieben und es dennoch nicht zu brauchen. Es geht darum, dass du alles, was dich umgibt, als einen Ausdruck deiner selbst erkennst und dazu darfst du es zuerst annehmen. Also auch einen wütenden Nachbarn, eine altbekannte Sucht oder deine eigene Geschichte. Es ist alles dazu da, um dich erkennen zu lassen. Sobald du es annehmen kannst, wirst du aber auch bemerken, dass es nicht dein wahres Ich ist. Du bist nicht das, was sich auf der Leinwand deines Lebens zeigt. Somit lässt du es frei. Es darf fließen."

„Hmm, ich glaube, ich beginne zu verstehen", murmelte Liliane und blickte nachdenklich über die kleine Wiese mit den bunten Blumen, „das ist irgendwie ganz schön hart."

„Ja, es kann sich ganz schön schwierig anfühlen, weil wir gelernt haben, uns mit ganz vielen Dingen zu identifizieren, die uns auf dieser Reise genommen werden. Doch bedenke, dass es letztendlich du selbst bist, die diese Reise wählt. Du als deine Seele ruft dich nach Hause. Da gibt es keine Kompromisse mehr. Nur kristalline Klarheit und tiefstes Mitgefühl für diesen Weg, den du als Mensch gehen darfst."

„Es geht letztendlich nur um mich. Das ist ein komischer Gedanke", flüsterte Liliane bewegt.

„Ja, so lange, bis du erkennst, dass du in gewisser Hinsicht die Welt bist."

## 13
### Kälte

*Jakob*

Es schien nie wieder warm zu werden. Jakob klapperte mit den Zähnen und zog schützend die Knie unter sein Kinn. Hier unter dem Felsvorsprung waren sie zwar vor der Witterung geschützt, doch seine wenigen Kleider, die er noch an sich trug, waren nach wie vor völlig durchnässt. Die dünne Jacke, sein Hemd und die Jeans hatte er zum Trocknen auf den einen Stein gelegt, der etwas abseits stand. Die durchweichten Schuhe und Socken lagen daneben. Es würde wohl noch Stunden dauern, bis er diese Kleider wieder anziehen konnte. Der kalte Wind der frühen Morgenstunde ließ ihn zittern. Jakob hoffte, dass bald die Sonne aufgehen und etwas Wärme mit sich bringen würde.

Sein Blick fiel auf Merlin, der flach atmend neben ihm lag. Sein Fell war schmutzig und klebte an seinem feuchten Körper. Die Beine von sich gestreckt sah er furchtbar und gleichzeitig so verdächtig ruhig aus. So hatte Jakob ihn gefunden. Nicht wissend, was genau passiert war. Doch er ahnte, dass sich sein treuer Begleiter vom Sturm hatte verängstigen lassen. Wahrscheinlich hatte er sich durch die Geräusche des starken Windes erschreckt, war losgerannt und hatte sich verletzt. Es war zwar kein Blut zu sehen, doch Jakob hatte seinen Freund so gut es ging untersucht und festgestellt, dass er bei Berührungen auf der linken Seite reagierte. Er schien Schmerzen im Vorder- sowie Hinterbein zu haben. Viel konnte Jakob nicht tun.

Erleichtert darüber, seinen Hund gefunden zu haben, war ihm dann doch nicht viel anderes übrig geblieben, als die Nacht unter diesem Felsvorsprung zu verbringen. Den Rucksack mit den Vorräten und die Tasche mit den frisch gewaschenen Kleidern hatte er unterwegs im Sturm verloren. Vielleicht würde er sie auf dem Rückweg wiederfinden. Doch Merlin war zu schwer, als dass er ihn durch den Regen nach Hause hätte tragen können. Nicht zu vergessen, dass er kein Licht bei sich gehabt hatte, um sicher zurück zur Hütte zu finden. Die Nacht war lang gewesen. Sehr lang. Und kalt. Jetzt, bei den ersten Anzeichen des rückkehrenden Lichtes, fühlte sich Jakob wie gerädert und so unglaublich müde.

Er würde mit Merlin gleich zum Tierarzt gehen, sobald dies möglich war. Er würde schauen, dass alles wieder in Ordnung kam. Doch vorerst musste er diese Nacht irgendwie durchstehen.

Jakob wollte nicht einschlafen. Nicht hier. Nicht, wenn er die Situation nicht überstanden hatte. Er war doch stark genug. Er war keiner, der herumnörgelte oder sich kleinkriegen ließ. So war er noch nie gewesen.

Ja, er hatte einen sehr weichen Kern, doch ließ er nicht jeden an sich heran. Zu früh hatte er gelernt, sich alleine durchzuschlagen. Als sie seine Großmama Luisa eine Hexe nannten, als er begriff, dass seine Mama ihn lieber nicht um sich hatte und als er spürte, wie jeder um ihn herum irgendwie mit seinem eigenen Kram beschäftigt war, sodass der kleine Junge alleine blieb. Ja, er wusste, was es hieß, alleine zu sein. Dennoch fühlte es sich in letzter Zeit so anders an. Und da war dieser Druck auf seiner Brust, der ihn niederzwang. Diese Müdigkeit in seinen Gliedern, die ihn lähmte.

Jakob legte eine Hand auf den Brustkorb seines Hundes und schloss die Augen. Das leichte Heben und Senken ließ ihn zittrig vor Erleichterung ausatmen. Er hatte noch nicht auf sämtlicher Linie versagt. Merlin ging es den Umständen entsprechend gut. Und er würde nicht zulassen, dass sich dies änderte. Wenigstens etwas musste ihm gelingen.

Schon früh hatte er zu spüren bekommen, dass ihm scheinbar nichts gelang. Dass er scheinbar nicht genügte. Dass ihn niemand wirklich wollte. So jedenfalls hatte er sich gefühlt, als er erkannte, dass er viel mehr fühlte und wahrnahm als die anderen um ihn herum. Er konnte nicht im selben Stil fluchen wie sein Vater, konnte keine derben Witze reißen wie sein Onkel oder die Tuscheleien über seine Oma so leicht wegstecken wie seine Mutter. Er hatte alles gefühlt. Zu stark. Zu tief.

Später hatte er sich unfähig gefühlt, die Drogerie mit Ben, dem verstorbenen Mann von Liliane und Vater von Ruth, zu führen. Ben, der stets perfekt organisiert war und über alles Bescheid wusste. Er selbst hingegen lebte lieber spontan in den Tag hinein und hielt sich draußen auf. Dennoch er hatte es geschafft, sich einigermassen hinter dem weißen Kittel zu behaupten. Jedenfalls hatte er es versucht. Doch hatte er sich wohlgefühlt?

Er war auch in privater Hinsicht ein Versager. Keine Frau, keine Familie, kein Haus, kein Auto – lediglich der Hund war da, den er hätte vorzeigen können. Ein einsamer Wanderer mit tierischem Gefährten.

Man lachte sicherlich über ihn. Aber das war ihm egal. Es war ihm noch nie wichtig gewesen, was die anderen Menschen über ihn dachten. Auch Ruth. Sollte sie doch denken, was sie wollte.

War er wirklich so verkorkst, wie sie sagte?

Warum war es denn wichtig, sich stetig über seine Innenwelt auszutauschen? Interessierte es überhaupt jemanden? Wenn er anfangen würde, über seine Gefühle zu reden, so würden sie über ihm einstürzen, das fühlte er genau. Eine Flut verdrängter Empfindungen. Traurigkeit, Wut, Ohnmacht und Schmerz. Was hatte es für einen Sinn, diesen Wall zu durchbrechen? Er würde sich danach nur noch kleiner und schäbiger vorkommen, als er es jetzt schon tat. Wenigstens stark wollte er sein. Wenigstens gefasst und ruhig. War es nicht das, was ihn bisher durchs Leben gebracht hatte?

Jakob war froh, dass ihn gerade niemand sehen konnte. Wie er sich so jämmerlich fühlend auf dem Boden des kleinen Felsvorsprungs liegend, die nassen Haare raufte.

Eine Zeit lang hatte er sich fast unbesiegbar gefühlt. Gutaussehend, lässig, ein lockerer, spaßiger Typ halt. Er hatte mit seiner Freiheit geprahlt, mit vielen Frauen etwas Kleines angefangen und dann wieder aufgehört, er war umhergezogen. Ungebunden und glücklich.

Wann hatte er aufgehört, so zu empfinden? Waren es

die Worte von Delia oder die Sehnsucht nach Ruth, die ihn hatten weich werden lassen?

Warum tat es so weh, dass Ruth ihn zurückgewiesen hatte? Er kannte doch Ablehnung und den Schmerz des Nicht-gesehen-Werdens gut. Zu gut.

Die Augenlider wurden immer schwerer und die Atemzüge immer tiefer. Trotz der Kälte und dem lauter werdenden Gezwitscher der ersten Vögel war der Schlaf ganz nahe. Jakob reckte sich und versuchte, die Müdigkeit mit einem bösen Blick zu vertreiben. Er würde nicht klein beigeben. Nein, er kämpfte. Warum, wusste er selbst nicht. Doch er fühlte, wie tief in ihm ein starker Widerstand aktiv war. Er fühlte seine Kraft, fühlte die Dicke der kalten Mauern und konnte fast schon den abgestandenen Geruch der Herzwände riechen.

Seit wann kämpfte er diesen Kampf? Und wogegen?

Durfte er sich nicht einfach ausruhen? Einschlafen und am liebsten gar nicht mehr aufwachen? Er wollte fallen, er wollte doch eigentlich einfach nur aufhören zu kämpfen.

Doch er kämpfte weiter.

Er war so müde. Ihm war kalt. So kalt.

## 14
### Tiefe Gewässer
#### Delia

Sie saß unter der alten Buche, wie so oft in letzter Zeit. Auf der hellblauen Hose und dem ausgewaschenen roten T-Shirt lag eine Schicht Holzstaub. Delia versuchte gar nicht erst es abzuwischen, sondern strich sich lediglich eine Haarsträhne, die sich aus dem locker gebundenen Zopf gelöst hatte, hinters Ohr. Es roch so herrlich nach frischem Holz, als sie eine weitere Latte in die Hände nahm, um sie mit dem Schleifpapier zu bearbeiten.

Wie friedlich es hier draußen im Garten war. Noch immer war dies für sie keine Selbstverständlichkeit und Delia hoffte, dass das immer so bleiben würde. Das viele Grün, der blaue Himmel, die frische Luft... sie atmete tief ein und aus und lächelte.

Als sie Ruth am anderen Ende des Gartens mit ihren Krücken kommen sah und sie sich eine Weile später neben ihr ins Gras fallen ließ, legte sie das Schleifpapier zur Seite und rieb sich mit den Händen übers Gesicht.

„Du siehst aus wie eine Wilde", lachte Ruth zur Begrüßung.

„Wie im Innen, so im Außen", grinste Delia zurück und fühlte sich pudelwohl.

„Wie geht es dir, meine Liebe?", fügte sie nach einer Weile an und blickte zu ihrer Freundin, die sich nach dem langen und anstrengenden Weg etwas ausruhte.

„Es kommt langsam", antwortete diese, „ich sehe täglich Fortschritte und dafür bin ich unglaublich dankbar."

„Du lässt die Heilung auch wunderbar zu und hast dich für alle Ebenen geöffnet."

„Ja, ich habe erkannt, dass meine Verletzungen sich zwar körperlich zeigen, doch immer viele Schichten mit dabei sind. Alles spielt zusammen in einem großen Ganzen", meinte Ruth.

„Magst du mir erzählen, was sich gerade in dir zeigt?", fragte Delia und legte sich entspannt auf den Rücken. Auch hier war alles voller Holzstaub, doch es kümmerte sie nicht. Sie liebte es, ihren Blick zwischen den grünen Gräsern gegen den Himmel zu richten. Heute war es ziemlich bedeckt und so konnte sie ohne große Mühe die Augen offenhalten und die Wolken beobachten.

„Ich fühle mich oft etwas verwirrt, weil so vieles in mir drin passiert. Und da ist auch eine gewisse Leere, weil ich nicht weiß, wie es weitergehen soll", antwortete Ruth schließlich.

„Was liegt noch tiefer?", fragte Delia nach. Sie spürte, dass da eine Traurigkeit war, die gesehen werden wollte.

„Was tiefer liegt? Du sprichst so oft von Tiefe. Manchmal weiß ich gar nicht genau, was du damit meinst", antwortete Ruth nachdenklich und blickte zu Delia. Diese lächelte.

„Sobald du dich als Mensch auszudehnen beginnst, weil du erkennst, dass du so viel mehr bist. Sobald du spürst, dass du Energie bist, die an keine räumlichen Grenzen gebunden ist. Ab diesem Moment beginnen sich auch deine Empfindungen zu verändern. Dein Fühlen wird tiefer in dem Sinne, dass es mehrschichtig wird. Es bekommt Raum, wird bewusster und dehnt sich aus. Auf diese Weise kannst du auf einmal viel mehr wahrnehmen. Gleichzeitig wird es manchmal auch schwieriger, Empfindungen zu benennen, weil sie Ebenen berühren, die wir bis dahin nicht kannten. Tiefe bedeutet somit nicht, dass es uns in einen Abgrund zieht, sondern dass wir das Gefühl auf mehreren Ebenen gleichzeitig wahrnehmen. Es bekommt eine neue Dimension und dadurch eine Intensität, weil wir es im Gefüge des großen Ganzen erkennen."

Als Delia sah, dass Ruth das Gesagte verstand, fuhr sie fort: „Wenn ich dich frage, was tiefer liegt, so ist es eine stille Aufforderung, noch bewusster zu fühlen und zu schauen, was auch noch da ist und gefühlt werden möchte."

Delia ließ Ruth noch eine ganze Weile eine Zeit, um in sich zu gehen und sich ihrer gesamten Gefühlswelt bewusst zu werden. Sie spürte, dass die Traurigkeit, die im Feld fühlbar war, langsam an die Oberfläche kam.

Ruth schwieg lange, bevor sie schließlich sagte: „Es sind auch noch andere Gefühle da, seitdem ich dich und Amin sehe."

„Du denkst an Jakob?"

„Ja, ich denke oft an ihn. Und auch an meine vergangene Beziehung mit Pius. An den Kinderwunsch, der unerfüllt blieb und an all die anderen Wünsche." Ruth seufzte leise: „Da ist so viel, was nie geklappt hat, was die Liebe in meinem Leben betrifft."

„Ich und Amin haben beide eine lange Reise hinter uns. Unsere Liebe ist nicht mit dem zu vergleichen, was man als Liebe kennt. Sich auf Seelenebene zu sehen ist so sehr anders. Ja, so sehr anders...", Delia schwieg für eine Weile und setzte sich dann auf. „Hast du dich schon einmal gefragt, was dir diese vergangenen Situationen und Beziehungen geschenkt haben?"

„Du meinst, wie sie mir gedient haben?", fragte Ruth nach.

„Ja. Schau, auf einer bestimmten Ebene hast du all dies ausgewählt. Du wählst als Seele immer, was du leben möchtest. So kann es sein, dass du dich auf einer für dich unbewussten Weise für ein kinderloses Leben entschieden hast, weil dir dies auf mehr Ebenen für deine Entwicklung dient, als es eine große Familie könnte. Natürlich kann diese Entscheidung auch bewusst geschehen oder Kinder miteinbeziehen. Es spielt letztendlich keine Rolle, wie dein Leben im Außen aussieht. Ob mit Familie oder ohne. Du bist ohne Zweifel auf dem Weg des großen Erkennens. Auf dem Weg zu einem Wesen, das Mensch und Lichtkörper oder auch Seele genannt, verbindet. Du hast die Umstände gewählt, die für dich perfekt sind, diese Reise zu gehen. Meist bedeutet es, dass wir immer wieder auf uns selbst zurückgeworfen werden, weil wir Muster und alte Wunden anschauen dürfen. Wir dürfen alles loslassen, was uns daran hindert, in uns selbst anzukommen."

„Bedeutet das, wenn ich erkannt habe, was diese Gegebenheiten mir sagen möchten, dass es sich dann wandeln darf?"

Delia ließ einen kleinen Marienkäfer, der auf ihrem Finger gelandet war, über ihre Hand wandern. Sie schmunzelte und blickte dann hinüber zu Ruth. „Alles wandelt sich, sobald wir es in uns annehmen. Das Erkennen kommt dann von selbst. Es geht letztendlich darum, uns selbst in allem, was wir erleben, zu lieben. Uns selbst anzunehmen, mit allem, was wir erfahren, tun oder nicht tun. Das ist oft gar nicht so einfach. Nicht selten tauchen auf diesem Weg der Selbstliebe auch Wunden auf, die so tief sind, dass sie unser jetziges Leben übersteigen. Ich nenne sie deshalb die Urwunden."

„Was sind das für Wunden?", fragte Ruth interessiert.

„Die wohl größte Urwunde ist die Illusion der Trennung oder Spaltung. Als wir unser einstiges Zuhause verließen, um uns als Seele auf den Weg zu machen. Wir wurden scheinbar getrennt. Vom großen Ganzen und auch in uns selbst, um uns im Spiegel des Außen sehen zu können. Dies führte zum Spiel der Polarität, welche uns in einen weiblichen und einen männlichen Teil gespalten hat. Diese beiden Energien in uns begegnen sich auf dem Weg des Erwachens und der Selbstliebe. Sie erzählen von ihrer Geschichte und ihren eigenen Wunden."

„Oh ja, du hast mir bereits einmal ein wenig davon erzählt. Auch von den Polen, die sich gegenseitig verbinden können", warf Ruth eifrig ein.

„Beide Energien wurden verletzt, verdrängt und verdreht. Die Urwunde des Männlichen und des Weiblichen prägen uns alle in vielen Bereichen, nicht nur in der Liebe."

Ruth überlegte. „Du hast mir einmal gesagt, dass diese beiden Energien in uns drin in ein Gleichgewicht kommen dürfen. Dazu müssen die Wunden wohl geheilt sein."

„Ja", nickte Delia, „indem du alle Anteile nach Hause holst und dich selbst in deinem ganzen Wesen zu lieben beginnst, kommt nach und nach eine Balance der beiden Energien zustande. Du gewinnst Klarheit, fühlst das Tanzen dieser beiden Schwingungen und lässt sie ungehindert fließen. Fühlst du dies in deinem ganzen Sein, so wirst du auf einer höher schwingenden Ebene letztendlich auch erkennen, dass sich die Pole von Männlich und Weiblich auflösen. Es ist ein Spektrum. Ein in sich freies Entfalten kreativer Energien in unterschiedlichen Dimensionen."

Die beiden saßen noch eine ganze Weile da und fühlten dem Gesprochenen nach. Erst als die Dämmerung langsam einbrach, half Delia ihrer Freundin beim Aufstehen und sie machten sich Schritt für Schritt auf den Rückweg zum Haus. Es ging nur langsam vorwärts.

„Wenn ich mich also auf eine gewisse Art schäme, weil ich verlassen wurde und kinderlos bin, hat dies dann mit der Urwunde zu tun?", nahm Ruth das Thema wieder auf.

„Du fühlst es sehr stimmig, ja. Da ist so viel Scham und auch gestaute Schuld in uns, weil wir uns oft als ‚zu viel' oder ‚zu unfähig' erlebt haben. Natürlich hat dies nichts mit dem wahren Selbst zu tun und dennoch hindert uns diese meist unbewusste Scham oftmals daran, uns wahrlich mit uns selbst zu befassen. Diese Wunde geht sehr tief und ist unglaublich alt. Sie hängt damit zusammen, dass man sich nicht wertvoll und fähig genug fühlt, seine Aufgabe der Schöpfung zu erfüllen. Schau, das Weibliche fühlt in sich den Wunsch nach gebären. Es ist kreative Energie, die fließen möchte. Reinste Schöpfung, die jedoch vor Äonen durch das Ungleichgewicht im Universum fast zu einem Stillstand gekommen ist. Du fühlst es noch heute als Mangel, als angeblichen Energieklau. Die Spur dieser Geschichte ist bis heute in uns drin. Der weibliche Teil in dir fühlt sich dafür verantwortlich, dass die Schöpfung nicht mehr in Balance ist und glaubt, selbst versagt zu haben. Selbst nicht gut genug zu sein. So hat sich die Weiblichkeit aus tiefster Trauer über ihre gefühlte Unfähigkeit in sich selbst zurückgezogen und fiel in einen tiefen Schlaf. Und sie schlief tief und lange, sehr lange. Erst jetzt ist die Zeit, in der sie langsam wieder erwacht. Aus diesem Grund erkennst du nun auch, dass du dich so lange so klein gemacht hast. Du spürst aber auch, dass da etwas gigantisch Großes in dir ist, welches so sanft und dennoch kräftig die Schöpferenergien erneut wachküssen möchte. Es möchte sich erneut erheben."

„Ooh...", Ruth rang nach Worten, „ja, das fühle ich wirklich! Doch ich dachte immer, dies seien einzig meine eigenen Gefühle. Ich dachte, mit mir sei etwas falsch..."

Delia lachte leise. „Das geht den allermeisten so. Und genau deshalb, weil du diese uralte Geschichte in dir fühlst, hast du dich zurückgezogen und deine Weiblichkeit einschlafen lassen. Aus Scham. Aus ewigen Zweifeln. Aus dem Gefühl, nicht gut genug zu sein. Es wiederholt sich ständig, wenn wir nicht endlich hinschauen und uns selbst liebevoll begegnen."

„Wie kann ich diese Wunde heilen?", fragte Ruth vorsichtig.

„Lerne sie kennen, fühle, lausche und hör ihr zu. Sie wird dir eine Menge erzählen. Denke jedoch daran, dass du selbst nicht die Wunde bist. Du bist nur eine Leinwand für diese Erinnerung, die tief in dir vergraben ist. Deshalb öffne dich dafür, doch halte sie nicht fest. Lass sie ausfließen."

An der Hintertür des Hauses verabschiedeten sich die beiden voneinander und Ruth zog die Tür hinter sich zu.

Delia blickte hinüber zu den dreizehn Birken, die sie in der aufkommenden Dunkelheit noch knapp erkennen konnte. Sie zog sich das alte T-Shirt über den Kopf und machte sich auf den Weg zur kleinen Quelle. Noch immer war sie voller Holzstaub, der sich in jeder Pore festgesetzt hatte. Doch das war nicht schlimm. Ein Grund mehr, sich kurz etwas zu erfrischen.

Ohne zu zögern landete ein Kleidungsstück nach dem anderen auf einem kleinen Haufen und Delia watete ins kühle Nass. Es war recht kalt, doch das störte sie nicht. Im Gegenteil, es war ein aufregendes Gefühl, jede kleinste Zuckung ihres Körpers wahrzunehmen. Das Wasser bis zu den Schenkeln, fühlte sie, wie sich ihre kleinen Härchen aufstellten. Sie lachte zuerst leise und dann etwas lauter, als sie sich tiefer hineinwagte. Was für ein Gefühl, den eigenen Körper auf diese Weise zu spüren. Überall kribbelte es und Delia hatte den Eindruck, als würden ihre eigenen Grenzen und die der Umgebung allmählich verschmelzen. Und sie öffnete sich für das Sein in genau diesem Moment.

Sie wusste, dass sie nie eins werden würde mit dem, was sie umgab. Das wollte sie auch nicht. Sie hatte sich als Seelenwesen auf den Weg gemacht, ihre eigene einzigartige Essenz kennenzulernen. Hatte das einstige Zuhause verlassen, um sich als verbunden und dennoch souverän wahrzunehmen. Es ging nicht darum, ihre eigene Energie mit der eines anderen Wesens oder eines anderen Feldes zu verschmelzen. Sie war ganz in sich. Sie war mehr als genug. Sie selbst war Schöpfung.

So hatte sie auch nach Worten gesucht, als sie Ruth ihre Verbindung mit Amin erklären wollte. Es war keine Beziehung, wie man sie kannte, weil es nichts zu beziehen gab. Sie beide waren als in sich erfüllte Wesen in Liebe zueinander im Austausch. Zwei Seelen, die zuerst sich selbst und dann das Gegenüber in Achtung und Respekt erkannt hatten und sich daran erfreuten, das Leben in all seinen Facetten zu genießen. Es war nichts, was Regeln oder Grenzen gebraucht hätte. Sie selbst, wie auch Amin, waren in sich selbst rein und klar. Da war kein Zerren mehr und kein Schubsen. Kein Wollen oder Brauchen. Da war einfach nur Sein. Alleine oder miteinander, es war beides ein Geschenk und musste nicht gewertet werden.


Delia tauchte nun auch den Kopf unter Wasser und verzog das Gesicht zu einer Grimasse, als das kalte Nass auf ihrer Kopfhaut prickelte. Kurz darauf tauchte sie prustend wieder auf und strich sich mit beiden Händen das Wasser aus dem Gesicht. Sie blinzelte.

Es gab nichts zu definieren, noch etwas in einer Form festhalten zu müssen. Das war es auch, was Delia am Wasser so liebte.

Und so schwamm sie eine kleine Runde und eine weitere danach. Ließ sich auf der Oberfläche treiben und tauchte nochmals unter, um die Liebkosung des kühlen Wassers auf ihrer gesamten Haut fühlen zu können.

Sie war lebendiger Ausdruck ebendieser Schöpferkraft, die nun endlich aus ihrem langen Schlaf erwachte. Ja, sie durfte fließen, sie durfte nähren, sie durfte stetig schöpfend einfach sein. Es war alles gut so, wie es war.

## 15
### Innerer Tanz
*Ruth*

Das Gras war noch etwas feucht, doch Ruth ließ sich nicht davon abhalten und rollte die kleine Matte aus. Um sich durch ihre ungewohnte Schonhaltung keine allzu starken Verspannungen zu holen, versuchte sie täglich leichte Dehnübungen zu machen. Es tat gut, sich jeden Tag etwas herauszufordern und gleichzeitig in Achtsamkeit bei sich und ihrem Körper zu bleiben. Sie hatte keinen Zeitplan und auch keine hohen Erwartungen. Sie fühlte nur eine unglaubliche Dankbarkeit, dass ihr Körper so vieles für sie bereitstellte und sich so gut selbst heilen konnte. Es war schon sehr faszinierend.

Vorsichtig, um weder ihr linkes Bein noch denselben Arm zu belasten, legte sie sich auf den Rücken. Sachte konnte sie nun die Hüfte drehen, sodass sie ihr Kreuz etwas entlastete. Ruth seufzte wohlig auf. Es schmerzte zwar leicht, doch war es trotzdem angenehm, hier in der Wiese zu liegen und sich selbst zu spüren.

Sie dachte an das Gespräch mit Delia. Da waren noch so viele Fragen und so viele Gefühle, die sie seither begleiteten. Einiges schien ihr nun verständlicher, anderes wiederum konnte sie nicht mehr einordnen. Diese weibliche Urwunde schien so tief und vielschichtig, dass sie sich gar nicht vorstellen konnte, wer sie ohne diese Wunde war. Und wie zeigte sich die männliche Seite in ihr? Wie konnte sie das überhaupt unterscheiden?

Ruth zuckte leicht zusammen, als sie sich auf die andere Seite drehte und plötzlich zwei Hosenbeine vor sich sah. Ein Blick nach oben und sie sah die dunklen Augen und das warme Lächeln von Amin. Sie hatte ihn nicht kommen hören. Die Hände in die Seiten gestützt stand er da und blickte auf sie herab.

„Darf ich dir behilflich sein?", meinte er und fügte kurz darauf hinzu, „ich kenne mich mit Körperenergien aus."

Sein Gesichtsausdruck war friedlich, ja fast schon liebevoll, was Ruth etwas verwirrte. Sie spürte einen Argwohn in sich, der sie selbst etwas erstaunte. Es lag nicht an Amin. Da steckte eine Geschichte dahinter, das wusste sie auf einmal ganz klar. Sie setzte sich auf.

Als hätte Amin ihre inneren Empfindungen klar gespürt, sprach er erneut: „Wenn du dir erlaubst, mir zu vertrauen, dann kann ich dir zeigen und erzählen, was du gerade fühlst."

Zu erstaunt, um etwas zu antworten, nickte Ruth nur leicht mit dem Kopf. Amin zog sich daraufhin den dunkelroten feinen Schal von den Schultern und band damit seine Haare zurück. Die Ärmel seines weißen Hemdes nach hinten gekrempelt, sah er doch recht verwegen aus, was in Ruth verschiedene neue Empfindungen hervorrief.

„Nimm dich zusammen", befahl sie sich innerlich selbst, „es geschieht dir nichts." Doch da war auf einmal eine Spannung in der Luft, die sich nicht leugnen ließ. Sie war verunsichert und spürte, wie sie wachsam wurde.

„Was nimmst du wahr?", hörte sie die dunkle Stimme von Amin, der sich ihr gegenüber ins Gras gesetzt hatte. Seine Augen direkt auf sie gerichtet, fühlte Ruth, wie sie seinem Blick auswich. Sie konnte diese Tiefe gerade nicht ertragen.

„Vieles", war das einzige, was sie herausbrachte und atmete dann ein paar Mal hörbar ein und aus. Sie schämte sich ein wenig, dass sie so auf ihr Gegenüber reagierte.

Als Amin nichts sagte oder tat, getraute sie sich dann doch, ihn anzuschauen. Und auf einmal spürte sie die Gelassenheit, die er ausstrahlte. Sein Blick ruhte auf ihr, voller Mitgefühl und Verständnis.

„Darf ich?", fragte er sanft und nahm auf ihr Nicken hin vorsichtig ihren linken, eingegipsten Arm. Fast schon zärtlich legte er seine großen Hände über ihre kleinen. Ruth schluckte. Da waren so viele Dinge, die in ihr drin abliefen. Da waren eine elektrische Spannung und ein Widerstand gegen ebendiese, weil sie nicht so empfinden wollte. Da waren eine Unsicherheit und eine Ängstlichkeit, eine Vorsicht und es schien ihr, als wären all ihre Alarmglocken eingeschaltet. Was geschah nur?

„Soll ich dir erklären, was du gerade zu ergründen versuchst?", fragte Amin mit einem feinen Lächeln.

Ruth nickte nur.

„Du weißt, dass du in dir einen weiblichen und einen männlichen Teil hast." Amin blickte hinüber zu ihr und vergewisserte sich, dass sie erneut nickte.

„Diese beiden Energien entstanden durch die Ur-trennung, als wir unser einstiges Zuhause verließen, um uns selbst als göttliche Wesen zu erkennen. Seither sind sie miteinander im Austausch und haben eine Menge erfahren."

Ruth räusperte sich: „Delia hat mir neulich davon erzählt. Und auch, wie die weibliche Urwunde entstanden ist. Aber ich habe noch nicht alles verstanden."

Sie setzte sich etwas aufrechter hin und spürte, wie sie sich nun besser auf den Moment mit Amin einlassen konnte.

„Warum kam es zu diesem Ungleichgewicht zwischen den beiden Kräften?", wollte sie wissen.

„Nun, das ist eine lange Geschichte. Doch man könnte sagen, dass die Wesen auf der Erde dazumal viel mit den Energien ausprobierten, damit spielten und sie erforschten. Sie waren jedoch noch sehr unbewusst und aus dem lockeren Spiel wurde schnell ein Kampf. Es wurde voneinander geklaut, es wurde manipuliert und geschändet. Nicht wirklich aus bösem Anlass, doch jeder wollte etwas mehr von dem, was er dachte zu wenig zu haben. Unbewusst spürten sie alle, dass sie in sich getrennt waren, was sie dazu veranlasste, nach einer Lösung zu suchen. Sie dachten, dass sie durch mehr Energie wieder zurück nach Hause könnten."

Amin begann vorsichtig, die Finger von Ruth zu massieren. Er wartete eine Weile, bevor er fortfuhr: „Ich weiß, dies klingt alles etwas komisch. Doch die Umstände waren vor so unglaublich langer Zeit auch ganz andere, als dass ich die richtigen Worte dafür hätte."

„Ich verstehe schon", meinte Ruth und wartete gespannt, bis er weitererzählte.

„Egal wie viel Zeit vergangen ist, diese beiden Pole

möchten zueinander finden. Sie möchten wieder rein schwingen und sich dann vereinen. Dies hat zur Folge, dass wir immer wieder diese Spannungen fühlen. Sei es im Äußeren, bei Begegnungen mit Menschen oder in uns drin. Dieser Ruf der beiden Energien, sich zu vereinen, hat unglaublich viele Auswirkungen in unserem Leben. Oftmals sind wir es uns dessen einfach nicht bewusst."

„Warum schwingt dann da auch noch eine gewisse Angst mit?", wagte Ruth nachzufragen.

„Durch das Ungleichgewicht wurde viel mit Energie manipuliert und gehandelt. Man fühlte Mangel in sich und ging los, um sich bei anderen Wesen zu nähren. Diese wiederum fühlten sich ausgelaugt und suchten selbst jemanden, an dem sie sich satt machen konnten. Es war und ist noch immer ein Spiel mit Macht, mit sogenannten Opfern und kurzen Glücksgefühlen. Wir alle waren Teil davon und kennen diese süßen Kicks, diese klebrigen Abhängigkeiten und die elektrisierende Spannung, die damit einhergeht. Es ist nicht falsch. Doch es ist letztendlich nichts, was dich dauerhaft erfüllen kann. Die Angst, die du fühlst, wird damit zusammenhängen, dass du oft genug diesen Macht- und Abhängigkeitsspielen begegnet bist."

„Oh, wow", Ruth war erneut auf eine gewisse Weise sprachlos. Unzählige Fragen tauchten auf und sie versuchte, sie irgendwie zu sortieren.

„Viele bringen Macht mit Männlichkeit in Verbindung". meinte sie nach einer Weile nachdenklich.

Amin legte ihre linke Hand vorsichtig zurück auf ihren Oberschenkel und nahm den rechten Arm hoch, um ihn erstmal in seinen Händen ruhen zu lassen.

„Ja, wobei diese Illusion der Macht erst aufkam, nachdem das Ungleichgewicht beider Kräfte entstanden war", meinte er darauf hin. „Erst durch die fehlende Balance ist Macht überhaupt zu empfinden."

Er begann nun auch die Finger der rechten Hand zu kneten. Ruth spürte, wie das Blut durch ihre Adern strömte und sich Wärme ausbreitete. Es fühlte sich sehr angenehm an und sie konnte sich allmählich immer besser entspannen.

„Nach der Urtrennung und der Unterteilung in männliche und weibliche Energien kam dieses Experimentieren und schlussendlich dieses Ungleichgewicht auf", nahm Amin die Geschichte vom Anfang erneut auf. „Die weibliche Urwunde entstand, als die weibliche Energie sah, was mit ihrer schöpferischen Energie geschah und wie sehr alles verstümmelt und verändert wurde. Sie zog sich zurück und übergab dadurch die Schöpfung gewissermaßen in männliche Hände."

Amin blickte Ruth ruhig in die Augen und ihr schien, als würde sie die Geschichte, die er ihr erzählte, in ihnen beiden sehen. Da war dieses Universum, welches sie sah, diese beiden Energien, die tanzten und dann stockten...

„Du musst wissen", riss Amin sie aus ihren Tagträumen, „die männliche Energie ist nicht dazu gemacht, die Schöpfung zu übernehmen. Doch sie tat es, da die männliche Energie der weiblichen dient. So war es schon immer. Und es ist auch mit ein Grund, warum die männliche Energie als Erstes eine Art der Liebe entdeckte. Eine Liebe dem Weiblichen gegenüber."

Amin ging nun dazu über, den Arm von Ruth leicht und fein zu massieren. Langsam wanderte er über das

Handgelenk und hinauf zur Schulter, die durch das Laufen an den Krücken ganz schön verspannt war. Ruth ächzte kurz auf, als Amin sich hinter sie setzte und die Schulter vorsichtig zu kreisen begann. Die Bewegungen waren so wohltuend. Ruth schloss die Augen und hoffte, dass Amin bald weitererzählte, was er auch tat.

„Die männliche Energie entdeckte die Liebe und trug sie voller Freude zur weiblichen Energie. Doch in ihrer Wunde der empfundenen Scham und Schuld gegenüber der Schöpfung, konnte sie diese nicht annehmen. Sie war in ihrem tiefen Schlaf, hinter ihrer Mauer und erkannte, dass sie sich zuerst selbst lieben musste, um die Liebe der männlichen Energie annehmen zu können. So entstand die männliche Urwunde. Die des zurückgewiesenen Werdens. Des Nicht-Gesehen- und Nicht-anerkannt-Werdens."

Die tiefe Stimme des jungen Mannes klang nun hinter ihr, da er sich ihrem Rücken zuwandte und ihn geschickt mit seinen starken Händen massierte.

„So entstand dieser Tanz der Energien. Der eine ruft nach Liebe, was der andere nicht geben kann. Dieser wiederum sehnt sich nach dem Zuhause, was schon längst in dieser Form nicht mehr existiert. Es ist eine lange Geschichte, die ich dir in unzähligen Formen erzählen könnte. Es wird dich wohl auch noch eine Weile beschäftigen, bis du sie gänzlich in dir fühlen kannst. Doch du wirst es verstehen, ich weiß es."

Ruth nickte bedächtig: „Ja, und ich habe auch gespürt, wie sehr mich diese Spannung der beiden Energien in meinem Empfinden beeinflusst. Zu wissen, dass die Antwort auf diese gigantische Geschichte so simpel ist, als zu sich selbst zurückzufinden und sich selbst zu lieben, ist schon unbeschreiblich." Sie schüttelte ungläubig den Kopf.

Amin stand auf und reichte ihr die Hand, um sie beim Aufrichten zu stützen. Er war fast einen Kopf größer als sie, obwohl sie sich nie für klein gehalten hatte.

„Diese beiden Energien in sich zu spüren und zu einer inneren Klarheit und Balance zu finden, ist essenziell", sprach er mit seiner wohlklingenden Stimme. „Sobald du das manipulative Spiel und die Spannungen durchschaust, wird der Weg der endgültigen Vereinigung klar zu erkennen sein."

Er verabschiedete sich, indem er sie kurz an sich drückte. Dann drehte er sich um und ging gemächlichen Schrittes von dannen. Ruth blickte ihm noch lange nach. Sie musste das nun erst mal setzen lassen, was sie erfahren hatte.

## 16
### Ende des Spiels
*Amin*

Er lief zum Wald, der hinter der großen Buche begann.
Schon lange hatte er nicht mehr über diese Geschichte
gesprochen. Sie war ihm so bekannt und gleichzeitig
hatte er geglaubt, sie in sich gelöst zu haben. So war er
doch etwas verwundert darüber, wie viele Gefühle erneut durch das Erzählen in ihm aufgestiegen waren. Es
hatte ihn aufs Neue berührt und er sah Bilder seines
vergangenen Weges vor sich.

Dieses Ungleichgewicht war überall zu finden, nicht
nur in sich selbst. Von der Familie, über Institutionen
und Vereine, bis hin zur Politik und der Kirche. Das
Prinzip der männlichen und weiblichen Kräfte war
überall aktiv und wurde in den allermeisten Fällen
missverstanden.

Amin kannte die Spielchen, die aus dem Ungleichgewicht entstanden nur zu gut. Viel zu gut. Es war nicht
leicht, sich bewusst zu werden, in wie vielen Situationen
und Beziehungen man sich selbst als Nährender oder
Suchender befand. Es hatte ihn erschreckt, als er es bei
sich selbst entdeckt hatte. Wie sehr er doch im Außen

suchte, weil er meinte, etwas zu vermissen. Dass es dennoch nichts in der Außenwelt gab, was ihn tiefgehend erfüllen konnte, hatte er schon früh gespürt. Trotzdem war er Suchender geblieben. Musste es nicht irgendwo sein, das, wonach er sich so sehnte?

Um diese Sehnsucht vermeintlich zu stillen hatte er einiges in Kauf genommen. Spielte mit, fühlte sich hinterher betrogen oder als schäbiger Täter. Waren nicht alle im selben Boot? Es gab nicht die eine gute oder schlechte Seite. Es gab lediglich Mitspieler in diesem Spiel der Illusionen.

Amin ließ die ersten Bäume hinter sich und atmete den inzwischen vertrauten Geruch des Waldes ein. Wie sehr er diese Mischung aus Harz und Moos lieben gelernt hatte.

Der Kies des Waldweges knirschte unter seinen Sohlen und Amin spürte, wie ihn die subtile Anspannung langsam verließ.

Es war eine Menge, was man aufgab, wenn man das Spiel verließ. So ließ man nicht nur alles zurück, was sich ungut anfühlte, nein. Da war auch die vertraute Sicherheit nährender Personen, die man gehen ließ. Die wunderbar knisternde Spannung der Sexualität oder das wohltuende Gefühl der Zugehörigkeit zu einer Gruppe von Wesen, die ähnliche Geschichten durchlebten.

Als sich Amin gegen das Spiel der Kräfte und für einen Weg ins Gleichgewicht entschieden hatte, fühlte sich zu Beginn alles so fahl an. Er spürte zum ersten Mal, wie süchtig er gewesen war. Nach dieser Spannung, nach geistiger Ablenkung, nach Erregung in jeglicher Form. Und nach sogenannter Lebendigkeit, die er damals dachte zu kennen. Inzwischen wusste er, dass er lediglich von einen Adrenalinkick zur nächsten Aufregung gerannt war.

Er war froh, dass er den Weg weitergegangen war. Dass er nicht aufgegeben hatte, als er sich nach körperlicher Nähe im Außen sehnte. Als er sich so alleine gefühlt hatte und sich die Wunden so richtig zeigen konnten. Der Sog des Spiels war groß. Gefährlich groß. Kannte man es doch schon seit vielen Jahrtausenden und unzähligen Leben. Wurde es doch von Generation zu Generation weitergegeben. Dieses Nähren an der Energie anderer, dieses Spiel von Opfer und Täter, das unzählige Facetten kannte. Ja, es war ein altes Spiel, das sich immer weiterzog. Bis einer ausstieg.

Und er ging weiter durch den Nebel der Verwirrung, der ihn zu Beginn seines Ausstiegs stets begleitete. Wusste er doch oft nicht, was nun alles seines war und wann er sich im Netz der großen menschlichen Geschichte befand. Nun konnte er seinen Teil dazu beitragen, dass diese Geschichte endlich neu geschrieben werden durfte.


Amin kam zu einer kleinen Lichtung. Er lächelte, als er feinen Nebel wahrnahm, der sich über dem feuchten Gras ausbreitete.

Wie oft sich im Außen genau das zeigte, was sich im Inneren abspielte und das kleine Menschlein verstand es trotzdem nicht. Zu sehr war es gewohnt, im Außen die Dinge zu regeln. Doch erst durch inneres Gleichgewicht konnte es gelingen, das große Spiel endlich zu durchschauen und hinter sich zu lassen.

Er setzte sich auf einen alten Baumstumpf und blickte

sich aufmerksam um. Kein Laut war zu vernehmen. Nur ganz in der Ferne war das Zwitschern eines Vogels zu hören.

Wie gut er dies inzwischen kannte, diese Stille, die ihm zu Beginn seiner Reise so ungewohnt erschienen war. Stieg man aus und wählte man ein Leben jenseits dieser Spannung, so war man plötzlich auf sich alleine gestellt. Kein Ziehen mehr im Außen. Kein Laut mehr, der zu einem drang. Es war wie ein Entzug. Vom Wollen und Gewollt-Werden. Von stetiger Bewegung, zu einem ruhigen Sein. Man fand alles in sich selbst, wenn man mit sich selbst sein konnte. Und dann war es auf einmal so still.

Friedlich. Ein Gefühl von Ewigkeit.

Amin genoss die feuchte Luft des Nebels, die sich jedoch bald darauf verzog, als die Sonne über die Baumwipfel reichte. Nun wurde es richtig warm und Amin knöpfte sein Hemd auf, um sich etwas Kühlung zu verschaffen.

Er hatte gestaunt, wie lange so ein Entzug der Außenwelt andauern konnte. Wie schwierig es sein konnte, gänzlich auf äußere Reize zu verzichten. Natürlich sah man sie und fühlte auch immer wieder die klebrigen Hände des Altbekannten nach einem greifen. Doch er beobachtete geschickt und wachsam. Um nicht doch wieder einfach zu vergessen und sich den prickelnden kurzen Genüssen hinzugeben. Sich nicht doch einfach in die Wogen der Lust zu werfen oder sich im Kampf um Anerkennung zu verlieren. Er lernte schnell diese falschen Fährten zu erkennen und sie geschickt zu umgehen. Er hatte die Wahl. In jedem einzelnen Augenblick.

So wählte er sich selbst. Und damit den Weg der inneren Balance von weiblicher und männlicher Energie.

Es war noch immer etwas ungewohnt. Doch er fühlte, wie die innere Klarheit so viel präsenter war als alles, was er bisher erleben durfte.

Amin stand auf, um zurück zum Ringelblumenweg zu gehen. Er hatte fast den ganzen Vormittag im Wald verbracht und wollte sich nun im Quellteich etwas erfrischen.

Die Sonne stand inzwischen am höchsten Punkt des Himmels und schien in sommerlicher Wärme auf ihn herunter. Es war einer der wenigen heißen Tage und Amin zog sich schon im Gehen das Hemd gänzlich aus. Wie wohltuend nun ein Bad im kühlen Wasser sein würde.

Kurz nachdem er den Waldrand erreicht hatte, hörte er die feinen, klaren Töne, die von den dreizehn Birken bis zu ihm hinüberwehten. Delia war beim Teich. Sie musste wohl dieselbe Idee gehabt haben. Amin lächelte und band seine Haare zu einem kleinen Knoten.

Die magischen Klänge der jungen Frau zogen Amin über die grüne Wiese zu den Bäumen, die den kleinen Teich umgaben. Der Gesang berührte nicht nur seine Ohren, er ging so viel tiefer, umhüllte sein Herz und durchdrang sein ganzes Wesen. Er erschauerte kurz und blieb stehen. Sie hatte ihn noch nicht entdeckt.

Wie sie so im Wasser schwamm und vor sich hin sang, konnte Amin seine Augen nicht von ihr wenden. Sie war so wunderschön. Das blonde Haar breitete sich wie ein Teppich über das Wasser aus und schimmerte in der

Sonne, die durch die Birkenblätter schien. Die Augen geschlossen, die feine Nase im frischen Wind und den Mund zu einem weichen Lächeln geformt, schwamm sie mit leichten Zügen im Kreis.

Er begehrte sie nicht, weil er nichts mehr brauchte. Er wollte sie nicht, weil er in sich ganz war. Doch er fühlte eine Freude in sich, weil er sie blühen sah. Da war eine Wärme in seinem Herzen, weil er dieses Wesen liebte. Und da war eine Leichtigkeit in ihm, weil keine Erwartungen mehr waren und nichts mehr bewertet werden musste. Es durfte einfach sein, wie es war.

Als die kleine Wassernixe untertauchte, nutzte Amin die Gelegenheit und huschte zum Rand des Teiches. Flink zog er sich die Leinenhose aus und legte sie mit dem Hemd auf einen Stein. Er war schnell genug und glitt mit einem schelmischen Grinsen ins kühle Nass. Das Wasser umspielte seine sehnigen Arme, als er mit kurzen Zügen in die Mitte des kleinen Teiches schwamm. Gerade rechtzeitig, als Delia prustend auftauchte, packte er sie um ihre Taille und drehte sie kurzerhand um ihre Achse.

„Heii", Delia quietschte vergnügt auf und schlang dann die Arme um ihn. Sie konnten beide stehen, der Teich war nicht wirklich tief. Doch Amin hielt sie weiterhin fest und erkundete ihren wundervollen Körper.

Seitdem er das alte Spiel verlassen hatte, fühlte er so viel. Diese Liebe, die fast gleichzusetzen war mit tiefster Wertschätzung und Freiheit. Diese Hochachtung vor dem anderen Wesen, das seinen eigenen Weg, seine eigene Geschichte und so viel Potenzial mit sich brachte. Und diese Schönheit, die ihm das Herz manchmal fast zerriss.

Liebevoll küsste er Delia auf die feuchte, kühle Stirn und legte sie rücklings ins Wasser. Sie summte und hatte dabei ein Lächeln auf den Lippen, dass ihm ganz schummrig wurde. Er hatte nie gedacht, dass so viel Genuss darin liegen konnte, jemanden einfach zu betrachten. Jemanden für das zu achten, was er fühlte und sah. Er hätte nie geglaubt, dass so viel Freude darin versteckt war, in einer Leichtigkeit das Leben neu zu entdecken. Ohne festzuhalten, ohne zu wollen. Nur zu erforschen, bewusst und achtsam zu erkunden und in Liebe zu verweilen.

Wusste sie, wie schön sie war? Er sah denselben Blick in ihren Augen und lächelte. Ja, sie wusste es und er wusste es auch. Weil sie sich selbst liebten.

# 17
## Kunstwerke

*Liliane*

Ihre Welt war die der Farben, Düfte und Geschmäcker. Ja, sie liebte die Möglichkeit, mit einem Pinsel ein Kunstwerk zu schaffen, welches sich auf einer weißen Leinwand ausbreiten durfte. Und sie konnte sich kaum was Schöneres vorstellen, als die Ernte aus dem Garten und weitere wundervolle Zutaten zu einem Genuss für alle Sinne herzurichten.

Diese sinnliche künstlerische Ader war im letzten Jahr so richtig zum Vorschein gekommen und Liliane war sehr dankbar, genügend Raum für diese wohltuenden Aktivitäten geschaffen zu haben. Sie hatte Zeit genug, um etwas zu verweilen und hatte auch räumlich gesehen genug Platz, um sich kreativ auszutoben. Nun ja, die letzten zwei Monate war nicht viel passiert, auch wenn sie grundsätzlich die Möglichkeiten dazu gehabt hätte. Sie hatte sich selbst kaum Zeit gegönnt. Doch nun war sie endlich wieder in ihrem Atelier.

Gerade war sie dabei, die bemalten Leinwände des vergangenen Jahres auf dem Boden des umgebauten Gartenschuppens auszulegen. Es waren so viele.

Blumen in verschiedenen Farben und Größen, Schmetterlinge und andere kleine Tiere, der Mandalagarten und auch sehr viele Bilder, die sie abstrakt gemalt hatte. Sie vermittelten ganz unterschiedliche Gefühle und Empfindungen.

Als Liliane ihren Blick über die ausgelegten Bilder schweifen ließ, fing sie fast ohne es zu merken, an, sie zu sortieren. Da waren die Leinwände, die sie in Gedanken an Ben gefüllt hatte. Sie waren erstaunlich ruhig und neutral gezeichnet. Doch da gab es auch die Bilder, die ihr geholfen hatten, die Turbulenzen, die sie bei Ruth letzten Sommer verspürt hatte, zu verarbeiten. Diese Linien waren kräftig und mit relativ dunklen Farben ausgeführt. Liliane erinnerte sich, dass sie sich damals einige Sorgen um ihre Tochter gemacht hatte.

Ein paar wenige der Bilder waren luftig und kunterbunt. Das war die Zeit gewesen, als sie die Lilly in sich entdeckt und langsam kennengelernt hatte. Wo war die Kleine nur geblieben? Irgendwann in dem ganzen Chaos der letzten Zeit war sie wohl verloren gegangen. Liliane schüttelte leicht den Kopf.

Als Nächstes kamen die Bilder, die sie den Winter hindurch gemalt hatte. Es waren nicht viele. Zu dieser Zeit war sie viel zu sehr damit beschäftigt gewesen, die Bücher von Luisa mit ihren detailgetreuen Blumenillustrationen zu fertigen.

Erst im späteren Frühling waren wieder einige Leinwände benutzt worden. Diese waren wirr und gefüllt mit vielen Empfindungen. Hatte sie damals schon gemerkt, dass eine neue Welle des Wandels auf sie alle hier im Ringelblumenweg zukam? Hatte sie schon geahnt, dass die nächsten Bilder noch um einiges dunkler und abstrakter ausfallen würden?

Viele waren in diversen Grau– und Brauntönen gehalten. Auch blau, violett und rot waren oft zu sehen. Auffallend waren auch die dicken Schichten. Sie musste oft über dieselbe Stelle gemalt haben. Sie wusste nicht mehr genau, aus welchem Anlass sie diese Bilder gemalt hatte. Doch sie fühlte die Verwirrung, die sie dabei empfunden hatte, weil sie spürte, wie die kleine Welt, in der sie sich befand, langsam zerrüttet wurde. Die Trauer, die sie beispielsweise bei ihrer eigenen Tochter gespürt hatte, als Jakob eines Tages verschwand, war in einem besonders düsteren Bild verewigt worden. Auch sie selbst hatte sein Weggang getroffen. Dann gab es da auch noch die berufliche Krise ihrer jüngsten Tochter und die fortlaufende Krankheit ihrer besten Freundin Hannah. Kurz darauf kam der Unfall von Ruth.

Danach war eine Leere. Es wurde keine Leinwand mehr bemalt.

Liliane trat einen Schritt zurück und betrachtete die ausgelegte Ordnung. Wo war sie selbst in dem ganzen bunten Wirrwarr aus Strichen und Klecksen? Und wo war die kleine Lilly geblieben? Oder war sie vielleicht gar nicht mehr so klein?

Es war ihr schon die vergangenen Tage bewusst geworden, dass sie sich im Verlauf der letzten Monate etwas verloren hatte. Wahrscheinlich gehörte dies mit dazu auf diesem Weg, dass man sich wohl ab und an im Getümmel der Außenwelt erneut suchen durfte. Doch dies nun so visuell vor Augen zu sehen und zu erkennen, dass fast der gesamte Ausdruck, den sie gedacht hatte selbst zu sein, von anderen Personen ausging, traf Liliane schon tief. Sie hatte eigentlich lediglich die

Empfindungen ihrer umstehenden Menschen auf Leinwand gebracht. Wo war sie selbst?

Liliane spürte, wie sich eine innere Unruhe in ihr breitmachte. Hatte sie sich lediglich über die Empfindungen anderer definiert? Und wenn sie dies alles nicht gemerkt hatte, wie wollte sie dann je wissen, was wirklich sie selbst war und was zu jemand anderem gehörte?

Die Hand auf ihr leicht schmerzendes Kreuz gelegt, setzte sich Liliane leise ächzend auf den Boden zwischen die Leinwände.

Ohne lange zu überlegen zog sie das erste Bild zu sich hin. Für eine Weile legte sie ihre runzlige Hand auf die leicht unebene Leinwandoberfläche. Sachte folgte sie einem dicken dunkelblauen Strich, der sich quer über die Fläche zog. Weiter ging es über kleine rote Punkte, die sich über einem dunkelvioletten Hintergrund abhoben. Sie fühlte die Verwirrung und Trauer, die sie in ebendiesem Moment des Erschaffens gefühlt hatte. Wer war sie ohne diese Empfindungen, die durch Dinge entstanden waren, die gar nichts mit ihr zu tun hatten? Wer war sie ohne die Möglichkeit, Emotionen, Sorgen und Gedanken anderer Menschen aufzunehmen und in sich zu bewahren? Es hatte sie niemand dazu aufgefordert, dies zu tun. Sie hatte sich davon genährt. Sie hatte sich dadurch lebendig gefühlt. Gewollt und wertvoll gefühlt. Sie hatte sich auf ein Spiel eingelassen, welches sich nun sehr verstrickt und verworren anfühlte. Eng. Ohne die Möglichkeit für Klarheit und Leichtigkeit. Wie auch, wenn sich die ganze Energie so vermischte?

Ihre Hand griff das kleine Messer, welches neben dem Eimer mit den Pinseln lag. Sie war nicht hier, um sich noch länger mit den Empfindungen anderer Menschen zu betäuben und zu benebeln. Die kleine Lilly war der Anfang der Befreiung gewesen. Der frische Wind, der es ihr erlaubt hatte, in eine neue Leichtigkeit und Klarheit zu finden und ebendies auszudrücken. Die kleine Lilly hatte sie erinnert an etwas, was sie glaubte, in sich zu spüren.

Ja, die alten Muster waren im Verlauf des Jahres zurückgekehrt. Doch das war nicht schlimm. Wichtig war es jetzt, die kleine Lilly wieder zu sich zu holen und ihr zu zeigen, dass es Zeit war, dass aus der Kleinen eine Große wurde. Das Wesen Lilly, welches sich nicht mehr zu verlieren brauchte, um sich geliebt zu fühlen.

Der erste Schnitt durch die Leinwand war erstaunlich einfach. Das Gewebe gab rasch nach und ließ ein nicht wirklich wohlklingendes Geräusch ertönen. Doch in den Ohren von Liliane klang es unglaublich gut.

Zuerst ging sie vorsichtig zu Werke. Ein feiner Schnitt quer durchs Bild. Dann wurde sie mutiger und setzte erneut an. Zerstückelte das Bild Schritt für Schritt, Schnitt für Schnitt. Langsam, fast schon genussvoll und mit dem Gefühl einer Erleichterung, das sie selbst erstaunte.

Es war nicht sie, dieses Bild, diese Empfindung, nicht mal die Geschichte, die dahintersteckte. Sie zerschnitt eine Illusion. Das Bildnis eines Aktes, das sie im Traum ausgeführt hatte.

Die einzelnen Stücke der Leinwand fühlten sich rau an in ihrer Hand. Tot. Ein Teil aus dem Leben einer anderen Person.

Sie beachtete die Geschichte dahinter nicht weiter. Es war nicht ihre. Und sie verbog den Holzrahmen, sodass er nicht mehr zu gebrauchen sein würde. Ja, es lag in ihren Händen, ob sie sich aus alten Verstrickungen befreite oder sich bequem im gemachten Bett ausruhte und auf eine gewisse Erlösung wartete. Es würde niemand kommen und sie aufwecken, wenn sie es nicht selbst tat.

Das zweite Bild folgte und bald darauf das dritte. Das kleine Messer lag gut in ihrer Hand und schnitt ruhig und sicher durch jedes vermeintliche Kunstwerk, bis es nur noch als ein Haufen Schnipsel vor ihr lag.

„Wer bist du, ohne all die Schemen der Außenwelt?", klang die Frage im Raum. Liliane ließ sich davon nicht beeindrucken. Sie spürte, wie die kleine Lilly in ihr langsam wuchs. Mit jedem Schnitt etwas mehr. Es schien, als würde ihre Wahl, sich von all dem zu trennen, was nicht zu ihr gehörte, ihrer wahren Essenz mehr Raum gewähren. Und Lilly grinste. Es war ihr völlig egal, ob sie sagen konnte, wer sie war. Sie war einfach. Eine quirlige, kunterbunte und etwas neckische Energie, die sich auszudrücken liebte.

Und je mehr die Lilly wuchs, umso mehr löste sich die Liliane auf, die sie zu kennen dachte. Die ältere Frau, die ein strenges, aber erfülltes Leben gehabt hatte. Diejenige, die alle mit offenen Armen empfing und sie versorgte. Die Liliane, die immer alles im Blick hatte, alles organisierte und bei der alle Fäden zusammenliefen. Diese Version ihrer selbst löste sich in sich selbst auf. Hatte auf einmal keine bedeutsame Geschichte mehr, weil es nicht mehr wichtig war. Weil ihre Geschichte sowieso nur auf Dingen aufgebaut gewesen war, die sie nicht wirklich ausmachten.

Sie war auf einmal fast alterslos. Fühlte eine Energie in sich, die sie an Lilly erinnerte, doch gleichzeitig auch noch so viel größer war. Sie fühlte sich so anders. So neu.

Sie stand auf und fing zunächst langsam damit an, die Knöpfe ihrer Bluse zu öffnen. Als alle Kleider auf dem Boden, inmitten der Schnipsel gelandet waren, öffnete sie den ersten Farbkessel. Rot.

Die Finger voller Farbe, zog sie sich blutrote Streifen über ihren Hals, hinunter zu den Brüsten und über ihren fülligen Bauch. Sie spürte jede Rundung, jede Delle, jede Narbe und all die schlaffe Haut. Es fühlte sich so neu an. Hatte sie sich je so berührt?

Sie war so viel mehr als ihr Körper. Dennoch war sie jetzt in diesem Moment verbunden mit diesem Gefäß, welches ihr ermöglichte, ebendiese Erfahrung zu machen. Und sie wollte ihn lieben. Liebkosen. Kennenlernen. Als dieses Wesen Lilly, welches sich nun in ihr entfaltete.

Ihr Körper war ihr Anker im Jetzt. Ihr Instrument, um all ihre wahren Empfindungen auszudrücken. Er war ein Geschenk, um sich selbst klarer zu erkennen. Blau.

Die Farbe lief über ihre Handgelenke zu ihren Unterarmen und tropfte über ihre Ellenbogen auf den Boden. Sie verwischte die blauen Tupfer inmitten der Schnipsel mit ihren Zehen. Sie war nicht ihr Körper. Und dennoch war er ein Teil von ihr. Diente ihr. Grün.

Die Beine hoch strich sie sich die Farbe mit beiden Händen auf die runzelige Haut. Sie staunte, wie leicht sie sich nun bücken konnte. Da war kein Widerstand mehr in ihrem Kreuz, weil sie sich nicht mehr zwang, etwas zu leben, was sie nicht wirklich leben wollte. Schwarz.

Sie tunkte beide Zeigefinger in die Farbe und malte sich zwei dicke Striche auf die Wangen. Umrandete ihre Augen und ihren Mund. Sie fühlte sich so kraftvoll. So stark verankert im Jetzt. Bei sich. Inmitten eines Meeres aus Empfindungen und Potenzialen.

Sie war alles davon. Und gleichzeitig nichts.

Sie war ein Kunstwerk.

## 18
### Träume aus Holz

*Delia*

Den einen Nagel zwischen die Zähne geklemmt, setzte Delia den zweiten auf das Brett vor sich und schlug mit dem Hammer kräftig drauf. Acht gezielte Hiebe und der Nagel saß fest. Sie grinste, schob sich eine störrische Haarsträhne hinters Ohr und blickte zu Amin, der sie stillschweigend und mit einem warmen Lächeln beobachtete. Auf sein Nicken hin legte sie ihm den Hammer in die ausgestreckte Handfläche und sie tauschten die Rollen. Nun hielt Delia das Brett fest und Amin schlug die nächsten Nägel ein.

Sie kamen gut voran. Bereits gestern hatten sie die Hälfte der Plattform festgemacht. Heute war der zweite Teil an der Reihe.

„Nächstes Holzscheit bitte", rief Delia runter zu Ruth, die es sich unter dem Baum in einem Klappstuhl bequem gemacht hatte.

„Jawohl, kommt gleich", kam prompt die Antwort von unten und Ruth langte zur Seite, um das nächste Brett zu greifen und es mit der unversehrten Hand nach oben zu reichen, wo sich Amin ihr entgegen lehnte.

Ruth streckte ihren Arm aus, soweit sie es mit dem schweren Holzstück konnte und lachte: „Mehr geht leider nicht."

„Passt schon", grinste Amin im Baum und angelte sich ein Stück weiter nach unten. „Wir brauchen aber dringend eine Leiter", fügte er schmunzelnd an.

„Na, das würde mir im Moment nichts nützen", konterte Ruth und blickte mit hochgezogenen Augenbrauen zu ihren Krücken.

„Wirst du ungeduldig?", fragte Delia in Richtung ihrer Freundin und zwinkerte ihr durch die eine Lücke im Blätterdach zu.

„Na ja, ich hätte jetzt nichts dagegen, mit euch beiden da oben zu sein", antwortete diese und reichte ein zweites Brett in Richtung Amin.

„Die Aussicht ist nicht schlecht", neckte Delia, „doch die Arbeit ist auch nicht ganz ohne." Sie kicherte und packte den Hammer.

Als sie das letzte Brett der Plattform festgehämmert hatten, stand Delia auf und drehte sich freudig im Kreis.

„Es ist perfekt", rief sie freudig, blickte zuerst mit strahlenden Augen zu Amin, der sich an einen dicken Ast gelehnt hatte und kniete sich dann auf den hölzernen Boden, um nach unten zu blicken. Ihre beiden Zöpfe baumelten in der Luft, als sie den Kopf streckte und den Blick ihrer Freundin suchte: „Wir holen dich hier rauf Ruth, das musst du sehen!"

„Na bravo, wie soll das gehen?", kam die skeptische Antwort von unten.

„Wir lassen uns etwas einfallen", rief Delia. Sie stand auf und wollte sich von der Plattform nach unten begeben, doch Amin hielt sie zurück.

„Warte hier", meinte er nur und kletterte selbst hinunter. Sie hatten im Voraus ein dickes Seil über einen der Hauptäste geworfen, an welchem man nun rauf- und runterklettern konnte. Fünf Knoten waren daran angebracht, die als Tritthilfe dienten.

Delia beobachtete den jungen Mann durch die Zweige mit neugierigem Blick. Amin ging zu Ruth und half ihr, sich auf den Klappstuhl zu stellen. Mit der einen Hand hielt sie sich am Baumstamm, die andere hielt das Seil fest. Ihr Blick war konzentriert und etwas unsicher.

Als Amin ihr das Zeichen gab, sich auf seine Schultern zu setzen, zögerte sie. Doch Delia lächelte, als sie spürte, wie sich ihre Freundin einen Schubs gab und wie sich Vertrauen über die Szenerie ausbreitete.

Da Amin groß gewachsen war und Ruth nun auf seinen Schultern saß, erreichten die beiden bereits knapp den dritten Knoten im Seil. So brauchte der junge Mann nur noch zwei Knoten zu ersteigen und Ruth konnte sich an der Plattform festhalten. Mit Delias Hilfe von oben und etwas Kraft von unten, gelang es Ruth, sich mit einer Hand nach oben zu ziehen.

Mit einem erleichterten lauten Lacher lag sie wenig später auf dem Holzboden des werdenden Baumhauses.

„Jetzt bin ich erledigt", seufzte Ruth und streckte ihre Arme und Beine von sich. Delia lachte und tat es ihr gleich. So lagen sie kurz darauf zu dritt auf der Baumhausplattform, alle viere von sich gestreckt und mit dem Kopf in Richtung Himmel.

„Wie wunderschön dies aussieht mit den Blättern, die sich bewegen", flüsterte Delia und beobachtete, wie sich das Gebilde aus grünen Buchenblättern im leichten

Wind formte. Mal gab es am einen Ort eine Lücke, durch die sie den wolkenbehangenen Himmel sehen konnte, mal an einer anderen Stelle. Doch das Dach aus Blättern war dicht. Ein Meer aus grünen Wogen, das den Tanz des Windes sichtbar werden ließ.

Delia schloss die Augen und fühlte die sanfte Berührung der Lebendigkeit, die sie umgab. Sie hörte das leise Rauschen der Blätter, den Gesang einer kleinen Meise und roch den Duft von trockenem Gras, der zu ihnen hinauf wehte.

Nach einer Weile drehte sie den Kopf zur Seite, wo Ruth lag und sah, dass ihrer Freundin eine Träne über die Wange lief. Still suchte sie ihre Hand und drückte sie.

„Es ist alles gut", murmelte Ruth und schniefte leise, „ich frage mich nur manchmal, warum ich mich so zerrissen fühle. Warum ich so überfordert bin mit vielen Empfindungen in mir, die sich widersprechen. Ich möchte mich so gerne einfach nur freuen, doch es klappt nicht immer."

„Was fühlst du denn im Moment?", erklang die tiefe Stimme von Amin, der sich auf die Seite gerollt und aufgestützt hatte und mit tiefem Verständnis in den Augen zu Ruth hinüberblickte. „Ich fühle ganz vieles...", begann Ruth und überlegte dann, bevor sie fortfuhr, „da ist eine gewisse Verwirrung in mir, weil ich spüre, wie sich so vieles wandelt, doch ich verstehe es irgendwie nicht. Ich fühle nur, dass ich viel Altes hinter mir lasse und das Neue noch nicht wirklich da ist. Deshalb ist da auch so eine Wut, weil ich manchmal ungeduldig bin. Ich fühle mich ohnmächtig, weil ich das Gefühl habe, nichts tun zu können. Und da ist auch eine Traurigkeit, weil ich mich oft alleine damit fühle und vieles irgendwie verliere. Es ist schwierig zu beschreiben, doch es ist ein Gefühlscocktail, der von einer Ruhe und Gelassenheit begleitet wird, die ich so noch nicht lange kenne. Es scheint mir manchmal, dass ich selbst in Tausend kleine Teilchen zerstückelt bin und gar nicht mehr weiß, welche von diesen Empfindungen jetzt wirklich ich bin."

„Ich verstehe das sehr gut", sagte Delia, „du beginnst langsam zu fühlen und zu erkennen, dass du so viel mehr bist, als du dachtest zu sein. Du bist mehrdimensional. Du bist so vieles gleichzeitig, weil du auf verschiedenen Ebenen im selben Moment fühlst und empfindest."

„Meinst du das mit dem Menschen und der Seele?", kam die leise Frage von Ruth.

„Ja, auch. Schau, du kannst als Mensch auf unzähligen Ebenen empfinden und als Seele hast du außerdem Zugang zu neuen, noch viel tieferen Kanälen. Es ist gigantisch, was sich da für ein Feld öffnet, wenn wir wirklich anfangen, zu fühlen. Du fühlst dich verwirrt, weil auch unglaublich vieles gleichzeitig abläuft. Du heilst auf verschiedenen Ebenen. Da sind zum Beispiel die Anteile in dir, die du sozusagen nach Hause rufst. Ich konnte beispielsweise beobachten, wie du in den letzten Monaten den Anteil der Schwäche in dir angenommen hast. Du hast dich geöffnet, dich auch verletzlich und weich zu fühlen. So kommen immer mehr Aspekte von dir in dein Bewusstsein, was sich teilweise etwas ungewohnt anfühlen kann."

„Ich hatte zeitweise keine Ahnung mehr, wer ich war", schaltete sich nun auch Amin ein, „das, was ich dachte zu sein, schien einfach nicht mehr zu stimmen. So kommt ganz natürlich auch ein Trauerprozess ins Spiel, weil du dich von dem löst, was dir Sicherheit gab. Du stirbst in einer gewissen Form, wobei du auf einer anderen Ebene neu geboren wirst."

Delia spürte einen Regentropfen auf ihre Stirn fallen. Einen zweiten auf ihr Haar. Sie lächelte. „Wir nennen dies, ‚das große Und'. Du fühlst so vieles, auf unterschiedlichen Ebenen. Mehrdimensional. Da ist einerseits das kleine Menschlein, welches in diesem ganzen Wandel steckt und sich manchmal überfordert fühlt mit all dem, was abgeht. Es fühlt diese ganze Wut, die Trauer oder auch die Ohnmacht. Und da ist aber auch die Meisterin in dir, die bereits total erwacht ist. Sie ist schon jetzt erfüllt, leuchtend und im Fluss der Seele empfindend. Sie ist reines Sein und schenkt dir Weisheit und Vertrauen. Du bist Mensch und Meisterin in einem, wobei du im Moment die menschlichen Anteile noch stärker fühlst und dich aber immer mehr von ihnen löst. Es ist ein Prozess..."

Amin nickte: „Solange du deine Innenwelt ruhig beobachtest und in dich hinein horchst, wirst du die verschiedenen Ebenen bald unterscheiden und wählen können, wo du dein Bewusstsein hinlenken möchtest."

„Mensch und Meisterin in einem... das erklärt mir so einiges", murmelte Ruth.

Delia rollte sich wieder auf den Rücken und schloss die Augen, um die immer stärker werdenden Regentropfen willkommen zu heißen. Sie fühlten sich so wunderbar an, wie sie scheinbar willkürlich auf ihren Körper auftrafen. Bauch, Knöchel, Brust und Nase. Delia grinste und blinzelte kurz, als ihr ein Tropfen auf die Wimpern fiel.

Es war still. Nur das leise Pochen der vereinzelten Tropfen auf dem Holz und das leise Rauschen der vielen Blätter über ihnen war zu hören.

Es war so friedlich.

„Ich mag ‚das große Und‘", flüsterte Ruth mit einem Mal, „es gibt mir die Möglichkeit, alles einfach so anzunehmen und stehen zu lassen, wie es ist. Ich brauche nichts von mir zu weisen oder zu verändern. Alles ist einfach gut, wie es ist."

Delia schmunzelte: „Du hast es erfasst. ‚Das große Und‘ muss nicht beängstigend oder verwirrend sein. Auch dies darf dir dienen."

## 19
### Ewige Geschichten

*Amin und Jakob*

Es wurde bereits langsam dunkel, doch die drei lagen noch immer auf der Plattform des Baumhauses. Der Regen war nur von kurzer Dauer gewesen und hatte sie nicht abgehalten, die tolle Aussicht und das grüne Blätterdach zu genießen.

Delia hatte in der Zwischenzeit ein paar Decken und Kissen geholt, mit welchen sie es sich nun gemütlich machten. Auch ein paar Kerzen hatte sie mitgebracht.

So überlegte keiner von ihnen ernsthaft, das gemütliche Beisammensein gegen ein Bett im Trockenen einzutauschen.

Amin hatte sich mit dem Rücken gegen den dicken Stamm der Buche gelehnt und blickte durch eine Lücke im Blätterdach in den fast schwarzen Himmel. Er fühlte sich so klein und groß gleichzeitig. So unbedeutend und bedeutend zur selben Zeit. Das große Und. Er lächelte.

„Erzählst du uns die Geschichte der großen Reise?", fragte Delia in die Dunkelheit. Amin konnte hören, wie sie sich tiefer in die Decke kuschelte und er meinte fast zu sehen, wie sich ein friedliches Lächeln auf ihrem Gesicht ausbreitete. Auch Ruth machte es sich etwas bequemer als sie seine Zustimmung vernahm.

Amin schluckte und nahm seinen dünnen Schal aus dunkelrotem, feinem Stoff von seinen Schultern und hielt ihn andächtig in seinen Händen. Er fühlte eine Wärme und eine tiefe Verbundenheit in sich, als er an seinen Freund dachte, der ihm diese Geschichte zum ersten Mal erzählt hatte. Nun würde er sie auf seine Weise weitererzählen. Für alle, die mit ihm auf dieser Reise waren.

„Da, wo alles begann, war pure Einheit. Ewigkeit. Eine Dimension des Seins ohne Raum und Zeit. Ganzheit. Es war alles so, wie es war", begann Amin, legte den Kopf an die raue Rinde und fühlte die feine Erinnerung dessen, was er versuchte zu erklären.

„Es war ein Einssein jenseits aller Vorstellungen. Bis zu jenem bedeutenden Augenblick, als sich diese Einheit die eine, alles verändernde Frage stellte: ‚Wer bin ich?'. Ab da begann die große Geschichte. Alles, was danach geschah, wurde in diesem einen Moment geboren, als sich die göttliche Ganzheit fragte: ‚Wer bin ich?'"

Er hielt inne und fühlte den Worten nach, die er soeben ausgesprochen hatte. Ein gewaltiger Moment, eine unglaubliche Frage, die alles ins Rollen gebracht hatte.

„Als die große Einheit diese Frage aussprach, erschuf es sogleich einen Spiegel, um sich selbst betrachten zu können. Ein Blick in diesen Spiegel und das große Ganze strahlte nur so vor Liebe für sich selbst. Es war eine gigantische Liebe, eine tiefe Liebe, die sich ausdehnte und die beiden Wesen kreierte, die wir die große Mutter und den großen Vater nennen können. Ein erster Ausdruck des großen Ganzen, dem bald darauf viele weitere Wesen folgen sollten. Man könnte sagen, dass an diesem Punkt die Seelen geboren wurden und somit auch du."

Amin wurde still. Es war schwierig, etwas in Worte zu fassen, für das es nicht einmal wirklich Bilder gab, die es beschreiben könnten. Es war lediglich ein Ozean tiefer Empfindungen und feinster Erinnerungen, aus denen er eine Geschichte formen konnte.

Er schloss die Augen.

*Jakob fror nicht mehr. Ihm war inzwischen richtig warm. So warm, dass er auch noch sein dünnes Hemd ausgezogen hatte und nun mit nacktem Oberkörper auf dem Felsen lag. Er meinte zu träumen. Oder war er wach? Er konnte es nicht mehr sagen.*

*Doch er sah Bilder, hörte Töne und versuchte sich beisammenzuhalten, so gut es ging. Mit der einen Hand tastete er nach Merlin, um sich erneut zu versichern, dass es seinem treuen Begleiter gut ging.*

*Es war bereits die zweite Nacht unter dem Felsvorsprung. Oder die dritte? Jakob hatte jegliches Gefühl für Zeit und Raum verloren. Er fühlte, wie sein Schweiß über die Stirn auf den kalten Felsen tropfte. Er fühlte sich ungewöhnlich, fast wie in Trance. War alles in Ordnung mit ihm? Sollte er sich in diese große Finsternis fallen lassen, die er vor sich sah?*

*Jakob schloss die Augen.*

Mit der einen Hand wischte sich Amin eine Haarsträhne aus dem Gesicht und schluckte. Er fühlte die Geschichte, diese Entstehung der Seelenwesen und gleichzeitig sah er Bilder einer kleinen Höhle. Da lag ein Mann und da war ein weißer Hund. Was dies wohl zu bedeuten hatte? Er fühlte sich auf eine unbestimmte Weise mit diesem fremden Mann verbunden, der sich so unruhig auf dem Felsboden hin und her wälzte.

Amin versuchte sich wieder auf die Geschichte zu konzentrieren, die er weitererzählen wollte.

„So lebtest du an diesem wundervollen Ort, der nur Liebe kannte. Gut behütet von der großen Mutter und dem großen Vater durftest du dich jeden Tag aufs Neue selbst erfahren und spielen. Bis der eine besagte Tag kam, an dem du mehr entdecken wolltest. Du spürtest den Drang, mehr zu verstehen und tiefer zu erkennen. So bist du losgezogen und hast dein Zuhause verlassen", setzte Amin seine Geschichte fort und blickte hinauf in das dunkle Firmament. Einzelne Sterne konnte er durch das Blätterdach erkennen. Noch immer war ein Teil des Himmels mit Wolken bedeckt.

„Und zum ersten Mal hast du so etwas in dir gefühlt wie eine Traurigkeit." Die Blätter raschelten leise im Wind, der in diesem Moment durch die Baumkrone fuhr. Ein Kauz krächzte unweit des Baumhauses.

„Doch die Gefilde jenseits von zu Hause waren wunderschön und so hattest du die Tränen bald vergessen. Du warst so voller Tatendrang und wolltest alles sehen", erzählte Amin weiter und lächelte.

„Ganz weit bist du gegangen, so weit, wie noch nie zuvor. So weit, bis du an einem Sandstrand angekommen bist. Vor dir lag ein Meer aus kristallinem Wasser. So weit, wie dein Auge reichte und so tief, dass es fast schon unheimlich war. Doch in dir drin weckte es eine

Neugier und eine Abenteuerlust, die dich vorwärtstrieb. Da war ein kleines Boot. Natürlich bist du hineingeklettert und deine innere Freude trieb das Boot weit hinaus aufs Meer. Immer weiter und immer weiter, bis du kein Land mehr sehen konntest. Da kam auf einmal der Wunsch in dir auf, wieder nach Hause zurückzugehen. Du warst müde. Die Reise war lang gewesen. Doch es gab keine Möglichkeit mehr zum Umkehren. Panik stieg in dir auf. Du hast gerufen, du hast geschrien, du wusstest nicht, was geschah."

Unruhig rutschte Amin ein Stück zur Seite. Ihm war unwohl, doch er erzählte weiter: „Auf einmal hast du gesehen, wie sich eine Feuerwand auf dich zu bewegte. Bedrohlich und unheimlich. So unglaublich riesig. Du spürtest die Hitze, doch konntest nichts tun. Du wusstest, dass dies zu deiner Reise dazugehörte und dennoch warst du voller Entsetzen. Die Wand aus Feuer riss dich auseinander. Zerstückelte dich in kleinste Teile. Es gab keinen Halt, keine Sicherheit mehr. Du warst gänzlich ohnmächtig gegenüber dieser gewaltigen Kraft. Es zerteilte dich. In unzählige Stücke. Unzählig."

Amin spürte, wie es in ihm drin kälter wurde. Eine Stille breitete sich aus. Nach einer Weile sprach er weiter. Seine Stimme war fast nur noch ein Flüstern: „Als du wieder aufgewacht bist, warst du im Nichts. Alleine. Tiefste Dunkelheit umgab dich. Es war leer, nichts war zurückgeblieben. Alles, was du dachtest zu sein, war weg. Der Gang durch die Wand des Feuers hatte alles vernichtet. Es war ein Nichts. So leer, dass es nicht einmal mehr dunkel war. Und du warst dabei, dich aufzulösen. Nichts blieb zurück. Du existiertest nicht mehr."

Amin spürte die Träne, die ihm über die Wange lief und schloss die Augen. Erneut sah er vor seinem inneren Auge kurz das Bild des fremden Mannes. Wer er wohl war?

*Jakob zitterte am ganzen Körper. Ihm war nun heiß und kalt gleichzeitig, wobei sich die Kälte durch seine ganzen Knochen fraß. Er lag in tiefster Dunkelheit und fror. Ein dumpfer Schmerz pochte in seinem Kopf. Wo war er? Nur schemenhaft konnte er sich an das Vergangene erinnern, doch gleichzeitig wusste er, dass er alles Erlebte tief in sich gespeichert hatte. Da waren so viele Erinnerungen, so viele Geschichten...*

*Er versuchte etwas zu sagen, doch kein Laut kam über seine spröden Lippen. Wie lange war es her, dass ihn jemand in den Armen gehalten hatte? Jakob spürte diese Traurigkeit in sich, die er so sehr hasste. Eine Träne löste sich von seinen Wimpern und lief sein Gesicht hinunter zu seinem wild gewachsenen Bart und hinterließ nasse Spuren auf der schmutzigen Haut. Warum nur hatte er kein wirkliches Zuhause? Warum befand er sich stets auf Wanderschaft? Warum kehrte nie Ruhe ein? Ja, wann durfte er endlich ankommen?*

*Eine Träne tropfte auf den harten Steinboden.*

*Er war doch schon so weit gegangen, hatte schon so manches entdeckt. Dennoch trieb ihn immer etwas an, noch weiter zu gehen. Noch tiefer. Warum? Was suchte er? Und wo war sein Platz im Leben?*

*Er wimmerte leise, als er sich auf den Rücken drehte. Alles tat ihm weh und gleichzeitig spürte er sich kaum noch. Schon zu lange lag er so da. Schon zu lange war ihm kalt. So kalt.*

Amin spürte, wie Ruth und Delia gebannt zuhörten. So nahm er einen tiefen Atemzug und erzählte weiter.

„Du dachtest zu sterben, doch in Wahrheit wurdest du in Billionen von Potenzialen zersplittert. Unzählige Möglichkeiten, die du nun selbst erleben durftest. Du dachtest, dich aufzulösen im Nichts, doch in Wahrheit hast du dich im Nichts selbst erkannt. Ich bin. Konntest atmen, du konntest spüren, dass du existierst. Du warst nicht mehr in deinem geliebten Zuhause, doch du spürtest noch immer die Ahnung davon in dir. Und da waren auf einmal auch eine neue, kindliche Neugier und ein großes Staunen. Du warst lebendig. Du konntest dieses neue Sein entdecken. So kehrte deine Kraft zurück."

Er lächelte und wusste, dass es seinen beiden Zuhörerinnen ebenso erging. Da war wieder Hoffnung.

„So zogst du los, um Erfahrungen zu sammeln. Du hast gelernt und entdeckt. Doch gleichzeitig hast du auch immer versucht, einen Weg nach Hause zu finden. Du wolltest zurück.

Den anderen Wesen, die ebenso auf der großen Reise waren, erging es genauso. Und so kam es mit der Zeit zum Missbrauch von Energien. Sie wurden sich gegenseitig geklaut, sie wurden manipuliert und verzerrt. Jeder wollte stark genug sein, um zurückzukehren. Die Schöpfung kam durch das Ungleichgewicht der Energien fast zu einem Stillstand. So etwas hatte es zuvor noch nie gegeben und du warst beunruhigt. Was würde geschehen, wenn die Schöpfung auf einmal stillstehen würde?'

Es war schwierig für Amin, über diese Ereignisse zu sprechen und sie annähernd verständlich auszudrücken. Er rang nach Worten.

„Du bist Teil der Seelen, die sich dazu bereit erklärt haben, die Schöpfung wieder ins wirkliche Fließen zu bringen und ein neues Gleichgewicht herzustellen. Du hast dich dazu entschlossen, ganz viele Erfahrungen zu sammeln, um dich selbst mit deinem Bewusstsein, deiner Energie und deiner Verbindung zur Schöpfung, wahrzunehmen. So folgten Tausende von Lebzeiten, in denen du dich selbst in all den unzähligen Fragmenten und Potenzialen erleben durftest. Manchmal waren sie erfüllt mit Freude und Lebenskraft, doch oftmals waren sie geprägt vom Gefühl der tiefen Traurigkeit, von Schmerz und Einsamkeit. Du hast dich als individuelles Wesen erleben wollen. Hast dich bewusst noch weiter von deinem einstigen Zuhause entfernt. Hast dich willentlich allen Fragmenten gestellt. So hast du gelernt und immer mehr erkannt. Ja, deine Seele weiß um all die vergangenen Geschichten und kennt den Schmerz des Verlustes. Sie hat die Spaltung erlebt, die große Dunkelheit und auch den Missbrauch. Es gibt nichts Anspruchsvolleres, als in einem materiellen Körper zu sein und sich all dies bewusst zu machen. All dies zu fühlen. Doch du spürst auch, dass es einen Weg gibt, diesen Stillstand zu lösen. Du bist jetzt hier, um dich zu erinnern und zu heilen. Und um zu erkennen, wer du in Wirklichkeit bist."

Amin atmete ruhig ein und aus. Er fühlte sich so verbunden mit dem Himmel über und der Erde unter sich. Einssein war nicht mehr das Ziel. Es ging darum, sich selbst und seiner eigenen Essenz bewusst zu sein, die immer ein Teil des großen Ganzen war.

Er schloss die Augen und lächelte. Er würde den fremden Mann eines Tages kennenlernen. Das war ihm mit einem Male klar. Auch jener war Teil der großen Geschichte.

*Jakob fühlte einen Druck auf seiner Brust und realisierte erst nach mehreren Atemzügen, dass es Merlin war, der seine Pfote auf ihn gelegt hatte. Er hörte sein leises Winseln. Dies ließ seine letzte große Mauer in sich zusammenfallen. Mit der einen Hand suchte er das inzwischen trockene und warme Fell seines geliebten Freundes und mit der anderen wischte er sich die Tränen ab, die nun ungehindert flossen.*

*Er ließ los und obwohl es sich im ersten Moment so anfühlte, als würde er fallen, spürte er gleichzeitig, dass er in diesem einen Moment gar nicht sterben konnte. Er fühlte einen solchen Schmerz in seinem Herzen, dass er wusste: Ich lebe! Ja, er lebte und er fühlte auf einmal eine solche Tiefe in sich, dass er die Augen fest zupresste. Er schien sich zu erinnern. Wie Puzzlestücke sah er Bilder vor seinem inneren Auge vorbeiziehen. Er konnte sie nicht einordnen, doch das war gerade nicht wichtig.*

*Er hatte schon so viel erlebt, war schon durch unzählige Lebzeiten gewandert, um in diesem einen Leben zu sich selbst zu finden. Ihn durchlief es nochmals heiß und kalt.*

*Dann setzte er sich so abrupt auf, dass Merlin ihn vorsichtig beschnupperte. Es war noch dunkle Nacht und Jakob konnte nicht viel erkennen. Doch ganz hinten am Horizont, am Ende des Waldes, da begann es langsam hell zu werden. Der neue Tag brach an.*

## 20
## Lineares
## Geschehen

*Ruth*

Ruth fröstelte. Wieder einmal waren die Tage so viel kühler, als sie sich den Sommer gewünscht hätte. Doch zum Glück war eine Besserung in Sicht. So hatten die Wetterberichte warmes, ja fast schon heißes Wetter für die kommenden Tage angesagt. Doch heute war es eher bereits etwas herbstlich.

Sie zog sich die feine Jacke etwas enger um die Schultern und schritt trotz der Krücken so gut sie konnte in Richtung des Mandalagartens. Ihre Intuition trog sie nicht. In der Mitte des bunt angelegten Gartens, da, wo sich eine kreisrunde Fläche zwischen Büschen und Blumen abhob, fand sie Delia. Die junge Frau kniete in hellen Latzhosen und mit keckem Strohhut auf dem Boden und schien etwas zu streicheln. Erst als Ruth näherkam, erkannte sie, was ihre Freundin da in den Armen hielt und sog scharf die Luft ein.

Delia wirkte selig. Den Mund zu einem breiten Lächeln verzogen, die Wangen rosig und die locker zusammengebundenen Haare wild zerzaust, strahlte sie eine

Glückseligkeit aus, dass Ruth gar nicht wusste, wo sie hinschauen sollte. In ihren Armen lag ein kleines Geschöpf. Das Fell inzwischen fast gänzlich braun, schaute das Rehkitz mit großen Augen zu ihnen hinauf.

„Darf ich vorstellen...", lachte Delia leise und dann etwas lauter, „ich habe ja noch gar keinen Namen für das Kleine!"

Ruth staunte. Doch bevor sie etwas sagen konnte, erzählte die junge Frau weiter: „Lukas hat dieses Kleine gefunden. Das ist schon ein paar Wochen her und eigentlich ist sie gar nicht mehr so klein. Doch da sich Lukas im Moment nicht um sie kümmern kann, hat er sie zu mir gebracht. Er wusste, dass sie hier in guten Händen ist." Sie strahlte.

„Ja, da bin ich mir absolut sicher!", bestätigte Ruth und fasste vorsichtig das weiche Fell des kleinen Kitzes an. „Wie lange wird es bei dir bleiben?"

„Das werden wir sehen", meinte Delia und setzte sich so hin, dass sie das Kitz auf dem Schoß hatte. „Lukas musste zu seiner Tante fahren, die schwer verunfallt ist und seine Hilfe braucht. Solange er da ist, darf ich nach dem Kleinen schauen."

„Es braucht einen Namen", sagte Ruth und nickte nachdenklich.

„Ja", Delia lachte, „Lukas fand dies gar nicht wichtig, doch ich habe auch schon überlegt, wie wir es nennen könnten. Noch habe ich keinen Namen gefunden, der sich passend anfühlt, doch ich möchte das kleine Kitz zu mir rufen können. Immerhin werden wir die nächsten Tage viele Stunden miteinander verbringen."

„Wir werden uns etwas überlegen", stimmte Ruth zu und setzte sich vorsichtig neben die beiden ins Gras.

„Jetzt bist du ja fast eine Mutter", fügte sie wenig später hinzu und blickte Delia noch immer nachdenklich an.

Delia antwortete nicht, sondern ließ ihrer Freundin den Raum, den sie brauchte, um ihre Empfindungen zu sortieren und auszudrücken.

„Warum haben wir diese verschiedenen Rollen oder sehnen uns nach gewissen Aufgaben, die wir ausführen möchten?", kam bereits kurz darauf eine neue Frage.

„Nun, darauf gibt es viele Antworten", begann Delia und ließ ihren Blick über die kleine Lichtung schweifen. „Du erinnerst dich bestimmt an die Geschichte, die uns Amin neulich erzählt hat. Wir sind hier, weil wir uns kollektiv geeinigt haben, die Welt als solche zu erfahren. Doch in Wahrheit sind die Dinge nicht so statisch und linear, wie sie vielleicht auf dich wirken."

Delia ließ ihre Worte eine Weile wirken, bevor sie fortfuhr: „Es ist ein gemeinsamer Konsens, den wir geschaffen haben, um die Möglichkeit zu haben, auf dieser Welt zu wachsen und zu erkennen. Sie ist nur so, wie wir sie sehen, weil wir uns darauf geeinigt haben. Dies wird in dieser speziellen Zeit vielen bewusst. Wie du fangen auch andere an, die Welt, das Leben und sich selbst zu hinterfragen. So gerät auch das ins Wackeln, was du als Kollektivbewusstsein bezeichnen kannst. Starre Muster fangen sich an zu bewegen und altbekannte Normen werden aufgeweicht. Die alte Geschichte unserer Seele wird spürbar."

Ruth fühlte sich leicht verwirrt ob der Worte, die sie von ihrer Freundin vernahm. Doch sie wollte sich öffnen für eine Wirklichkeit, die sie bisher nur in der Ferne erahnen konnte.

„Ich habe bei der Geschichte von Amin so vieles in

mir gefühlt", flüsterte sie dann und spürte, wie es sie erneut tief berührte, nur schon daran zu denken. „Dieses Verlassen des Zuhauses, die Dunkelheit und das Gefühl zu sterben und auch das Empfinden des Zersplittert-Seins."

„Ja, diese Geschichte ist in uns gespeichert, auch wenn dies für unseren Verstand total unvorstellbar ist. Doch wenn du erkennst, dass Zeit und Raum auch nur ein Teil der großen Abmachung waren, die uns hier auf die Erde geführt hat, dann ist es auf einmal gar nicht mehr so weit entfernt. Jede Geschichte spielt auf eine gewisse Weise im Jetzt. Dieses lineare Zeitgefühl ist nicht das, was in Wahrheit existiert."

„Mir ist das alles manchmal zu komplex", meinte Ruth und streckte ihre Hand erneut aus, um das kleine Tier im Schoß von Delia zu streicheln.

„Das verstehe ich", antwortete diese und strich sich eine vorwitzige Strähne hinters Ohr, „doch wie so vieles ist es nur solange schwierig zu verstehen, wie wir es mit dem Verstand begreifen möchten. Ein Teil von dir ist so sehr vertraut mit alldem, was ich dir erzähle, dass du es längst kennst. Auch hier findest du das ‚große Und'. Du lernst, du erkennst und du weißt bereits alles. So ist es dann auch mit den Aufgaben und Erfahrungen, die wir hier auf der Erde wählen. Vieles haben wir schon seit etlichen Lebzeiten gekannt. Du warst bestimmt schon unzählige Male Mutter. Dennoch hättest du es wieder sein wollen. Da kannst du dich selbst fragen, warum dies so ist. Ist es ein tiefer Wunsch deiner Seele oder kommt dieser Impuls von deinem kleinen Menschlein?"

Ruth wusste gar nicht, was sie auf diese Frage antworten sollte. Sie hatte sich vor mehr als zehn Jahren, als der Wunsch nach einem Kind im Raum stand, nie solche Gedanken gemacht.

„Ich dachte, wir wählen gewisse Rollen, weil wir daraus Weisheit und Erfahrungen gewinnen möchten?", fragte sie schließlich nach.

„In gewisser Weise ja. Doch die meisten Menschen agieren und wählen nur in den gängigen Strukturen der Gesellschaft. Da gibt es wenig Raum für das große Ganze dahinter oder die Tiefen der Seele. Sie wählen aus Mangel, aus Angst, aus Gründen der Erwartung oder fehlender Perspektiven. Nicht selten findet dann zum Beispiel genau in solchen Familien dies statt, was Amin als Energieklau beschrieben hat. Die Eltern oder einzelne Personen nähren sich beispielsweise vom Kind. So schrecklich dies klingt, so oft kannst du es da draußen in der großen Welt antreffen. Sie möchten ein Kind, um sich geliebt zu fühlen, einen Sinn zu spüren oder auch einfach, um für jemanden wichtig zu sein. Da ist so viel Mangel an Selbstliebe, so viele Lücken im Selbstwert und so viel Angst vor dem, was die Menschen umgibt... Es ist, als befänden sie sich in einem dicken, grauen Nebel. Erst dann, wenn du dich deiner Innenwelt zu stellen beginnst und anfängst, deiner Seele zuzuhören, erst dann wirst du deine Rollen und Erfahrungen hier auf der Erde bewusst genug wählen, um dich wahrlich darin selbst zu erkennen. Erst dann machst du dich sozusagen auf den Weg nach Hause. Alles vorher war ein Spielen im Schlaf. Ein Wandeln in Finsternis."

„Aber es kann doch nicht sein, dass wir so viel Zeit hier für nichts verbringen?" Ruth war verwirrt und fühlte einen leichten Widerstand in sich.

„Nein, dem ist nicht so. Wenn du anfängst, dich an

dein wahres Selbst zu erinnern, werden alle vergangenen Erfahrungen miteinbezogen. Egal wie unbewusst du hier auf der Erde gelebt und wie tief du geschlafen hast, findet sich Weisheit in alldem, was dir widerfahren ist. Man könnte auch sagen, dass, wenn du im Jetzt erwachst, auch alle deine vorherigen Leben langsam zu erwachen beginnen. Es ist nicht linear. Es ist nicht so, dass diese Leben nicht mehr existieren würden. Das alles ist so viel größer, als du dir in diesem Moment vorstellen kannst."

Ruth lachte: „Ja, das kann ich mir wirklich kaum vorstellen!"

„Was wünschst du dir denn für deine eigene Zukunft?", wechselte sie daraufhin das Thema und schaute gespannt zu ihrer jungen Freundin.

„Es gibt so unzählig viele Potenziale, wenn du dir erlaubst, alles zuzulassen, was möglich ist. Denn glaube mir, jenseits unseres Verstandes warten noch so viel mehr Optionen, dass es einem richtig schummrig werden kann", meinte Delia und zwinkerte ihr zu, bevor sie fortfuhr, „wir sind Experten darin, uns selbst nur einen Bruchteil davon zu erlauben. Auch ich staune immer wieder, wie viel möglich ist, wenn ich das Leben wirklich in all seinen Facetten willkommen heiße. Und dann liegt es an mir, was ich wählen möchte. Wenn ich mich mit meiner Seele verbinde, kann ich spüren, welches Potenzial in Freude und Fülle zu mir singt. Ich bin jedoch frei, in jedem Moment alles zu wählen, was ich möchte. Auch das, was mir Mangel oder Traurigkeit bringen würde. Ich kann alles wählen. Aber um deine Frage konkret zu beantworten: Ich denke nicht mehr in dieser linearen Abfolge von Vergangenheit und Zukunft. Ich plane nicht mehr. Als ich damals erkannt habe, dass meine eigene Geschichte nur dazu diente, mich zu dem einen Punkt zu bringen, wo ich erkennen durfte, dass alles eine Illusion war, von dem Zeitpunkt an war ich frei. Frei im Jetzt zu sein und immer das zu wählen, was wahrlich zu mir singt. Somit brauche ich keine Pläne oder Wünsche. Ich tue einfach das, was mir in meinem Sein Freude, Frieden und Erfüllung bringt. Ich folge dem, was in mir klingt."

Delias Lachen klang so im Einklang mit sich selbst, so tief verwurzelt im Moment, dass Ruth nur lächeln konnte. So viel Annahme dessen, was gerade geschah und schon längst vorüber war. Kein Hadern mit der Vergangenheit. Kein Groll auf das, was nie gewesen oder anders gekommen war. Da war so viel Leichtigkeit. Ruth fühlte die Energie der gesprochenen Worte und konnte immer mehr nachempfinden, was die junge Frau meinte. Es war ihr auf einer gewissen Ebene so vertraut.

Sie spürte, wie sich etwas in ihr wandelte. Wie sie anfing, sich dafür zu öffnen, dass ihre ganze Geschichte gut war, wie sie war. Ja, sie begann anzunehmen, was sie so viele Jahre von sich gewiesen hatte, weil sie dachte, etwas hätte anders zu sein. Aus Scham, aus Gefühlen des Zweifelns, Versagens und der Angst. Warum auch? Es hatte sie genau an den Punkt gebracht, an dem sie nun war. Vielleicht hätte ihr Verstand einige Dinge anders getan oder gewisse Sachen anders gewählt. Doch war ihr Verstand wirklich imstande, ihr zu sagen, was sie in Wirklichkeit brauchte?

Ruth ließ zu, dass sich der altbekannte Schmerz nochmals an die Oberfläche wagte und dass sie erneut die Bilder, wie sie ihr Leben geplant hätte, vor sich sah. Ein Mann an ihrer Seite, Kinder, ein erfüllender Job. Ja, da war diese Traurigkeit, die sie so sehr kannte, wenn sie sah, dass sie nichts davon hatte. Doch nun gesellte sich auch ein Verständnis dazu, das sie selbst etwas erstaunte. Sie fühlte, wie sie langsam annehmen konnte, wie alles war. Sie spürte sogar so etwas wie eine Dankbarkeit, dass sich alles so anders entwickelt hatte. Sie war hier, um genau dies zu erleben. Das fühlte sie ganz klar in sich. Ihre eigene Geschichte war in gewisser Hinsicht perfekt. Ein Meisterwerk, welches sie genau so berührt hatte, dass sie die Kraft in sich gefunden hatte, um langsam zu erwachen. Um sich nach und nach an das große Ganze zu erinnern und sich selbst in sich zu erkennen. Ihre Geschichte diente ihr, wenn sie es zuließ. War das nicht wundervoll?

Als Delia leise zu summen anfing, stimmte Ruth vorsichtig mit ein. Es war befreiend zu fühlen, wie es einfach in ihr fließen durfte. Wie all die alten, engen Vorstellungen von ihr fallen durften. Alles durfte einfach sein.

Eine tiefe Demut überkam sie, als sie erkannte, wie sich alles fügte und wie alles in sich zutiefst erfüllt war. Es war alles gut, so wie es war.

## 21
### Waldwege
*Delia*

Ruth war schon längst wieder zurück ins Haus gegangen und die Flasche mit der Milch des kleinen Kitzes war schon seit einer Weile leer, als Delia aufstand und sich auf den Weg zum Wald machte. Das kleine Rehlein folgte ihr mit sicheren, jedoch meist etwas hüpfenden Schritten, sodass sie laut lachen musste. Was für ein wunderbares Geschöpf da den Weg zu ihr gefunden hatte. Ihr Herz wurde ganz warm, als sie daran dachte, dass sie das kleine Wesen für eine ganze Weile begleiten durfte.

Delia nahm sich den Strohhut vom Kopf und genoss die warmen Sonnenstrahlen auf ihrem Haar. Endlich war die Sonne etwas zurück und sie badete im warmen Licht.

Das Gespräch mit Ruth wanderte durch ihre Gedanken und Delia schmunzelte, als sie sich erinnerte, wie sie früher über das Leben und sich selbst gedacht hatte. Bis sie erkannt hatte, dass es keinen Plan gab, den es hier auf Erden zu erfüllen gab. Dass es nicht darum ging, irgendeinen Gott oder Schöpfer zu erfreuen, zu besänftigen oder zu beglücken. Es ging auch nicht um Macht oder Ansehen. Dies war eines der vielen Spiele, die sich die Menschen ausgedacht hatten, um sich abzulenken. Um sich über viele Lebzeiten hinweg weiterhin mit dem Energieklau zu beschäftigen. Es war so leicht zu durchschauen, wenn man einmal einen Schritt zurück trat und das ganze Theater auf der Weltenbühne betrachtete.

Es war ein Spiel. Die Macht ebenso wie das Leiden. Täter, Opfer und Retter. Ein ewiger Kreislauf, in dem sich viele Seelen für Tausende Inkarnationen verstricken konnten. Es war nur ein Spiel.

Trat man von der Bühne zurück, so erkannte man auch, dass es nie darum gegangen war, einen richtigen Weg zu gehen. Den gab es nicht. Auch dies war eine Ablenkung. Ein Grund für mehr Drama, mehr Reibung, mehr scheinbare Tiefe. Doch im Kern fühlte sich der Mensch schon immer leer. Fühlte sich nicht wirklich gesehen oder geliebt. Nicht wahrlich in Fülle und Reichtum. Getrennt von seiner Seele. Wie konnte es auch anders sein, wenn er sich im Getümmel der uralten, sich immer wiederholenden Geschichte befand?

Man brauchte nur zurückzutreten. Sich in sein eigenes inneres Zentrum zu begeben. Sich bewusst zu machen, dass das äußerliche Geschehen nicht das war, was man als Wahrheit bezeichnen konnte. Es war eine gigantische Illusion. Ein Traum, in dem man wandelte, bis man bereit war, sich wirklich und wahrhaftig selbst zu begegnen. Bis man gewillt war, die Wunden und Narben der alten Geschichte ein für alle Mal zu heilen und loszulassen. Sodass man sich als freies und souveränes

Wesen mit seiner Seele verband und aus dem Zeiten-
kreis austrat. Dann waren da auf einmal keine Zukunftswünsche mehr. Wie auch, wenn man einfach in
jedem Moment das tat, was einen erfreute.

Delia achtete genau darauf, welches Tempo sie wählte,
damit das Kitz ihr folgen konnte. Es war schon ganz
vorwitzig unterwegs und achtete dennoch darauf, sich
nicht zu weit von ihrer menschlichen Begleiterin zu
entfernen.

Liebevoll legte Delia die Hand auf den feingliedrigen
Rücken des jungen Rehleins. Das Fell war ganz warm
und weich.

„Komm, mein Kleines", rief sie dann und lief selbst
fast hüpfend den schmalen Weg in den Wald hinein.
Mit lustvollen Sprüngen folgte das Kitz und brachte
damit die junge Frau erneut zum Lachen.

Genau dies war etwas, was Delia den Menschen so
gerne schenken wollte: Leichtigkeit und Freude am Leben. Das kleine Wesen an ihrer Seite schien dies so natürlich zu verkörpern, wie es Kinder meistens tun.

Doch es war nicht nur für Kinder gedacht, das Leben
als lustvoll und freudig zu empfinden. Delia wünschte
sich, dass immer mehr Menschen wieder Zugang zu
dieser Art zu leben finden würden. Sie nannte es das
wahrhaftige Leben.

Delia suchte Worte, um das zu beschreiben, was mit
dem Erkennen des ‚großen Und' kam. Wenn man sich
selbst als kleines Menschlein UND als Meister oder
Meisterin erkannte. Als Körper und als Seele. Als ein
Wesen mit den unterschiedlichsten Empfindungen und

gleichzeitig mit einem unglaublichen Meer an Potenzialen. Ab diesem Moment war man ein eigenes Universum.

Sie wusste, dass mit dem Erkennen dieses unfassbaren Spektrums neue Herausforderungen auf den Menschen zukamen. Für den Teil des Meisters war es relativ simpel. Er wusste bereits. Er war einfach und vertraute mit seinem ganzen Sein. Er fühlte sich verbunden mit dem großen Ganzen. Und lebte jenseits der großen Spiele und Ablenkungen.

Doch das kleine Menschlein, das ebenso seine Empfindungen hatte, war nicht selten überfordert mit den unzähligen Eindrücken und Möglichkeiten. Nicht selten versuchte es, an dem festzuhalten, was es bereits kannte. Oder wollte erneut definieren, limitieren und suchte vergeblich nach Sicherheit. Doch die gab es nicht mehr, nachdem man den sicheren Hafen des alten Weltbildes verlassen hatte. Nun galt es, all die Tiefen und Höhen, all die Schichten und Ebenen der Mehrdimensionalität nach und nach kennenzulernen, anzunehmen und zu integrieren. Sich selbst als unabhängiges und dennoch verbundenes, souveränes Wesen lieben zu lernen. Wobei man diese Liebe nicht aufbauen musste. Sie war einfach da, sobald man sie erlaubte. Sobald man die große Reinigung zuließ.

Delia liebte das ‚große Und'. Dieses vielschichtige Empfinden, das ihr inzwischen oft wie eine Komödie vorkam, weil sie das Spiel des kleinen Menschen durchschaute. Man musste ihm nicht glauben. Aber man durfte es annehmen, als das, was es war: Ein Akt des spielerischen Forschens und Erkennens – mit der Möglichkeit, jederzeit aus dem Schauspiel auszusteigen und

Leichtigkeit und Freiheit zu wählen. Einfach zu sein und zu genießen.

Sie hatte den großen Waldweg längst verlassen und lief nun über einen kleinen, mit Tannennadeln bedeckten Weg. Es pikste in ihren Fußsohlen und war gleichzeitig so wohlig federnd. Das kleine Rehlein lief inzwischen vor ihr, doch blickte es sich immer wieder nach ihr um. Wohin es sie wohl führen mochte? Delia kannte diesen Weg noch nicht, doch spürte sie, wie sie dem jungen Wesen vertrauensvoll folgen konnte. Sie wurden beide geführt.

Es ging nicht lange, da gelangten sie zu einem kleinen Felsen, über dessen Gestein das Wasser eines Bächleins floss. Es war kein Wasserfall, es war viel eher ein sanftes Fließen über den rauen, steilen Stein.

Das Wasser hatte über die Jahre tiefe Furchen hineingegraben und schlängelte sich nun sanft und weich über den doch sehr harten Untergrund. Es plätscherte vor sich hin und Delia schloss mit einem Lächeln die Augen, um den Klängen des Wassers zuzuhören.

Das Kitz lief indessen vorsichtig zum Bächlein und trank ein paar Schlucke. Auch Delia ließ sich das Wasser über die Hände fließen und sammelte etwas in ihren Handkuhlen, um es danach zu trinken.

Es war ein spezieller Ort und Delia fuhr neugierig mit den Fingern über das weiche Moos, welches sich rund um den Felsen angesetzt hatte. Wie nah doch die zarte Weichheit und die raue Härte beieinanderlagen. So natürlich, so ohne Trennung. In der Natur gehörte dies einfach selbstverständlich zueinander, ja bedingte sogar einander, weil diese beiden polaren Aspekte miteinander tanzten und dadurch ein neues Feld der Erfahrung erschufen. Es gab nichts, was hätte ausgegrenzt werden müssen. Alles durfte da sein und hatte seinen Platz, seine Qualität, die es ins große Ganze miteinbrachte.

Ein Blick umher und Delia bemerkte, wie sich das junge Reh auf die andere Seite des Bächleins gewagt hatte. Inmitten von Brombeerranken stand das Kleine und kaute genüsslich ein paar der Blätter.

Delia stieg achtsam durch das kühle Nass und konnte es nicht lassen, ein paar Schritte rauf und runter zu waten, um die flachen und feinen Steine unter ihren Füßen zu spüren. Erst als das kleine Wesen durch ein leises Rascheln erneut auf sich aufmerksam machte, stieg Delia aus dem Wasser und lief über das weiche Moos und die trockenen Rindenstücke zum Brombeerbusch.

Ein paar Beeren waren bereits wunderbar dunkel und so griff sie freudig zu und steckte sich die schwarze Frucht in den Mund. Süße Empfindungen breiteten sich auf ihren Lippen und ihrer Zunge aus und eine Woge der Sinnlichkeit überkam die junge Frau. Wie konnte man sich je satt fühlen von all diesen Wundern der Natur?

Eine feine Berührung an ihren Waden ließ sie nach unten blicken. Das Kleine blickte mit seinen großen Augen zu ihr hinauf und fiepte. Delia ging in die Knie und legte beide Hände um das feine Köpfchen und drückte dem Kitz einen Kuss auf die Stirn.

Wie sollte sie es nennen? Das zarte Geschöpf, das ihr nun für eine bestimmte Zeit anvertraut war?

Delia wusste, dass dieser Weg, sich mit all seinen Schichten und Dimensionen vertraut zu machen, ganz speziell eines bedeutete: Sich selbst in seinem ganzen Sein und Wirken anzunehmen und lieben zu lernen. Es bedeutete, die kleinste und größte Version, den tiefsten und hellsten Aspekt in einem selbst zu erkennen und in seinem Herzen aufzunehmen.

„Ich nenne dich Lyah", flüsterte sie deshalb, „in Erinnerung an Aliyah, dem wundervollen Weg der Selbstliebe."

Als ob das Kitz ihr antworten würde, schmiegte es sein Köpfchen an die Hände von Delia und fiepte leise.

## 22
### Bunte Abenteuer
*Liliane*

Die beiden türkisenen Ohrringe schimmerten im einfallenden Sonnenlicht und ließen Liliane überrascht stehen bleiben. Ihr Blick fiel auf die ausgelegten Schmuckstücke im Schaufenster. ‚Lottas Kunstschmiede' stand auf dem kleinen Schildchen über der Tür. All die ausgestellten Stücke schienen handgemacht und mit viel Liebe hergestellt. Es schimmerte und glitzerte in allen möglichen Farben und zwischen den einzelnen Ketten, Broschen oder Ohrringen lagen getrocknete bunte Blumen oder Steine. Alles in allem ein Fest für die Augen eines jeden Künstlers.

Liliane sog die Luft ein, als sie sich die einzelnen Kunstwerke genauer ansah. Durch das Schaufenster hindurch hatte sie im hinteren Teil des Ladens eine kleine Goldschmiede entdeckt. Es wurde also wirklich alles selbst hergestellt. Auch wirkten die bunten Steine in den goldenen oder silbernen Fassungen wie echte Edelsteine. So königlich und kostbar sahen sie jedenfalls aus.

Soeben wollte sich Liliane vom wundervollen Bild, das sich ihr bot, losreißen, als sie im hinteren Teil des

Ladens eine Bewegung vernahm. Eine Frau in bunten Tüchern betrat die Schmiede und setzte sich auf den einen Stuhl. Ihr Haar schien silbern und Liliane stellte fest, dass sie wohl ungefähr in demselben Alter war wie sie selbst. Sie trug einen lila Kapuzenpullover mit orangen Punkten und einem gelben Rock der in bunt geringelten Strümpfen endete. Liliane schmunzelte, als sie sah, dass die Künstlerin barfuß war. Was für eine Frau! Sie gefiel ihr sofort. Doch sie konnte nun nicht wirklich neuen Schmuck gebrauchen. Einen Anlass, ihn zu tragen, hatte sie sowieso nicht.

Sie war auch nicht in die Stadt gekommen, um unnötig Geld auszugeben – nein, sie war hier, um die letzte Ration Medikamente für Ruth abzuholen und Nachschub an Farben für ihr Atelier. Ein paar Lebensmittel würden auch nicht schaden. Doch neue Ohrringe? Nee, das war ein Luxus, den sie sich derzeit nicht zugestehen mochte.

Mit einem leisen Seufzer wandte Liliane sich ab und ging die Straße entlang. Zielstrebig lief sie an den nächsten Geschäften vorbei, bis sie zur kleinen Apotheke kam, die auf ihrer Route lag. Die Medikamente für Ruth würden für die nächsten vier Wochen reichen. Bis dahin konnte es sein, dass ihre Tochter die Krücken schon nicht mehr brauchte. Ihre Knochenbrüche heilten erstaunlich gut.

Weiter ging es zum nächsten Geschäft, dem Schreibwarenladen. Hier hatte sie eine neue Palette an Farben vorbestellen lassen. Liliane schmunzelte, als sie an ihren letzten Abend im Atelier dachte. Es hatte sich so wunderbar angefühlt, sich selbst als Kunstwerk zu betrachten. Noch Tage später hatte sie zwischen den Zehen oder in den Haarspitzen Farbtupfer gefunden. Und gleichzeitig hatte es auch eine Freude in ihr geweckt, an die sie sich seither gerne erinnerte.

Es schien ihr, als hätte sie in jenen Minuten eine Liebe für sich entdeckt, die sie von innen heraus nährte. Sie hatte sich ihrem Körper so nahe gefühlt wie schon seit Ewigkeiten nicht mehr. Auch jetzt, als sie daran zurückdachte, spürte sie das Lächeln und die Wärme, die sich in ihr ausbreiteten. Das Wunder des eigenen Körpers, der ihr ermöglichte, das Leben in all seinen Formen und Facetten zu genießen. Wie hatte sie ihn nur so lange ignorieren können?

Liliane dachte an den Unfall von Ruth und an die Krankheit ihrer Freundin Hannah. Früher hätte sie die beiden bemitleidet und sich darüber unterhalten, wie schnell es doch gehen konnte, dass man seine Gesundheit verlor. Doch dem war nicht so. Sie dachte inzwischen anders darüber. Die Gespräche mit Delia und die eigenen Erfahrungen der letzten Monate hatten ihr gezeigt, wie überaus komplex und wunderbar die Verbindung von Seele und Körper war. Es war nicht so, dass der eine den anderen bekämpfte oder scheinbar unglücklich als Opfer auserkoren wurde. Nein, der Körper diente bedingungslos und aus tiefster Liebe. Auch eine Krankheit konnte dienen. Dies zu erkennen, hatte sie zuerst sehr erstaunt. Dennoch kam Liliane nicht umhin zu erkennen, dass der Krebs ihrer Freundin alles gewandelt hatte. Noch war es für Hannah schwierig, die gewonnenen Erkenntnisse umzusetzen. Zu lange hatte sie ihr Leben nach anderen Menschen ausgerichtet.

Erst der Krebs hatte sie gestoppt und ihr aufgezeigt, dass sie selbst wachsen und sich selbst wichtig nehmen durfte. Liliane hoffte, dass ihre Freundin ihr Leben nun endlich wandelte und das umsetzte, was sie in sich als wahr erkannt hatte. Ja, sie hoffte, dass sie die Botschaft ihrer Krankheit wahrnahm.

Es war alles Kommunikation. Es war alles Energie. So hatte es ihr Delia erklärt und Liliane fühlte, wie sie diese neue Sichtweise nun immer besser annehmen und in realen Begegnungen und Situationen erkennen konnte.

Ihren eigenen Körper mit Farbe zu bemalen hatte ihr auch eine neue Möglichkeit gegeben, sich ihm zu nähern. Seither lag sie am Abend oft da und berührte ihren Kopf, den Bauch oder legte die Hände auf ihr Herz. Sie war nicht ihr Körper und dennoch ermöglichte er ihr, sich selbst auf eine gewisse Weise zu begegnen. Sich selbst nahe zu sein.

Die Klingel an der Ladentür ließ sie zusammenzucken und ihre Erinnerungen verwischen. Sie betrat das Geschäft und ging zielstrebig zur Theke. Die Verkäuferin kannte sie bereits, da sie regelmäßig Nachschub benötigte und sie händigte ihr mit einem Lächeln die bestellte Farbe aus. Liliane nickte ihr zu und war schon fast wieder zur Tür heraus, als sie ein kleines Schildchen erblickte, welches an der einen Wand hing:

„Liebe dich selbst und die Welt öffnet dir alle Türen."

Ein kleiner rosa Elefant mit bunten Luftballons war daneben abgebildet. Drei Euro neunundneunzig Cent. Liliane schüttelte schmunzelnd den Kopf und griff zum

Türknauf. Was für eine originelle Idee, um die Kunden zu verabschieden.

Doch irgendwie ging ihr diese Aussage nicht aus dem Kopf. Was bedeutete es überhaupt, sich selbst zu lieben? Was würde sie jetzt tun, wenn sie sich vollkommen lieben würde?

Liliane staunte über sich selbst, dass sie keine eindeutige Antwort auf diese Fragen fand. Sie hatte ihr Leben nicht wirklich verändert, seitdem sie dachte, sich zu lieben. Doch vielleicht war genau dies der Knackpunkt: Sie dachte sich zu lieben.

„Wie würde ich mein Leben denn leben, wenn ich mich wirklich und wahrhaftig lieben würde?", stellte sie sich nachdenklich die nächste Frage.

Als Liliane den Kopf hob, sah sie, dass sie wie von selbst wieder zurück zum bunten Schaufenster gelaufen war.

„Lottas Kunstschmiede", las sie erneut auf dem kleinen Schild. Die Tür war nur angelehnt und Liliane konnte hören, dass im Inneren leise Musik abgespielt wurde. Vorsichtig trat sie ein.

Es dauerte eine Weile, bis die bunt gekleidete Frau sie bemerkte. Zu versunken schien sie in ihre Arbeit und die Musik. Doch als Liliane sich leise räusperte, drehte sie sich um und sah sie erstaunt an.

„Du, Liliane? Wie schön!" Und mit diesen Worten eilte sie auf Liliane zu und schloss sie in ihre Arme.

Liliane selbst brauchte etwas mehr Zeit, um zu realisieren, wer da vor ihr stand. Sie waren zusammen zur Schule gegangen. Hatten für eine gewisse Zeit dieselben Freunde gehabt, in derselben Straße gewohnt.

„Du warst damals so unscheinbar", war alles, was sie nach einer Weile des Staunens über ihre Lippen brachte.

„Na, man darf sich doch wohl verändern", lachte Lotta und zog Liliane am Ellbogen durch das bunte Zimmer. Im hinteren Teil der Schmiede stand ein kleiner Tisch mit einem regenbogenfarbenen Deckchen darauf. Lotta deutete auf einen der Stühle und setzte sich auf den zweiten. Als sie den bewundernden Blick von Liliane bemerkte, der all die kunterbunten Kreationen und die heimelige Atmosphäre in sich aufsog, fügte sie hinzu:

„Jetzt lernst du die richtige Lotta kennen. Diejenige, die frei ist, sie selbst zu sein und einen Dreck darauf gibt, was andere denken." Kichernd langte sie zur Seite und schnappte sich zwei Tassen, die sie auf das Tischchen stellte. Die eine hatte einen violetten Kater abgebildet, der anzüglich zu grinsen schien. Die zweite Tasse zeigte einen roten Kakadu mit gelben Streifen, der wild umher tanzte.

„Selbst gemacht", kam die Antwort von Lotta, noch bevor Liliane etwas sagen konnte, „ich habe getöpfert, gezimmert, gemalt und geschauspielert – ja, ganz vieles ausprobiert, bevor ich mich entschieden habe, mich ganz meiner Kunst der Schmuckherstellung zu widmen."

„Du hast das Leben gelebt", war alles, was Liliane nachdenklich dazu sagte. Sie sah zu, wie ihre alte Schulfreundin sich erhob und bald darauf mit einem dampfenden Krug heißen Kaffees zurückkam.

„Liebst du dich?", fragte sie dann geradeaus und war selbst erstaunt, dass sie ihre Gedanken mit der Frau teilte, die sie soeben erst nach so langer Zeit wiedergefunden hatte.

Lotta hielt einen kurzen Moment inne und setzte sich

dann wieder auf ihren Stuhl. Etwas nachdenklich blickte sie zu Liliane.

„Ja, ich liebe mich", antwortete sie mit einer Ruhe in der Stimme, die Liliane gefiel, „ich glaube das erste Mal in meinem Leben kann ich das wirklich sagen, weil ich es auch fühle."

Liliane betrachtete die Frau, die ihr gegenübersaß. Das silberne feine Haar umrahmte ein liebliches Gesicht, welches durch unzählige Fältchen und Furchen eine Schönheit besaß, die sie staunen ließ. Die klaren hellblauen Augen blickten fröhlich über die Kaffeetasse, die sie nun an ihre Lippen hob.

„Es ist gar nicht so schwierig, wie ich immer dachte", meinte Lotta dann und setzte das Tongefäß mit dem grinsenden Kater wieder auf den Tisch, „wir denken nur zu viel, anstatt das Leben einfach in all seinen Formen und Farben zu leben und zu genießen."

Liliane nickte nachdenklich und spürte, wie sich ein Lächeln auf ihr Gesicht schlich, als sie an ihre letzte Kunstaktion dachte.

„Ich weiß, was du meinst", antwortete sie deshalb. „Doch manchmal fällt es mir schwer, dieses Gefühl der Liebe zu mir und dem Leben in den gewöhnlichen Alltag zu bringen."

„Ja, weil du dein alltägliches Leben nicht nach der Liebe zu dir selbst ausgerichtet hast. Dann wäre es nämlich ein anderes", antwortete Lotta und zwinkerte ihr zu.

## 23
### Vom Brauchen
### und Wollen

*Ruth*

Sie musste sich etwas bücken, um unter den tief hängenden Weiden durchzukommen. Doch es war möglich und sie betrat den kleinen Pfad mit den vielen roten Tomaten und Küchenkräutern. Trotz der Krücken war Ruth oft im Garten unterwegs. Sie wollte es sich nicht nehmen lassen, sich mit den Geräuschen und Gerüchen der kleinen Oase zu stärken und die Stille der Natur zu genießen. Ja, sie war oft hier und gerade weil der Boden uneben war und immer mal wieder kleine Hindernisse auf sie warteten, erkannte sie so auch, wie schnell sie Fortschritte machte.

Es würde nicht mehr allzu lange dauern und der Unfall mit seinen Auswirkungen wäre nur noch in ihrer Erinnerung zu finden. Irgendwie machte dies Ruth aber auch unruhig. Sie spürte sogar eine gewisse Traurigkeit in sich, wenn sie diesen Gedanken zuließ. Warum nur? Müsste sie sich nicht ausschließlich darüber freuen?

Hörbar atmend legte sie an Tempo zu. Ruth wusste, dass dies nicht ungefährlich war, was sie hier tat. Ein böser Sturz könnte... doch es ging jetzt nicht darum, vorsichtig zu sein. Sie spürte, wie sie versuchte zu verdrängen. Schon längst hatte sie erkannt, dass sie manchmal dieses Spiel mit sich spielte. Zu gut konnte sie sich inzwischen selbst beobachten.

Ja, sie begann immer dann zu rennen oder sich mit anderen Dingen abzulenken, wenn sie etwas in ihrem Inneren irritierte. Sie mochte keine Verwirrung, sie mochte kein Nicht-Wissen.

Als sie Delia vor sich auf dem kleinen Pfad erblickte, hielt sie inne. Vielleicht war es gerade gut, dass sie ihr altes Muster nicht fortsetzen konnte. Vielleicht konnte ihr die Freundin auch diesmal dabei helfen, etwas mehr Klarheit zu finden.

Sie brauchte auch gar nichts zu sagen. Im Blick von Delia sah sie, dass die junge Frau bereits erkannt hatte, dass etwas in ihr vorging.

Delia stieß einen kurzen Pfiff aus und wartete, bis das kleine Kitz angeflitzt kam. Dann gab sie Ruth ein Zeichen, ihr zu folgen. Sie war etwas erstaunt, als sie erkannte, dass Delia in den hinteren Teil des Gartens ging. Dahin, wo es besonders schattig und feucht war.

Hier wuchsen viele seltene Kräuter. Einige davon hatte Ben zu seiner Zeit gesetzt, um sie in der Drogerie verwenden zu können. Andere waren wie durch Zauberhand dazugekommen. Na ja, wie auch immer – es war ein schönes Plätzchen. Etwas kühl vielleicht, aber dennoch mit vielen wunderschönen Pflanzen und Blumen.

Ruth setzte sich zu Delia, die einen vor Jahren umgefallenen Baum als Bank auserkoren hatte. Die Krücken lehnte sie neben sich an das morsche Holz.

Von hier aus konnten die beiden nebst den vielen Kräutern und Blumen auch die alte Buche mit dem entstehenden Baumhaus sehen sowie die eine Ecke des Mandalagartens. Ruth war fasziniert, wie anders er von hier wirkte. Schon lange war sie nicht mehr in diesem Teil des Gartens gewesen. Hier hatte Jakob oft seine Zeit verbracht, hatte Kräuter gezogen, geerntet und später weiterverarbeitet. Ja, dies hier war seine Oase gewesen.

„Jetzt, wo du spürst, dass dein Alltag langsam zurückkommen wird, sind auch deine alten Gedanken und Gefühle zurück. Dein Unfall hat dir eine gewisse Auszeit verschaffen, doch wirklich weg sind diese Ängste und Wunden noch nicht."

Ruth staunte einmal erneut, wie Delia ihre Innenwelt erfassen und auf den Punkt bringen konnte. Sie schien manchmal fast besser wahrnehmen zu können, was in ihr vorging, als sie selbst.

Ja, es beschäftigte sie, wie es mit ihrer Arbeit weitergehen könnte. Ob es überhaupt weiterging und wie sie ihre Zukunft gestalten sollte. Wieder einmal mehr war sie an diesen Punkt angelangt. Vor einem Jahr war es ja ungefähr ähnlich gewesen... oder täuschte sie sich da? Natürlich war auch Jakob wieder mehr in ihren Gedanken als noch vor ein paar Wochen, als sie sich mit den vielen Schmerzen herumgeschlagen hatte. Wo er jetzt wohl war? Warum hatte er sie damals einfach so verlassen? Der Schmerz saß immer noch tief, das musste Ruth ohne Zögern zugeben.

„Dass Jakob ging, war gut", hörte sie Delia sagen und erschrak. Das konnte doch wohl nicht ihr Ernst sein! Doch ihre Freundin sprach bereits weiter.

„Er zeigt dir dadurch genau an, wo deine Wunden liegen. Seine Zurückweisung dient dir somit, wenn du dies annehmen kannst. Ich weiß, es ist schwierig, doch diese Wunden waren schon vor ihm da. Er hat sie lediglich wieder sichtbar gemacht."

„Musst du immer so gnadenlos ehrlich sein und dabei recht haben?", lachte Ruth den Tränen nahe, „natürlich hatte ich vorher diesen Schmerz schon in mir. Ich dachte nur, dass ich es verdient habe, endlich glücklich zu sein und dass Jakob vielleicht anders wäre als die Männer zuvor."

„Es liegt nicht an deinem Gegenüber, ob du deine Wunden in dir geheilt hast, meine Liebe", meinte Delia ernst und streichelte der kleinen Lyah, die sich neben ihnen ins Gras gelegt hatte, über den feinen Rücken. „Du kannst auch nicht darauf warten, dass es einfach so von alleine geschieht. Solch tief liegende Wunden können erst geheilt werden, wenn wir innehalten und sie endlich sehen. Wenn wir sie fühlen und anerkennen als das, was sie sind. Und wenn wir uns dann genau in diesem Moment lieben. Natürlich hast du es verdient, glücklich zu sein, doch dafür brauchst du keinen Menschen im Außen."

„Das weiß ich...", murmelte Ruth und spürte, wie sie sich dennoch ein bisschen gegen diesen Gedanken sträubte.

„Du weißt es vielleicht, doch du lebst noch nicht danach", forderte Delia sie heraus, als hätte sie ebendiese inneren Regungen von Ruth genau gefühlt. „Du hast Jakob in deine Zukunftspläne miteinbezogen, du hast ihn als einen Teil von deinem Leben gesehen. Du hast ihn gebraucht, gewollt und du hast dich an ihm genährt."

Ruth spürte, wie Delias Worte wehtaten. Sie triggerten diese eine große Ohnmacht, dass sie nicht fähig sei, sich selbst zu lieben. Gleichzeitig spürte sie, wie die junge Frau diese Worte ohne jegliche Wertung aussprach. Das tat gut und ließ Ruth weiter ins Thema eintauchen.

„Kannst du mir mehr darüber erzählen? Ich verstehe es noch nicht in seiner ganzen Tiefe", antwortete sie deshalb.

„Nun... wir erleben bereits als Kinder, dass wir abhängig sind und andere Menschen brauchen. Das ist zu einem Teil ganz natürlich. Doch oftmals werden wir in ein unausgeglichenes, nach Liebe hungerndes Nest geboren, in welchem wir bereits von klein auf lernen, dass wir Liebe und Zueignung, Geborgenheit und Sicherheit und letztendlich Energie nur im Außen bekommen. So seltsam dies klingt, doch genau aus diesen Gründen entsteht auch oft eine Familie. Natürlich muss dies nicht immer so sein. Doch wenn du dich umsiehst, wirst du viele Menschen finden, die ihr Glück auf der Anwesenheit eines anderen Menschen, wie beispielsweise den Kindern oder dem Partner, aufbauen. Sie fühlen sich dann gut, wenn es dem anderen gut geht. Wenn sie sich vom Gegenüber gesehen und geliebt fühlen. Es ist ein Leben, geprägt von latenter, feiner Unsicherheit sowie dem Streben nach konstanter Harmonie und letztendlich auch der steten Suche nach wahrer Liebe.

Du wirst sie jedoch in dieser Konstellation nicht wirklich finden. Klar, du wirst dich gebraucht fühlen, gewollt und auch auf eine Art geliebt. Doch ein Teil von dir wird wissen, dass es auf einer gewissen Abhängigkeit besteht. Ein wirklich freies Beieinandersein, bei welchem alle Individuen in sich geerdet und gefestigt sind, ausstrahlend in ihrem wahrhaftigen Sein und in welchem die Liebe zu sich selbst die Liebe zu anderen ermöglicht, dies ist erst in dieser besonderen Zeit am Entstehen. Es braucht viel Mut, sich von all dem im Außen zu lösen."

Delia hielt einen Moment inne und Ruth ließ den Blick zum kleinen Kitz schweifen, das im Gras unter ihnen lag und schlief.

„Sie braucht dich ja auch", meinte sie dann nachdenklich.

„Ja. Doch wir dürfen dieses natürliche Brauchen eines kleinen Wesens nicht missbrauchen, um uns selbst ein gutes Gefühl zu geben. Sobald wir als Begleiter des Kindes das Kind mehr brauchen als es uns, sollten wir misstrauisch werden."

Delia streichelte erneut über das weiche Fell, bevor sie fortfuhr: „Die Kunst liegt darin, dass wir selbst in uns das finden, was wir bisher nie gelernt haben in uns zu sehen. Dann wirst du kein Wesen mehr um dich benötigen und all die Verbindungen, die du eingehst, werden ein einziges Geschenk sein. Losgelöst von jeglichem Begehren oder Verlangen und so viel tiefer und klarer als diejenigen zuvor."

„Dazu muss man aber unglaublich ehrlich mit sich selbst sein können", ließ Ruth verlauten.

„Oh ja! Denn niemand gesteht sich gerne ein, dass er sich nur dann liebt, wenn ihn andere lieben oder schätzen. Doch wir sind auch nie Opfer eines Umstandes. Wir können uns immer für eine andere Art der Realität entscheiden. Somit hast du immer die Möglichkeit und die Kraft, dich aus diesen Banden zu lösen und allen beteiligten Wesen Freiheit zu schenken. Dies ist letztlich auch das, was Jakob gesucht hat. Er suchte zwar Liebe, doch liebte er auch seine Freiheit. Er hat dir unbewusst gezeigt, dass du beides haben kannst, wenn du dich darauf einlässt."

Ruth legte nachdenklich den Kopf auf die Seite und schaute einem kleinen Schmetterling zu, der über die Blumenwiese vor ihnen tanzte.

„Ich weiß schon, dass man alles loslassen soll", murmelte sie dann, „dennoch scheint es mir dann so viel schwieriger, wenn ich in einer solchen Situation bin."

„Ja, weil du die Sicherheit in ihm siehst. Warum sollte man etwas loslassen, das einem genau das gibt, was man sich wünscht? Doch bedenke, dass Jakob lediglich dein Spiegel ist. Es ist alles deine Energie da draußen. Solange du jedoch versuchst, diese Energie festzuhalten, kommt der natürliche Fluss in Stocken und du festigst ein Ungleichgewicht, das du als Mangel spürst. Du kannst nichts im Außen wirklich haben. Du kannst auch nichts im Außen wahrlich finden. Du darfst jedoch erlauben, dass du es in dir selbst entdeckst und dir danach die Energien im Außen dienen. Weil du als Meisterin in dir zentriert den Energiefluss erlaubst. In Leichtigkeit und Freude, weil du vertraust. Ja, ohne Angst und ohne Zerren oder Ziehen."

„Ich glaube ich verstehe, was du meinst und dennoch habe ich keine Ahnung, wie ich das anpacken soll", sagte Ruth und lächelte, als sie zusehen konnte, wie das kleine Kitz noch etwas ungeschickt aufstand und sich daranmachte, einen Grashüpfer zu inspizieren.

Auch Delia stand nun auf und meinte, bevor sie sich einen Weg durch die kleine Blumenwiese bahnte: „Du musst und kannst nichts tun, außer dich bewusst für diesen Weg zu entscheiden. Und dann erlaube. Erlaube, dass du dich selbst in deiner ganzen Größe erkennen darfst."

24
*Leben lassen*

*Delia*

Sie ging bewusst gemächlichen Schrittes, damit ihr Ruth folgen konnte. Sie spürte die Flut an Fragen und Empfindungen, die ihre Nachbarin gerade überrollte. Es war nicht einfach, all dies loszulassen, was man seit Lebzeiten kannte und lebte.

„Ist es nicht einfach vollkommen natürlich, dass ich Menschen in mein Leben miteinbeziehe?", vernahm sie die Frage von Ruth, die hinter ihr den kleinen Pfad zum Mandalagarten beschritt.

Delia schmunzelte und drehte sich dann zu ihrer Freundin um: „Ja, das ist es. Nur die allerwenigsten Menschen sind wirklich dazu gemacht, alleine zu leben. Dennoch ist es ganz wichtig, dass du dir bewusst bist, wie du Menschen in dein Leben lässt. Ist es, weil du unbewusst dein Glück von ihnen abhängig machst, weil du ohne sie eine große Lücke fühlen würdest – oder ist es aus purer Freude am gemeinsamen Erleben des Lebens selbst? Da sind feine Unterschiede, die gleichzeitig jedoch riesengroß sind. Das eine löst Ängste, Trauer oder Wut aus, sobald etwas nicht mehr so läuft, wie erwünscht und das andere ist geprägt von Leichtigkeit, Freiheit und einer tiefen Lebensfreude. Sobald du ganz ehrlich mit dir die Beziehungen zu deinen Liebsten anschaust, wirst du die Unterschiede fühlen."

„Hmmm ja, ich glaube, ich verstehe, was du meinst. Ich erinnere mich, dass du mir ähnliches erzählt hast, als du von der Liebe zu deinem Gefährten gesprochen hast. Wir sind wohl auf diesem Weg in die neue Liebe. Gerade frage ich mich aber, wie ich an den Punkt kommen kann, an dem ich so in mir selbst verankert bin, dass ich alles in mir selbst erkenne. Das ist doch eine Aufgabe, da wird man gefühlt nie fertig!"

Delia lachte laut auf und drehte sich im Kreis. Wie gut sie dieses Gefühl kannte, nie anzukommen. Dennoch war es so viel einfacher, als sich der menschliche Verstand je ausmalen konnte. So nahm sie Ruth, die sie etwas amüsiert betrachtete, am Ellenbogen und führte sie zu einem kleinen Busch, der innen hohl war. Erst vor Kurzem hatte Delia diesen Platz für sich entdeckt. Von grünem Blattwerk umgeben, fühlte sie sich an diesem Ort stets geborgen und von Mutter Natur geschützt. Sie lächelte bei diesem Gedanken und setzte sich auf den Boden.

Als auch Ruth und die kleine Lyah sich zu ihr gesetzt hatten, versuchte Delia das in Worte zu fassen, was sie mitteilen wollte.

„Du bist bereits angekommen. Du bist bereits in Frieden mit all dem, was war und ist. Wenn du dir in deinem ganzen Sein bewusst wirst, dass es keine lineare Zeit gibt, ist alles bereits gelöst und in Freiheit."

Als sie den leicht verwirrten Blick von Ruth vor sich sah, grinste sie und fuhr fort: „Lass das Denken sein und komm ins Fühlen. Ich weiß, das habe ich dir schon oft gesagt, aber es ist wahr. Ein Teil von dir fühlt bereits ganz genau, was ich sage, weil er es gerade jetzt schon erlebt. Wir sind multidimensionale Wesen, Ruth! Die Meisterin in dir ist bereits in purer Selbstliebe und Annahme des lebendigen Lebens. Doch da du dich meist mit dem Teil in dir identifizierst, der dauerhaft auf dem Weg dahin ist, wirst du auch das Gefühl nicht los, dass es nie endet. Du bist genau jetzt hier, um zu erkennen, dass du Lernende und Meisterin zur selben Zeit sein darfst. Das ‚große Und‘.“

Es war eine ganze Weile still und die beiden lauschten dem Rascheln der Blätter und dem Gesang einer Amsel, die nicht weit von ihnen ihr Liedchen trällerte.

Das kleine Kitz legte sein feines Köpfchen auf das Bein von Ruth und Delia konnte beobachten, wie sich nach und nach die Anspannung aus ihrer Freundin löste.

„Dann brauche ich ja gar nicht so groß an mir zu arbeiten, um all dies aufzulösen, was ich an Wunden und Mustern in mir fühle“, durchbrach Ruth die Stille, „dabei hast du neulich gemeint, dass ich dies alles anschauen darf. Ich verstehe nicht und gleichzeitig irgendwie schon.“ Sie stimmte in das Lachen von Delia mit ein und lehnte sich nach hinten an den Stamm des Haselstrauches.

Delia sprach erst, als sich ihre Blicke trafen und sie spürte, dass Ruth mit ihrer Aufmerksamkeit ganz bei ihr war: „An sich zu arbeiten kann so tief verankert sein, dass wir uns nicht nur damit identifizieren, sondern auch eine gewisse Sucht entwickeln. Ich fühle mich nur dann gut, wenn ich etwas an mir weiterzuentwickeln habe. Dabei geschieht wahrer Wandel und wirkliche Entwicklung erst dann, wenn du besagte Themen oder Wunden vollkommen in dir annehmen kannst. Ohne sie dauernd zu bearbeiten, was nämlich in gewisser Hinsicht eine Ablehnung des jetzigen Momentes darstellt. Es ist somit nicht deine sogenannte Arbeit an dir, die dich heilt, sondern die Annahme dessen, was du ablehnst. Und dies kann so einfach wie schwierig sein – je nachdem, wie sehr du daran festhältst, dass an dir etwas nicht stimmt."

Delia ließ den Kopf in den Nacken fallen und sah sich in ihrem kleinen Kokon um. Umhüllt von grünen Blättern und feinem Moos, saßen sie drei eng beieinander.

„Das Leben ist dazu da, dass wir es leben – in seiner vollsten Größe, in seiner tiefsten Tiefe", flüsterte sie daraufhin leise und sah zu, wie Ruth die Augen schloss und die Hand auf das Köpfchen des kleinen Kitzes legte. „Sobald wir die Welt der Dualität hinter uns lassen, gibt es kein gut und kein böse mehr. Kein ‚hätte müssen' oder ‚hätte sollen' und kein Drama der Verurteilung. Es ist steter Fluss reinster Möglichkeiten und Potenziale. Ein Meer aus Energie, das lediglich dazu da ist, um dir zu dienen.

Die Frage ist jedoch, ob du das annehmen kannst. Ob du bereit dazu bist, den Teil in dir zu spüren, der dies alles bereits realisiert hat. Es ist deine Seele, dein Lichtkörper, deine Meisterin, die sich in deinen physischen Körper und in dein Leben gesellt, sobald du ihr Raum gibst und sie einlädst. Auf diese Weise wirst du ein Leben voller Genuss und Freude erschaffen."

„Wie kann ich meine Seele denn zu mir einladen?", fragte Ruth interessiert.

Delia hielt einen Moment inne, bevor sie ihr antwortete: „Indem du dich ganz bewusst dazu entscheidest und diesen Weg wählst. Indem du dein Bewusstsein auf deine Seele richtest und dich immer wieder mit ihrer Essenz verbindest. Du kannst mit ihr sprechen, du kannst ihr zuhören, du kannst den Teil in dir kennenlernen, der in Wahrheit du bist."

Delia rekelte sich und streckte die Hand aus, um einen kleinen braunen Käfer auf ihrem Finger spazieren zu lassen. Sie lächelte. „Deine Seele wartet nur darauf, dass du dich endlich wieder mit Freude dem Leben widmest und dein Sein hier auf Erden mit deinem ganzen Wesen genießen kannst."

Sie schmunzelte, als sie spürte, wie viele Gedanken auf ihre Freundin einprasselten. Noch schien sie all das Gesagte etwas zu verwirren. So wartete sie geduldig, bis Ruth ihre Einwände in Worte fassen konnte.

„Aber gibt es nicht sowas wie meine Aufgabe, meine Berufung oder eine Art Vorbestimmung, die ich dann nicht mehr erfülle, wenn ich einfach das Leben lebe, ohne mich irgendwie festzulegen?"

„Du hast das Gefühl, dass du herausfinden musst, welches für dich der richtige Weg ist?"

Ruth nickte und gab Delia damit zu verstehen, dass sie weitererzählen sollte.

„Dann befindest du dich noch vollkommen in der Dualität. Es gibt kein richtig und falsch, auch wenn wir dies oft so empfinden mögen. Doch niemand ist hier, um dir zu sagen, ob du zum Beispiel mit einem Partner zusammenfinden solltest oder wie es bei deiner Arbeit weitergeht. All dies findet in der kleinen Welt des Verstandes statt. Doch es gibt ein riesiges Feld an Möglichkeiten, wie du dein Leben führen könntest. Nichts davon ist besser oder schlechter als das andere. Du kannst dich höchstens für Dinge oder Pfade entscheiden, die dich von deinem eigenen Licht ablenken, die dich glauben lassen, dass es darum geht, stetig zu suchen und sich berieseln zu lassen. Doch was auch immer du wählst, es ist in Ordnung so. Du wirst deine Erfahrungen daraus mitnehmen."

„Das ist ein komisches Gefühl, wenn es nichts mehr gibt, woran ich mich orientieren kann...", meinte Ruth nachdenklich und zupfte ein Blatt vom nahestehenden Ast.

„Es wird Potenziale geben, die dich fast schon zu sich rufen und andere, die dir weniger spannend erscheinen. Daran wirst du erkennen, was von dir gelebt werden möchte. Doch oftmals sind es auch Schritte, die uns zu sich singen, die viel von uns einfordern, weil wir wachsen dürfen. Es geht nun darum, unsere alte Welt der Dualität hinter uns zu lassen und immer mehr anzunehmen, dass es weder ein Ziel, noch eine Wahrheit gibt. Es ist lediglich ein gigantisches Universum an Energie und Schätzen, die wir als Menschlein und Seele entdecken dürfen. Großartig, nicht?"

„Ja, schon... aber ich denke wohl noch zu viel", murmelte Ruth und erhob sich vorsichtig, um das kleine Kitz nicht zu stören, „ich habe das Gefühl, dass da dennoch etwas ist, was ankommen möchte. Da ist dieses Wissen in mir, dass ich nach Hause kommen darf."

„Das Zuhause kommt zu dir. Indem du dir erlaubst, deine Seele willkommen zu heißen. Du brauchst dazu nichts, was du im Außen erfahren müsstest. Auch dies geschieht in deinem Innern."

Delia wusste, dass sie mit diesem Gespräch viel von Ruth einforderte und dennoch hatte sie den Eindruck, dass ihre Freundin auf gewissen Ebenen sehr gut nachvollziehen konnte, was sie ihr zu erzählen versuchte. Doch jetzt war es an der Zeit, das Gehörte etwas ruhen zu lassen und so erhob sie sich und lächelte Ruth zu.

„Kommst du mit?", fragte sie und als sie das leichte Kopfschütteln ihrer Freundin sah, schob sie die Äste auseinander, um ihr kleines Versteck zu verlassen.

„Wir sehen uns", murmelte sie und schlüpfte ins Freie.

Sie pfiff leise und lächelte, als Lyah durch den kleinen Eingang der Buschhöhle zu ihr gelaufen kam.

„Komm, meine Kleine, ich möchte die Dämmerung begrüßen", meinte sie und schritt zügig voran. Sie vergewisserte sich immer wieder, dass das Kitz ihr folgte und als sie sah, wie Lyah ihr mit viel Energie nachsprang, begann sie selbst auch zu laufen. Die Arme ausgebreitet, ein Lächeln auf ihrem Gesicht und den Wind im Haar, rannte sie über die kleine Wiese zum Wald und jauchzte. Was für ein wundervolles Gefühl dies war, die eigene Stimme in der Stille des Waldes zu hören. Sie ließ gleich nochmals ein paar Töne klingen und blieb stehen, um ihrem Klang zuzuhören.

Als Lyah bei ihr ankam, schritt sie langsam in den Wald hinein und ließ mit jedem Schritt einen Ton erklingen. Sie konnte laut sein oder leise. Mal klang es glockenrein und in einer hohen Tonlage, mal tiefer und mit einem Brummen in der Stimme. Delia grinste.

Sie konnte spielen, sie konnte nach ihrem Belieben kreieren. Ein Werk ihres Innersten, das sich so sehr freute, sich zum Ausdruck zu bringen.

„Du bist so groß", rief sie daraufhin in den weiten Wald, der allmählich die Farbe verlor und sich in ein Meer aus Schatten verwandelte. Sie hörte einen Kauz rufen und versuchte, seinen Ruf nachzuahmen.

Als sie bei der Lichtung mit dem großen Stein ankamen, blieb sie stehen. Lyah war zu schwer geworden, als dass sie sie hätte den Felsen hochtragen können, doch das war nicht schlimm. Auch ohne die Aussicht auf die Baumwipfel war dieser Ort einer ihrer liebsten.

Delia legte sich auf den Rücken ins trockene Gras und versuchte all das, was um sie herum geschah, in sich aufzunehmen. Hier auf der Lichtung sah sie das inzwischen fast schwarze Grün der Tannen, Fichten und Föhren um sich herum, die mit ihren Ästen und Baumwipfeln kunstvolle Kreaturen entstehen ließen, die sich gegen den noch etwas helleren Abendhimmel abhoben. Da waren ein paar wenige rote Wölkchen, die das letzte Licht der Sonne in sich auffingen. Und da waren Mücken in der Luft und Rufe aus dem Wald, die die Stimmung des Abends vervollständigten. Es roch bereits leicht nach Herbst. Von weit her schien er zu rufen und sich anzukündigen.

Ein erneuter Blick in den Himmel und sie konnte den ersten Stern erkennen. Delia seufzte zufrieden auf und schloss die Augen.

„Du bist so klein", flüsterte sie und lachte leise.

Wie wundervoll es doch war, all diese so scheinbar gegensätzlichen Empfindungen in einem einzigen Moment fühlen zu können. Und zu wissen, dass man nichts davon kontrollieren oder lenken musste. Es war einfach da und es war einfach gut so.

Delia begann, eine kleine Melodie zu summen, die sie in sich spürte. Ein Lied an das gigantische Wunder des Lebens, das sich ihrem Verstand entzog und sie gleichzeitig in einer warmen Umarmung liebkoste. Es war ein Lied aus tiefster Seele und die junge Frau setzte sich auf, um den Klängen in der aufkommenden Nacht besser lauschen zu können.

Als von weit her eine andere Stimme in ihren Gesang mit einstimmte, rollte eine Träne über ihre Wange und sie legte noch mehr Gefühl in die nächsten Klänge. Da war so viel Freude in ihrem Herzen und auch eine unglaublich tiefe Berührung, die sie leicht erschauern ließ.

Wie sehr das Leben dich zurückliebt, wenn du es mit all deiner Liebe durchtränkst.

Und sie sang, so lange und so innig, bis die zweite Stimme immer näherkam.

## 25
### Die Tiefen
### des Universums

*Amin*

Er sah sie zuerst kaum inmitten des hohen Grases auf der kleinen Lichtung. Ihr Haar stand wirr nach allen Seiten ab und schimmerte leicht im feinen Licht des Mondes. Sie sang noch immer und bewegte sich leicht im Winde der Nacht.

Amin trat näher und webte seine tiefe Stimme in den hellen Gesang der jungen Frau. Als Delia aufstand und sich zu ihm umdrehte, sah er die nassen Spuren ihrer Tränen. Ruhigen Schrittes ging er näher und ließ sie dabei nicht aus den Augen. Bei ihr angekommen, legte er behutsam seine Hände an ihre Wangen und hob ihr Gesicht etwas an, sodass er ihr in die Augen blicken konnte. Sie waren so tief. So unsagbar tief und voller Gefühl und Weisheit. Als sie ihre Lider schloss und eine neue Träne ihre Wimpern verließ, fing er sie liebevoll mit seinem Daumen auf und küsste Delia auf die Stirn.

„Was fühlst du?", flüsterte er leise und sah zu, wie sie ihre Augen wieder öffnete und sich das Mondlicht darin spiegelte.

„Alles", sagte sie nur und atmete zittrig aus, als er seine Arme um sie legte. Amin spürte die Gänsehaut auf ihren Armen und legte seinen warmen Umhang um den zierlichen Körper seiner Gefährtin.

„Komm", flüsterte er und zog sie hinunter ins Gras und in eine liebevolle Umarmung. Er fühlte ihren Herzschlag an seiner Brust und den feinen Lufthauch ihres Atems an seinem Hals.

Amin spürte, wie viele Empfindungen gerade durch seine Freundin flossen. So hielt er sie einfach in seinen Armen.

Bis sie nach einer ganzen Weile der Stille ihre Innenwelt mit ihm teilte:

„Vor Jahren sah ich es in den Augen meines Liebsten. Das Universum. Und ich fiel in diese Unendlichkeit, in diese unglaublich tiefe Weite. Ohne Zeit und ohne Raum. Es war der erste Moment, in dem ich mich so richtig erinnerte. Als ich mich zum ersten Mal bewusst als Seele wahrnahm. Er hat mir dies damals geschenkt. Einfach so, durch sein pures Sein."

Amin lächelte und spürte eine solche Liebe für dieses Wesen, das hier in seinen Armen lag. Er fühlte ihre Ergriffenheit, ihre wahre Größe und ihr Strahlen. Er hatte diesen Mann ja nie kennengelernt und dennoch... er war ihm zutiefst dankbar. Ja, er konnte sogar sagen, dass er diesen Mann liebte. Einfach weil er ein kostbarer Teil der Geschichte dieser Frau war, die ihn immer wieder aufs Neue berührte. Er musste ein wundervoller Mann gewesen sein.

„Jetzt werde ich immer mehr zu dem Wesen, das ich damals in ihm gesehen habe", flüsterte Delia und riss Amin damit aus seinen eigenen Empfindungen.

„Das macht mir manchmal etwas Angst, weil es so groß ist. So tief. So unsagbar frei und gigantisch. Ich selbst bin das Universum, Amin."

Als Antwort küsste er sie aufs Haar und drückte sie an sich.

„Und deshalb weiß ich manchmal nicht, ob ich noch hierbleiben kann", fügte sie leise hinzu und Amin spürte, wie sie leicht zitterte und ihre Tränen sein Hemd durchtränkten.

„Ich verstehe dich", flüsterte er und hob sie ein wenig von sich, sodass er ihr in die Augen blicken konnte, „es ist deine Entscheidung, mein Liebling."

Ganz langsam und ohne ihren Blick von ihm zu wenden, streifte Delia mit ihren Lippen über seine und hob ihre Hand, um sie an sein Gesicht zu legen.

„Danke, dass du verstehst", hauchte sie.

Im Gras liegend, drehten sie sich nun ganz auf den Rücken und ließen den Blick nach oben über das dunkle Firmament schweifen. Die Wölkchen hatten sich verzogen und der Himmel stand klar und offen über ihnen. Abermillionen Sterne funkelten und zauberten den beiden ein Lächeln auf die Lippen.

Amin dachte an seinen ganz eigenen Weg, der ihn an diesen jetzigen Punkt gebracht hatte. Er hatte so viele Umwege gemacht, so oft gezögert und noch viel öfters gegen Dinge gekämpft, die er nicht fühlen wollte. Es grenzte fast an ein Wunder, dass er dennoch heute hier lag und all dies aus einem ganz anderen Blickwinkel heraus betrachten konnte. Er hatte so vieles erlebt, hatte so oft gezweifelt und sich gegen das Leben selbst gestellt, sodass er nun eine tiefe Demut in sich spürte, diese Reise gegangen zu sein.

„Dein Weg war lang", vernahm er die leise Stimme von Delia neben sich und obwohl er wusste, dass sie beide die Energien voneinander lesen konnten, verzauberte sie ihn mit dieser Aussage erneut. Es lag so viel Mitgefühl darin. Und auch wenn er fühlte, dass auch er genau diese Liebe ihr gegenüber entgegenbrachte, so war es dennoch unglaublich zu spüren, wie sehr ihn tiefstes Mitgefühl berühren konnte. So schluckte er und atmete tief aus.

Es raschelte leise, als sich seine Gefährtin sachte umdrehte und mit einem Mal spürte Amin eine liebevolle Berührung an seiner Narbe, die auf seiner linken Gesichtshälfte Spuren vergangener Zeiten sichtbar werden ließ.

„Ich sehe dich und deinen Weg und ehre dich dafür", sagte Delia und fuhr mit ihrem Zeigefinger der verheilten Wunde nach. Amin konnte ihren Blick auf sich spüren. Er ging so tief und war so aufrichtig, dass etwas in ihm anklang.

„Danke, dass du verstehst", flüsterte er und stimmte in das liebevolle Lachen mit ein, das sich von Delias Lippen löste, weil sie beide genau dieselben Worte verwendet hatten.

Amin rollte sich leicht auf die Seite und nahm ihre kleine Hand in seine: „Und immer wenn du denkst, die Reise wäre zu Ende, so kommt ein neues Kapitel."

Delia lachte erneut auf: „Oh ja! Doch je mehr sich Zeit und Raum auflösen, je mehr wir wirklich fühlen, wie alle Fäden in uns selbst zusammenlaufen, umso leichter und gleichzeitig kraftvoller wird unser Erleben. Es ist nicht mehr zu vergleichen mit früher."

„Nein, das ist es nicht. Wir sind längst nicht mehr die kleinen Menschlein, die wir einmal waren", schmunzelte Amin und blickte in den sternenübersäten Himmel, „ich habe die Tage oft das Gefühl, als sei meine alte Geschichte ein vergangenes Leben von mir. Als wäre ich in der Zwischenzeit einmal gestorben und wieder neu geboren. Ohne diese alten, engen Gitter und Scheuklappen."

„Ich weiß, was du meinst. Das empfinde ich auch so", antwortete Delia leise und fügte nach einer Weile hinzu, „auch der Tod darf uns dienen. Auch der Tod hat uns seine Geschenke gebracht und darf Teil des großen Ganzen sein, das uns umgibt und durchfließt. Wir brauchen uns gegen nichts mehr zu verschließen. Alle Energien dienen uns und lassen uns in Demut erkennen, wie wundervoll es ist, zu existieren."

Amin sagte nicht viel dazu, weil er ihre Worte so sehr nachfühlen konnte. Sie gingen tief und ihm wurde einmal mehr bewusst, wie schön es war, dass ihn das Fühlen nicht mehr ängstigte. Er empfand es inzwischen als ein riesengroßes Geschenk. Er war hier, um alles zu fühlen. Die ganze gigantische Fülle des Lebens.

Sein Blick wanderte in den sternenübersäten Himmel und als er den runden Mond genauer betrachtete, fühlte er sich so sehr mit sich selbst und seiner Mitwelt verbunden, dass er leise seufzte.

„Ist es nicht unglaublich, wie sich das Leben ändert, wenn man erkennt, dass alles die eigene Energie ist?", ergriff Delia nach einiger Zeit wieder das Wort.

„Das ist es", murmelte Amin und rutschte etwas zur Seite, da sich das Rehkitz zwischen die beiden drängte.

„Manchmal kommt es mir so vor, als sähe ich die Welt und das Leben gänzlich neu, seitdem ich dies als solches wahrnehmen kann", meinte Delia und strich über das feingliedrige Wesen in ihrer Mitte.

„Ja, es ändert sich unwahrscheinlich viel, wenn man erkennt, dass man das Leben selbst ist, die Materie, die Schwingung, jede Bewegung, die Galaxie selbst...", antwortete Amin und legte seine Hand auf ihre, um gemeinsam das kleine Kitz zu streicheln, „dann gibt es auf einmal keine Gründe mehr zu leiden, zu kämpfen oder sich zu ängstigen."

Delia blickte lächelnd zu ihm hoch und Amin konnte die getrockneten Spuren der Tränen und das Glitzern in ihren Augen sehen. Sein Herz wurde ganz warm und er flüsterte:

„Wir sind alles. Alles und nichts. Weil alles durch uns fließt und uns dienen darf."

„Als reinstes Bewusstsein habe ich erkannt, dass alles bei mir beginnt und endet. Ich bin der Fluss des Lebens selbst und alles, was mich umgibt. Ich bin", entgegnete Delia erneut lächelnd und beugte sich über das kleine Wesen hinweg, um ihre Stirn an die seine zu legen.

Amin spürte die Wärme, die ihre beiden Körper durch die Berührung ihrer Stirn miteinander verband und erschauerte. Was für eine gigantische Empfindung es war zu erkennen, dass man existierte. Dass man in diesem einen kostbaren Moment, der keine Zeit kannte, in einem Körper war, der sich mit einem anderen Wesen verbinden konnte, dass ebenso ich wie du war. Wie unglaublich tief war das Leben noch?

Vorsichtig, um das kleine Kitz nicht zu stören, stütze sich Amin auf und schob sich über Lyah auf die Seite von Delia, die sich inzwischen aufgesetzt hatte. Ihre Blicke trafen sich und Amin hatte das Gefühl zu fallen. Delia schien eins mit der Magie der Nacht, mit dem Duft des Windes und mit dem sanften Strahlen des Mondes.

Mit zittrigem Atem schob er seine Hände hinter ihren Kopf und in die samtweichen Haare von Delia. Sie blickte still und voller Liebe zu ihm auf.

Erst schien es ihm, als wollte sie etwas zu ihm sagen, doch dann legte sie lediglich wortlos erneut ihre Stirn an seine. Es brauchte nichts gesagt werden. Es gab so viel zu fühlen.

Da war die Tiefe des Universums, das sie umgab und welche sie beide in sich fühlten. Da war die Fülle an Empfindungen und Eindrücken, die sie fast schwindelig werden und gleichzeitig in Demut staunen ließen. Da war tiefste Freude, pures Erkennen, reinste Stille und eine Bewegung, die sie näher zueinander brachte. Es war nicht mehr wichtig, was sie erlebt oder nicht erlebt hatten, wer sie waren oder wo das Gegenüber begann. Es ging hier um etwas anderes. Die Tiefe des Universums wollte sich erfahrbar machen.

Amin ließ seine Hände über ihr Haar hinunter zum Hals gleiten und streichelte sanft über die feine Haut, die sich silbern im Mondlicht von der Dunkelheit der nächtlichen Szenerie abhob.

Delias Hände fanden den Weg zu seinen Schultern und zogen ihn zu sich hinunter ins Gras. Ein inniger Kuss folgte, den sie beide in vollen Zügen auskosteten. Es gab jetzt nichts, als diesen einen Moment.

Eine Wärme durchflutete Amin, die er so noch nicht kannte. Wie liebte man jemanden, der in einer gewissen Weise man selbst ist? Er spürte eine Glückseligkeit in sich, die ihn in ihrer Tiefe fast etwas erschreckte. Er war diesen weiten Weg gegangen, um sich selbst lieben zu lernen und um zu erkennen, dass es nichts gab, was ihn von dem trennte, was ihm im Außen begegnete. Nun war er hier und hielt ein wunderschönes Wesen in seinen Händen. Er fühlte sich vom Leben selbst gesegnet und wusste, ihre Liebe und ihre Klarheit um ihr unendliches Bewusstsein erschuf gerade eine Welle heilender Energie. Er durfte es fließen lassen. Er durfte fallen. Er durfte sich dem hingeben, was er und Delia beide in sich spürten: Sie selbst waren die Tiefen des Universums.

Mit Tränen des Staunens in den Augen und einem Lächeln des Glücks auf den Lippen beugte sich Amin erneut über Delia und küsste sie auf ihre warmen Wangen. Er spürte das Salz ihrer getrockneten Tränen an seinen Lippen und ließ sie über ihren Hals nach unten wandern, um ihre Schlüsselbeine mit seiner Zunge zu erforschen. Seine Hände streiften die Träger des Kleides über ihre Schultern und strichen über die zarte, glatte Haut, die so hell war im Vergleich zu seiner. Ihr weicher Körper bog sich ihm entgegen und lud ihn ein auf eine neue Reise der Sinnlichkeit. In die tiefsten Tiefen des Universums.

## 26
### Spuren der Zeit

*Jakob*

Er wusste nicht, wie viele Tränen er die letzten Tage geweint, noch wie er es geschafft hatte, diese Zeit zu überstehen. Jakob saß mit dem Rücken an eine der harten Felswände gelehnt. Schon längst hatte er sich daran gewöhnt und fühlte sich auf eine spezielle Weise verbunden mit der vermeintlichen Härte dieses Gesteins. War er nicht genauso gewesen?

Vor drei Tagen hatte er durch Merlin einen kleinen Bach entdeckt, der gleich unterhalb des Felsens floss und seinen Hund in der Zwischenzeit mit frischem Wasser versorgt hatte. Jakob selbst hatte die ganze Zeit gar keinen Hunger oder Durst verspürt. Lag einfach nur da und träumte. Oder waren es keine Träume gewesen? So genau wusste er es nicht.

Doch als er dann das erste Mal sein Gesicht in das kühle Nass getaucht hatte, waren ihm erneut die Tränen gekommen. Als wären bisher zu wenige geflossen... doch er hatte sich auf einmal so nahe dem Wasser gefühlt, so eins mit dem Fluss des Seins. Nicht mehr so gehärtet und eng wie zuvor.

Was die letzten Tage hier oben im kleinen Felsvorsprung passiert war, konnte er nicht wirklich begreifen. Er hatte sein Leben gesehen. Wie in einem Film war es an ihm vorbeigezogen, doch mit einem gewissen Abstand, sodass er erstaunlich viele Dinge hatte erkennen können. So komisch es auch klingen mochte, er hatte sogar die Geschichte der gesamten Menschheit vor seinem inneren Auge gesehen. Hatte beobachtet, wie aus neugierigen Wesen ängstliche, kämpferische und auch gierige Wesenheiten wurden.

Es wurde so viel geschändet... und so viel Leid zugefügt. Jakob schüttelte den Kopf, als er zurückdachte an das, was er in sich gesehen hatte.

Er hatte jedoch auch ein fast schon liebevolles Verständnis und Mitgefühl in sich wahrgenommen, weil er sah, aus welchen Gründen so gehandelt wurde. Als er sah, wie verzweifelt diese kleinen Wesen waren und wie viel aus einfacher Unwissenheit und Angst entstehen konnte. Es war meistens gar nicht wirklich böse gemeint. Er auf jeden Fall sah nichts Böses. Er sah nur Seelen, die vergessen hatten, woher sie kamen und wer sie waren. Seelen, die Erfahrungen sammelten und alles ausprobierten, was sich ihnen anbot, um das verloren geglaubte Gefühl von Glück und Geborgenheit, wenn nicht sogar Liebe wieder zu finden. Wie sehr sich doch manche Wesen verirrten auf dieser langen Reise.

Jakob hatte eine Menge Nebel erblickt. Ein Nebel, der die Menschen betäubte, sie weiterhin schlafen ließ und dafür sorgte, dass sie sich lediglich als bedeutungslose Nummer inmitten einer grauen Welt aus Schicksal und engen Grenzen wahrnahmen. So farblos, so unsagbar traurig waren ihre Augen gewesen. So hoffnungslos ihr Blick. So kraftlos ihr Ausdruck. Er hatte auch sich selbst gesehen, wie er so umherirrte und nicht wusste, wo er seine Suche beginnen sollte. Es schien ihm wie eine Ewigkeit.

Dabei war das wirkliche Zuhause nie weg gewesen. Er war stets verbunden mit all dem, was hinter dem Schleier war. Doch er hatte es nicht wahrgenommen, nicht gespürt. War zu sehr damit beschäftigt gewesen zu rennen, zu kämpfen, Dinge anzuhäufen, die ihn oberflächlich trösteten. So hatte er viele, viel zu viele Leben damit verbracht, sich nur darum zu kümmern, dass er nicht unterging. Sich nicht noch mehr zu verlieren in dem, was ihm solche Angst machte. Ja, er hatte das Bedürfnis gehabt, etwas aus sich selbst zu machen, weil er sein wahres Selbst nicht gespürt hatte. Und da waren auch immer wieder diese Möglichkeiten gewesen, um sich selbst noch etwas mehr zu betäuben. Diesen uralten Schmerz nicht mehr zu fühlen. So hatte er sich von Abhängigkeit zu Abhängigkeit weitergetragen, von Beziehung zu Beziehung vertröstet und von scheinbarer Liebe zur nächsten süßen Versuchung weiter belogen.

Innerlich war er leer gewesen. In diesem Leben, wie in den so vielen zuvor. Warum war ihm dies vorher nie wirklich aufgefallen? Konnte man so blind sein?

Als sich Jakob diese Fragen stellte, fühlte er den tiefen Schmerz in sich, durch den er die letzten Tage und Nächte gegangen war. Vielleicht wollte man noch weiterschlafen, weil es sich im Moment sicherer und angenehmer anfühlte, als durch diese bedrohliche Dunkelheit zu schreiten. Vielleicht wollte das kleine

Menschlein lieber noch etwas länger lügen, manipulieren und schönreden, damit es nicht sehen musste, was wirklich geschah und wie es mit sich selbst und anderen umging.

Jakob atmete bewusst bis tief in seine Lungen, als der Schmerz mit der Erinnerung zurückkam. Dies war das Einzige, was wirklich half: das Atmen. Der Schmerz selbst war ja schon lange da. Schön eingepackt und versteckt, oft so tief verdrängt, dass man gar nicht mehr sah, welche Verhaltensmuster daraus entstanden waren, um ihn nicht fühlen zu wollen. Das stetige Gefühl, immer etwas tun zu müssen. Das Bedürfnis nach Nähe, die dann doch schnell zu nahe wurde. Die Sehnsucht nach Bestätigung, die ihn dazu veranlasst hatte, sein Leben so auszurichten, wie es von anderen angesehen wurde. Denn ja, wenn andere dachten, dass er selbst glücklich wäre... war er es dann nicht auch? So hatte er gehandelt, so hatte er sein Leben gelebt... Unsicher, vermeidend, seinen Ängsten und Wunden folgend.

Dies alles bei sich selbst und auch bei den Menschen in seinem Umfeld zu sehen, hatte Jakob berührt. Es ging allen so. So lange, bis sie langsam aufwachten und erkannten, was sie mit sich selbst und anderen für ein Spiel spielten. Wie lange konnte man Verstecken spielen? Wie lange konnte man scheinbar vergessen?

Jakob sah die Linien seiner vergangenen Leben vor sich und wie sie sich langsam zu bewegen begannen. Wie eine Schlange kringelten sie sich zusammen, um sich kurze Zeit später wieder erneut auszustrecken. Seine vergangenen Leben waren nicht tot. Sie lebten in ihm fort und gleichzeitig auch ohne ihn. Dies erkannte Jakob, als er sah, wie Leben funktionierte. Als steter Fluss an Energie und Schwingung erschufen sich auch jetzt neue Leben aus seinen vergangenen Erfahrungen. Das klang absurd, doch so war es, wie er erkennen durfte. Nichts war so linear und einfach, wie es sich der eigene Verstand ausmalen wollte. Das Leben lebte fort. Erschuf erneut, lernte durch seine Erfahrungen im Jetzt und verband auf ungewohnte Weise Vergangenheit und Zukunft. Alles war jetzt. Alles war im hier. Mit ihm und ohne ihn. Er war Teil davon und er war auch ganz für sich. Hier. Als reines Bewusstsein, das beobachtete.

Jakob erschauerte, als er begriff, was dies bedeutete: Er war frei. Ja, er hatte schon viel Zeit hier auf der Erde verbracht und viel gesehen. Er hatte so viel erlebt und noch viel mehr gefühlt und an Traumata in sich gesammelt. Doch er war nicht seine Geschichte. Er war so viel mehr. Er war derjenige, der seine Geschichte beobachtete, der sie weiterschrieb und sogar veränderte. Indem er sie als das annahm, was sie war: eine Erfahrung. Und indem er sich in diesem einen Moment heilte, brachte er auch seine vergangenen Anteile in Frieden. Ja, er war nicht seine Geschichte. Er war frei.

Die Freiheit, die Jakob sein ganzes Leben lang an so vielen Orten und mit so vielen Menschen vergeblich gesucht hatte, lag auf einmal einfach vor ihm. Ja, er war frei, wenn er sich selbst von all dem freimachte, was sich noch als Spuren der Zeit in ihm befand. Er war nicht das, was ihm widerfahren war. Noch war er das, was er aus all den vergangenen Erfahrungen interpretiert hatte. Es war alles so einfach. Und dennoch vielschichtiger und tiefer, als er gedacht hatte. Ihm wurde schummrig. Konnte es wirklich so einfach sein? Oder war all dies nur ein weiterer Traum? Ein Traum, der ihn von all dem erlösen würde, was er schon so lange mit sich herumgetragen hatte?

Wenn er wirklich so frei war, wie er sich gerade fühlte. So unsagbar frei, mit nichts, was es noch zu tun gäbe. Mit nichts, was er verändern müsste, um sich selbst zu lieben. Was würde er denn nun tun? Gab es überhaupt noch etwas zu tun?

Warum war er dann hier? Was hatte ihn auf die Erde gerufen?

Jakob schüttelte sich und stand auf. Dies war zu viel auf einmal.

Mit Merlin an seiner Seite stieg er vorsichtig den feinen Pfad, der sich inzwischen deutlich abzeichnete, hinunter zum kleinen Bächlein. Er musste vorsichtig sein. Da er nichts außer ein paar wilde Beeren gegessen hatte, war er etwas wackelig auf den Beinen. Auch Merlin war noch nicht ganz bei seinen alten Kräften. Doch zum Glück schien er tagtäglich ein bisschen an Energie zu gewinnen und seine Verletzung schien gut zu heilen.

Das Wasser des Bergbaches war eiskalt, sodass Jakob kurz aufschrie, als er sich das kühle Nass ins Gesicht spritzte. Mit den Händen fuhr er sich über die Augen und Wangen bis zu seinem rauen Bart. Seine Nase war kalt und juckte.

Tief atmete er die frische Luft der Berge ein und ahnte, dass es nicht mehr lange dauern würde, bis hier oben der erste Schnee kam. Der Herbst war schon zum Greifen nahe.

Er würde zurückgehen müssen. Er würde essen müssen, sich waschen, umziehen, sich bei Daniel melden. Doch er wollte nicht zurück. Es gab nichts, was ihn rief, wenn er an die einsame Berghütte zurückdachte. Hier war es zwar kalt, ungemütlich und feucht. Doch er hatte hier Dinge erkannt, die aus ihm einen anderen Menschen gemacht hatten. So tief der Schmerz auch gewesen war, so frisch und frei fühlte sich das neue Sein an, das er nun ab und an in sich spürte. Würde er dies in seine alte Hütte mitnehmen können? Er wünschte es sich aus ganzem Herzen.

## 27
## Mit sich selbst

*Ruth*

Sie legte die Bandage auf das kleine Tischchen, neben den Laptop und die Agenda. Nun war es also so weit und sie konnte zeitweise bereits wieder ohne Stützung ihres Handgelenkes agieren. Ruth spürte eine Dankbarkeit in sich, die sich schwer in Worte fassen ließ.

Der Unfall vor einigen Monaten hatte sie vollkommen aus ihrem Leben gerissen. Doch inzwischen sah sie, welche Geschenke er ihr mitgebracht hatte. Sie dachte damals, sich gerade ihr Traumleben aufzubauen. Mit der neuen Ausrichtung ihrer Praxis und mit einer Beziehung zu einem wundervollen Mann.

Nun saß sie ohne beides da und fühlte sich erfüllter als je zuvor. Gerade hatte sie ein Telefongespräch mit Mara, ihrer Praxisangestellten, hinter sich und dieses Gespräch hatte ihr nochmals jegliche Bedenken genommen. Ja, Mara war die Richtige, um ihre Praxis nun alleine weiterzuführen.

Ruth war diese Entscheidung lange sehr schwergefallen. Hatte sie doch die letzten Jahre damit verbracht, sich diese Selbstständigkeit aufzubauen. Zuerst mit dem Fokus auf Ernährungsberatung und später dann mit dem Schwerpunkt auf Heilkräuter und deren Anwendung im alltäglichen Leben. Sie hatte Menschen dabei unterstützt, sich ihrer Gesundheit zu widmen und sie auf dem Weg zu mehr Lebensqualität begleitet. Dies würde nun nicht mehr so sein.

Ein Teil von Ruth spürte eine Traurigkeit, wenn sie daran dachte, die Praxis nun abzugeben. Doch das war in Ordnung so. Sie spürte nämlich auch diese feine, noch etwas zaghafte Freude, die ihr zeigte, dass sie auf ihrem Herzensweg war. Etwas loszulassen bedeutete nicht nur das, was das Auge sah, nämlich Verlust. Es bedeutete auch ein neues Geschenk. Von Zeit, von Freiheit, von neuen Möglichkeiten. Sie hatte so sehr wachsen dürfen in dieser Phase als Beraterin. Dennoch spürte sie, dass neue Schritte anstanden, die sie so noch nicht wirklich greifen konnte. War es nicht genau das, was das Leben so lebenswert machte? Sich stetig dem inneren Fluss hinzugeben – egal, was dies im Außen bedeutete?

Ruth hatte in den letzten Wochen erkannt, dass sie immer die Wahl hatte. Immer. Und egal, was sie wählte, es war ihre ganz eigene Verantwortung, ob sie sich damit entschied, in die Richtung ihrer inneren Freude und Freiheit zu gehen – oder ob sie aus Gründen der Vernunft und der alten Konditionen heraus handelte. Es lag einzig an ihr, wie sie ihr Leben tagtäglich neu ausrichtete.

Sie lächelte. Sie fühlte eine neue kindliche Entdeckerfreude in sich, die sie länger nicht mehr gespürt hatte.

Auch war sie etwas erstaunt, dass die Traurigkeit über Jakobs Verschwinden allmählich verblasste. Auch er durfte seine Wege gehen. Ob sie es verstehen konnte oder nicht, das war nicht wirklich wichtig.

Vorsichtig klappte Ruth die Agenda und den Laptop zu. Was würde nun auf sie zukommen? Wie würde sich ihr Leben ab heute entfalten?

Wahrscheinlich gar nicht so sehr anders als die letzten Wochen, die in einem Fluss an ihr vorübergezogen waren. Viele gute Gespräche, tiefe Erkenntnisse und ein Sein im Moment und in Achtsamkeit. Würde ihr je langweilig werden? Wohl kaum.

Es war irgendwie merkwürdig, eine solche Leere in sich zu spüren, weil all die bisherigen Pläne nicht mehr existierten. War dies Freiheit? Wenn man sich mutig genug ins Unbekannte stürzte? Dabei fühlte sich Ruth gar nicht wirklich mutig. Viel eher empfand sie ein neues Vertrauen in sich selbst und in das Leben, welches ihr ermöglichte, diesen Weg einzuschlagen. Ja, sie hatte durch die Zeit mit Delia erkannt, wie sehr sie das Leben bisher von sich gewiesen hatte. Wie sehr sie es kontrolliert und manipuliert hatte. Nur um gewisse Ängste und Empfindungen nicht zu fühlen. Um nicht zu tief über Dinge nachdenken zu müssen. Um nicht zu tief zu graben. Es war ja so viel einfacher und sicherer, wenn man das Leben selbst in Boxen packte. So, wie man dachte, dass das Leben zu sein hat.

Doch wie wollte das kleine Menschlein wissen, warum seine Seele hier auf Erden war? Dies hatte ihr Delia bereits von Beginn an zu erklären versucht. Erst vor Kurzem hatte es Ruth wirklich verstanden: Erst indem man dem Leben wieder seinen wahren Raum und seine ehrliche Tiefe zugestand, konnte man nach und nach die Antworten auf die großen Fragen des Seins in sich selbst erkennen. Umgekehrt ging das nicht. Man konnte nicht in seinem scheinbar sicheren Hafen sitzen bleiben und gleichzeitig davon ausgehen, dass man die wahrlich grenzenlosen Hintergründe seines menschlichen Daseins auf dem Tablett serviert bekam, um sie später in einen handfesten und kontrollierbaren Plan umzuformen. Man musste tauchen. Mutig und mit großem Vertrauen im Herzen. Und mit dem Wissen, dass einen das Leben nie im Stich lassen würde.

Ruth spürte sehr deutlich, wie sie ihr altes und bekanntes Ich hinter sich ließ, um Raum zu schaffen für das Wesen, das wahrlich in ihr steckte. Dieses Sein brauchte dann keine Definitionen und Labels mehr. Noch war dies nicht immer ganz so einfach, weil ein Teil von ihr das Planen immer geliebt hatte. Doch sie wusste auch, dass diese Fähigkeit immer mal wieder zum Vorschein würde kommen können. Alles hatte seinen Platz und seine Berechtigung.

Doch nun war sie erst einmal alleine. Mit sich selbst und einem Leben, das so ganz auf den Kopf gestellt schien. Was sollte sie nun damit machen?

Nun... es gab keinen richtigen Weg. Auch dies war etwas, was sie in den letzten Wochen gelernt hatte loszulassen. Es würde kein Tag kommen, an dem sie ,endlich' ihre Berufung oder ihren Platz finden würde. Dies war lediglich ein Wunsch des Inneren, der sich wie so manches im Außen verloren hatte. Sie lebte bereits ihre Berufung, indem sie der Stimme ihrer Seele folgte.

Ja, genau deshalb war sie hier: Um zu erkennen, um zu leben, um zu genießen und zu erfahren, wie es war, das Lichtwesen in den menschlichen Körper einzuladen. Sie war hier, um den großen Wandel mitzuerleben und im eigenen Körper zu manifestieren. Sie war hier, um endlich so vieles in ihr zu heilen, indem sie sich selbst vollkommen lieben lernte. Und sie war inkarniert, um das Leben und ihre eigene Existenz in ihrer wahren Größe zu realisieren.

Das war ihre Berufung. Alles andere waren Boxen, Kisten, Pläne, die sie nicht mehr brauchte, weil ihr Weg ein steter Fluss verschiedener Tätigkeiten und Empfindungen sein durfte. Oder warum sollte sie sich auf etwas festlegen wollen, wenn das Leben doch pures Sein in jedem einzelnen Moment bedeutete? Sie brauchte diese Sicherheit von engen Erwartungen nicht mehr. Sie vertraute sich selbst und den Energien um sich, dass sie jederzeit gehalten und getragen wurde.

Sie schaute sich in ihrem kleinen Büro um. Eigentlich brauchte sie all dies nicht mehr. Das waren Dinge, die sie nur in ihrem alten Sein der kontinuierlichen Planung und der durchstrukturierten Tage halten würden. Doch sie war bereit für ein Leben in Fülle. Ein Leben mit Fülle an Vertrauen, Zeit und Raum für Entfaltung.

Ruth stand auf und begann, die alten Ordner ihrer Ausbildung und der Praxis aus den Regalen zu räumen. Auch die Abrechnungsbücher, alten Terminplaner und die fein säuberlich angesammelten Kundenrückmeldungen landeten auf dem Haufen. Diverse Bücher, Akten und Dokumente folgten. Sie staunte, wie viel man anhäufen konnte, wenn man sich das Leben in Kisten zurechtpackte.

Auf einmal fand sie zwischen zwei vergilbten Jahresheften einen alten, dünnen Ordner mit Kinderzeichnungen. Sie lachte leise auf, als sie den vergilbten Karton aufschlug und ihr die erste, bunte Zeichnung entgegenstrahlte. Was für eine farbige Welt sie damals als Kind erlebt hatte. Wie viele Abenteuer, wie viel Neugier. Ja! Genau dies war es, was sie wieder in ihr jetziges Leben einladen wollte: die vielen Wunder, die vielen Geschenke des freudigen Entdeckens, die Gelassenheit eines Kindes, das wusste, dass es gehalten und geliebt wurde.

Ruth schmunzelte und blätterte die Seiten um. Da waren Bilder von Tieren, von gebauten Tuchhütten und einer selbst erfundenen Geschichte als Piratin auf hoher See. Wie sehr sie Abenteuer geliebt hatte! Wo war diese Ruth in den letzten Jahren hingekommen? Wer war diese graue, vernünftige Person gewesen, zu der sie sich entwickelt hatte? War es das, was mit einem geschah, wenn man sich aus Angst kleinmachte und die Tore zur Farbenwelt des Lebens verschloss?

Ruth erkannte auch, dass keine der Zeichnungen irgendwelche Zukunftswünsche beinhalteten. Da war kein Bild einer eigenen Familie. Lediglich das ihrer eigenen Eltern. War es das, was das Leben eines Kindes so viel leichter machte? Dass es sich die Zukunft nicht ausdachte und meinte, etwas haben oder erreichen zu müssen, um etwas zu sein?

Sie klappte den kleinen Ordner zu und legte ihn zusammen mit wenigen anderen Dingen, die sie behalten wollte, auf das hölzerne Gestell. Nun war dieses fast leer. So wie ihr Blick in die Zukunft auch. Was sollte nur aus ihr werden?

Wobei... sie war ja schon. Nichts musste verändert oder verbessert werden. Ruth lächelte. So viele alte Muster waren noch aktiv, dass es manchmal schwierig war, sich gänzlich auf das Neue zu konzentrieren. Dabei war es eigentlich so simpel... und dennoch immer wieder eine Herausforderung, weil sie es sich angewöhnt hatte, alles zu erdenken.

„Ich bin frei", murmelte sie und ihr Lachen wurde noch etwas breiter. Ja, das war sie und sie spürte es langsam in jeder Zelle. Diese neue Weite, dieser neue Raum, der sie dazu einlud, ihre antrainierte Maske abzulegen und endlich einzutauchen in ein Leben jenseits des gängigen Graus. Einzutauchen in ein Meer aus Farben, Möglichkeiten und Freude.

Langsam umrundete sie den Haufen, der sich auf dem Fußboden gebildet hatte. Wieso fühlte es sich so komisch an, dass ihr diese Dinge auf einmal gar nicht mehr viel bedeuteten? Hatte sie nicht ihr ganzes Leben auf genau solchen Sachen aufgebaut? Für wen waren sie denn bedeutsam gewesen? Konnte einen das Erdenken seines Weges so sehr von sich selbst entfernen?

Ruth war sich bewusst, dass auch dieses Zurückkehren ein Weg war. Sie hatte ja schon selbst erlebt, dass es sich nicht von heute auf morgen erledigte. Darum ging es nicht mehr. Ums Erledigen. Nein, es ging um ein freudiges Entdecken ihrer selbst. Schon vor mehr als einem Jahr hatte sie damit begonnen und war lediglich erstaunt darüber, wie viele Schichten sich ständig zeigten, um immer wieder aufs Neue von ihr abgetragen zu werden. Schicht um Schicht ging es tiefer, bis sie nur noch mit sich selbst dastand. Nackt, verletzlich, pur.

Noch war sie nicht an diesem Punkt angelangt, das spürte Ruth sehr genau. Noch waren die äußeren Schichten an der Reihe. Ihre Arbeit, ihre Vorstellungen von Beziehung und ihrer Zukunft. Noch ging es um diese alten Bilder, die sie in sich trug, wie ein Leben zu sein hatte. Wie ein Leben zu leben war. Doch es würde noch tiefer gehen. Viel tiefer. Und jedes Mal würde sie erneut erstaunt sein, was sie in sich entdecken würde. Dann, wenn sie ganz alleine mit sich selbst war und zuließ, dass das Leben sich ihrer annahm und ihr zeigte, was unter all den Lagen an Staub und Kram verborgen war.

Ja, sie würde nicht müde werden, diesen Weg zu gehen. Weil er sie zu sich selbst brachte. Und Ruth wusste auch, dass dies wohl das größte Geschenk war, welches sie sich selbst schenken konnte. Sich selbst.

## 28
## Lebendiges Leben

*Liliane*

Liliane wuschelte sich zum wohl zwanzigsten Mal durch ihre frisch frisierten Haare. Sie konnte es kaum glauben. Hatte sie es wirklich getan? Ihr Grinsen hätte wohl nicht seliger sein können. Sie fühlte sich so frisch, so jung, so lebendig.

Doch eine feine Nervosität kam hinzu, als sie durch das hölzerne Gartentor schritt und sich auf den Weg hinters Haus machte. Sie hatte die Stimmen von Ruth und Delia gehört und nahm an, dass sie die beiden wieder einmal im Grünen finden würde. Wobei, so grün war es eigentlich gar nicht mehr. Erste gelbe und rote Blätter zierten die Laubbäume und das hohe Gras stand braun und golden in der nicht mehr ganz so prallen Sonne. Auch heute lag ein feiner Wolkenschleier über dem Himmelskörper, sodass die Temperaturen ganz angenehm waren.

Kaum war sie um die Ecke des Hauses gebogen, sah sie die beiden Frauen in der Wiese neben dem Garten-häuschen sitzen. Delia lag auf dem Rücken und hatte das Gesicht in die Sonne gestreckt, Ruth lehnte sich gegen das Holz der Fassade. Sie sahen so entspannt aus. Über was sie wohl gerade sprachen? Liliane legte den Kopf leicht schief und betrachtete ihre Tochter. Sie hatte sich so sehr gewandelt die letzten Monate. Seit Delia bei ihnen und der große Wandel Teil ihres Lebens war, staunte sie immer wieder aufs Neue, wie Ruth Phasen der Metamorphose durchmachte. Da gab es die Tage oder Wochen, wo man ihr anmerkte, wie schwierig es gerade war. Wie herausfordernd und oft auch einfach mit vielen Tränen und Wut verbunden. Doch da waren auch die Tage wie heute, an denen Liliane immer mehr das Strahlen, welches sie anfänglich ausschließlich bei Delia wahrgenommen hatte, auch bei ihrer Tochter sah. Noch war es meistens fein und unaufdringlich. Doch es war da und es wuchs mit jeder neuen Phase des Wandels. Ob ihre Tochter wohl das Gleiche über sie sagen würde?

Gerade als Liliane diesen Gedanken in sich spürte, hob sich der Blick von Ruth und traf den ihren. Das Gespräch brach ab und sie erkannte Unglauben in den Augen ihrer Tochter. Ein Staunen, das sich bald darauf in liebevolles Verständnis wandelte.

„Ich glaub's ja nicht", rief ihre Tochter aus und stand auf, gefolgt von Delia, die sich etwas im Hintergrund hielt. „Hast du das wirklich getan?", mit gespieltem Entsetzen griff Ruth in die lila gefärbten Haare von Liliane und grinste ihre Mutter an, „du bist verrückt, Mama!"

Der Blick ihrer Tochter glitt an ihr herab, blieb an den türkisenen Ohrringen hängen und ging weiter über ihre gelbe Bluse und zum geblümten Rock. Dann schüttelte sie den Kopf und lachte: „Das gefällt mir! Du warst schon immer kunterbunt in deinem künstlerischen Wirken. Doch dein Erscheinungsbild hast du bisher nie miteinbezogen."

„Es hat sich viel bei mir getan die letzten Tage", murmelte Liliane und gab Ruth mit einem bedeutsamen Blick zu verstehen, dass sie ihr etwas Wichtiges sagen wollte. Die beiden jüngeren Frauen setzten sich erneut ins Gras, wobei Liliane die Stufen der kleinen Gartenhütte vorzog.

„Ich habe beschlossen, endlich auch das im Außen zu leben, was ich in meinem Inneren fühle", begann Liliane und versuchte die Erkenntnisse der letzten Tage in Worte zu fassen. „Durch die vielen wundervollen Gespräche, die wir alle drei das letzte Jahr hindurch hatten, ist mir so vieles schon bewusst. So vieles war mir klar und dennoch habe ich nicht wirklich danach gelebt. Ich tat dennoch meist das, was ich all die Jahre zuvor schon gemacht hatte. Einfach weil dies so viel einfacher schien und ich keine Ahnung hatte, was mir denn in Wahrheit entsprechen würde. Klar, das Malen hatte ich wieder aufgenommen, doch war dies auf die Zeit im Atelier beschränkt. Das wurde mir klar, als ich Lotta wiedertraf."

Sie machte eine kurze Pause und versuchte, ihre Gedanken zu ordnen.

„Ich hätte nicht gedacht, dass ich noch einmal einen solchen Wandel durchleben würde. Doch es fühlt sich so natürlich an, so frisch und lebendig. Durch Lotta habe ich wieder begonnen zu leben! Auch wenn sie nichts Besonderes gesagt hatte – aber sie inspiriert mich, weil wir beide wohl auf die gleiche Weise etwas verrückt sind." Sie kicherte.

„Lilly, Lotta und die wilden Siebziger", lachte Ruth und fügte liebevoll hinzu, „ich finde das wunderbar!"

„Ja, wir sind nicht mehr die Jüngsten... doch das spielt absolut keine Rolle mehr." Liliane blickte hinüber zu Delia: „Ich habe gestern einen Anruf bekommen, dass meine gute Freundin Hannah gestorben ist. Das hat mich darin bestärkt, meinen eigenen Weg nun fast schon radikal zu gehen."

„Radikal oder einfach aus echter Liebe zu dir", antwortete Delia lächelnd.

„Ja, so fühlt es sich an. Auch wenn mir noch nicht alles so einfach fällt. Meistens ist es Lotta, die mich darauf aufmerksam macht, dass ich immer und immer wieder mich selbst wählen darf. So liefen wir gestern durch den Blumenmarkt und ich meinte seufzend, dass ich jetzt gerne einen Schokomuffin hätte. Ich dachte mir nicht viel dabei. Doch Lotta meinte nur: ‚Also los!'" Liliane lachte und hielt inne, um sich diese Szene erneut vor Augen zu führen: „Es war so simpel. Doch ich wäre wohl einfach weitergegangen und hätte es aus meinen Gedanken geschoben. Kurz darauf kam der Anruf bezüglich Hannah. Da habe ich beschlossen, mir ab jetzt jeden Tag so viele Schokomuffins zu gönnen, wie ich mir wünsche. Wenn ich mich wirklich liebe, dann erlaube ich mir, das Leben in vollen Zügen zu genießen."

Sie blickte hinüber zu Delia und sah, wie die junge Frau strahlte und sie liebevoll anblickte.

„Was für wundervolle Erkenntnisse du hattest", meinte die junge Frau dann, „der Tod kann ein wahrlicher

Heiler sein, wenn wir auch ihn in unserem Leben erlauben."

„Ich habe gespürt, wie die Energie des Todes mir aufgezeigt hat, wie oft ich einfach ausharre, warte, hoffe oder Dinge von mir weise, weil ich immer noch der Angst glaube", antwortete Liliane nachdenklich.

Delia nickte: „Die Essenz des Todes kann dir helfen, Dinge loszulassen, dich zu reinigen, zu klären und kann dir ganz viel Raum geben, das Neue einzuladen. Zu sterben heißt immer auch, neues Leben zu ermöglichen. Man braucht deshalb nicht den Körper zu wechseln."

Nun meldete sich auch Ruth zu Wort: „Ich glaube, diese Energie ist bei mir gerade auch sehr präsent."

„Der Tod ist überall", nickte Delia, „seine Energie ist so eng mit dem Leben verknüpft, dass wir nicht das eine ohne das andere haben können. Sobald du also das Leben wählst, bekommst du auch den Tod mit. Viele haben nur vergessen, wie wertvoll seine ganz eigene Essenz ist."

Für eine ganze Weile war es still und die drei Frauen gingen ihren eigenen Gedanken nach, bis sich Liliane räusperte und sagte: „Ich werde zu Lotta in die Stadt ziehen."

„Du wirst was?", krächzte Ruth nach ein paar Sekunden der Schreckensstarre.

„Lotta hat mir angeboten, bei ihr zu wohnen, als ich ihr gesagt habe, wie glücklich ich mit ihr bin."

Als sie keine Antwort bekam, fuhr sie fort: „Ich habe nichts zu verlieren, mein Schatz. Außer dem Leben, das ich bisher kannte. Doch in mir hat schon immer auch eine kleine Abenteurerin gesteckt, die ich endlich kennenlernen durfte. Mit Lotta kann ich all meine Kreativität frei fließen lassen und Dinge tun, von denen ich all die Jahre nur geträumt habe. Und ich glaube, ich liebe sie."

„Oh, wie schön!", rief Delia strahlend und legte gleichzeitig ihren Arm sachte um Ruth, die mit jedem Wort ein bisschen kleiner zu werden schien. „Was für eine mutige Entscheidung. Ich spüre ganz deutlich, wie viel Klarheit du in den letzten Tagen über dich selbst gewonnen hast. Es ist eine Entscheidung deines Herzens."

Liliane nickte und blickte etwas betreten zu ihrer Tochter, die schweigend ins Gras starrte.

„Es tut mir leid", murmelte sie dann und rückte in die Nähe von Ruth.

Diese hob den Kopf und blickte in die Augen ihrer Mutter. Liliane konnte fast körperlich spüren, wie viele Gefühle gerade in ihr tobten.

„Das braucht es nicht, Mama. Es ist alles gut. Ich brauche nur etwas Zeit, um diese Neuigkeit zu verdauen. Es ging alles so schnell... und mein Leben scheint gerade nur noch auseinanderzufallen. Nichts ist mehr so, wie es einmal war. Nur noch ein großes Durcheinander."

„Das Leben hat sein ganz eigenes Tempo", murmelte Delia und strich Ruth eine Haarsträhne hinters Ohr.

„Ja, ich weiß, dass ich die Kontrolle über mein Leben loslassen muss, um wieder in den Fluss zu kommen. Und ich glaube, dass ich dies bisher ganz gut hinbekommen habe – gerade auch durch den Unfall", Ruth lachte trocken, „doch muss dies bedeuten, dass man alles, was einem bisher Sicherheit gab, hinter sich lassen muss?"

Liliane spürte, wie sich altbekannte Schuldgefühle in ihr meldeten. Doch Delia antwortete ohne zu zögern:

„Ja. Es wird auf diesem Weg alles von dir eingefordert. Alles, was dich davon abhält, zu deinem wahren Selbst zu finden. Das ist ganz schön hart, doch letztendlich ein Geschenk. Auch wenn es sich in gewissen Momenten wie das Gegenteil anfühlen mag."

An Liliane gewandt fügte sie hinzu: „Deine Klarheit für deinen Weg dient auch deinen Mitmenschen. Es liegt nicht an uns, für andere zu entscheiden, was sie wachsen lässt. Doch wenn du für dich selbst ein JA findest, dann ist dies immer auch ein Dienst am Gegenüber. Es gibt keine Fehler, die du machen kannst."

Es raschelte im nahestehenden Gebüsch und das Rehkitz kämpfte sich durch den grünen Blätter-Dschungel hin zu Delia. Es war beträchtlich gewachsen in den vergangenen Wochen und gewann täglich an Selbstständigkeit und Mut zu eigenen Abenteuern.

„Lukas wird sie bald abholen", murmelte Delia und streichelte die feine Gestalt des Tieres. „Doch gerade solche Veränderungen, diese Vergänglichkeit in solch wundervollen Verbindungen, lässt uns die Geschenke dahinter viel leichter erkennen. Ein lebendiges Leben ist stets im Vertrauen in den Fluss des Seins. Wir sind stets verbunden mit dem großen Ganzen."

Liliane blinzelte und fuhr sich ohne nachzudenken durch die lila Haare. Ein Lächeln zeigte sich auf ihren Lippen, als sie an das dachte, was auf sie zukommen würde. Ja, es war etwas verrückt. Ziemlich verrückt sogar. Doch gleichzeitig war es auch einfach an der Zeit, endlich frei und furchtlos zu leben. Glücklich zu leben.

Sie hätte ja nie gedacht, dass sie einmal diesen Weg

einschlagen würde. Dass sie jemand anderen lieben könnte als Ben. Und dazu noch eine Frau. Doch sie war an einem Punkt in ihrem Leben angelangt, an dem sie keine Lust mehr verspürte, sich selbst etwas vorzumachen. Sie war nun hier, um zu leben. Lebendig zu leben. Egal, was dies im Außen bedeuten würde. Sie war bereit.

29
*Innere Wüste*

*Ruth*

Die Augen geschlossen, atmete Ruth bewusst ganz tief in ihren Körper. Sie war innerlich so leer und gleichzeitig so aufgewühlt. Vor gut einer halben Stunde hatte sich ihre Mutter zurück ins Haus begeben. Sie wollte bereits erste Dinge zu Lotta in die Stadt bringen, da sie schon die kommenden Tage bei ihr verbringen würde. Warum war alles so schnell gegangen? Warum kam alles so plötzlich aus dem Nichts?

Nun saß sie hier im Garten und wusste nicht, wie ihr geschah. Delia saß neben ihr und hatte mit ihr zusammen die ganze Zeit geschwiegen und gefühlt. Die Ruhe und Gelassenheit, die sie ausstrahlte, trösteten Ruth. Auch das Schweigen tat gut. Es gab ihr den Raum, die Dinge in sich zu sortieren, wobei sie dennoch spürte, dass sie längst nicht alles verstehen konnte. Und da war auch dieser innere Widerstand gegen das, was gerade vor ihren Augen mit ihrem Leben geschah.

„Nichts ist in Ordnung!", hörte sie ihre eigenen Gedanken und Ruth schüttelte genervt den Kopf. Es ängstigte sie, wenn sie nicht fassen konnte, was in ihrem Inneren geschah.

„Halte es nicht fest", hörte sie die Stimme von Delia, als käme sie von weit her. Sie war so sehr in ihre Gedanken abgetaucht. „Du wirst es nicht auf diesem Weg verstehen können."

„Warum denn nicht? Ich möchte es verstehen!"

„Das wirst du auch. Aber nicht, indem du alles in deinen Gedanken auseinandernimmst. Das stoppt lediglich den Fluss des Erkennens, der ganz natürlich zu dir kommen möchte."

„Vielleicht möchte ich es dennoch gar nicht verstehen, weil es dann so endgültig ist", meinte Ruth nachdenklich und spürte, wie ein Teil von ihr bereits etwas loslassen konnte.

Delia lachte leise: „Du wehrst dich auf alle möglichen Arten. Doch das ist in Ordnung. Du darfst auch dies annehmen."

„Vor ein paar Tagen fühlte ich mich noch unsagbar gut. Doch jetzt habe ich einfach den Eindruck, als würde mir den Boden unter den Füßen weggezogen. Da ist meine Arbeit, die ich übergeben habe, um mehr Raum für meinen inneren Weg zu bekommen. Da ist Jakob, der gegangen ist und nun auch noch meine Mama. Nichts ist mehr so, wie es einmal war. Das macht mir Angst! Was soll ich in diesem großen Haus alleine machen?"

„Vielleicht dient dir das Leben gerade dadurch, dass es dich mit deiner größten Angst und deinen Urwunden konfrontiert?"

„Ich war schon all die letzten Jahre alleine. Das macht keinen Sinn", antwortete Ruth.

Delia schüttelte leicht den Kopf: „Was du im Außen siehst, zeigt nicht, was im Inneren wirklich abgeht. Du kannst jahrelang alleine sein und dich dennoch nie einsam fühlen, weil du mit dir selbst in liebevoller Verbindung bist. Gleichzeitig kannst du eine Familie und viele Freunde haben und fühlst dich dennoch immer innerlich leer. Die Frage ist nicht, wie die Umstände sind, sondern was du daraus machst. Wie du mit dir selbst unterwegs bist. Nimm es als Chance, jetzt diese Leere und all die anderen Empfindungen in dir zu fühlen."

Ruth spürte wieder diese innere Wand, die sich gegen das schob, was sie in sich spürte. Sie mochte diese Ungewissheit gerade gar nicht. Sie fühlte sich so alleine gelassen. So ohne Halt.

„Vielleicht wird meine Mutter diesen Schritt bereuen. Das geht jetzt einfach auch viel zu schnell."

„Sie folgt ihrem Herzen, meine Liebe. Da sind keine Zeit und kein richtiges Tempo vorhanden. Vielleicht fühlt sie sich nun zum ersten Mal so richtig lebendig. So richtig frei. Das kann Angst machen, wenn jemand so unterwegs ist. Weil wir es gewohnt sind, an allem und jedem zu zweifeln. Weil wir immer alles zuerst hundert Mal abwägen, bevor wir etwas unternehmen. Deine Mama handelt gerade ganz anders. Sehr intuitiv und einfach dem Gefühl der Freude folgend."

„Ja", Ruth seufzte laut, „nur weiß ich nie, was meine nächsten Schritte sind. Ich würde es doch auch tun, wenn ich es wüsste..."

„Würdest du das wirklich?", fragte Delia und sah Ruth ruhig in die Augen.

Ruth hielt inne und runzelte nachdenklich die Stirn. Sie wartete, bis Delia weitererzählte.

„Deine Mama hat tief drinnen erkannt, dass es nichts Wertvolleres gibt, als das Leben mit all seinen Facetten zu leben. Dass es nicht darum geht, das Richtige zu tun oder den wahren Weg zu finden. Sie hat dieses Gefühl der Lebendigkeit entdeckt und geht nun bewusst den Weg in die Tiefen der Empfindungen. Sie war schon immer eine Künstlerin im Herzen. Nun wird sie zu einer Lebenskünstlerin. Weil sie die Energien durch sich fließen lässt. Ohne Angst. Weil sie ihr Innerstes ausdrückt und das tut, was ihr Herz zu ihr singt. Sie lässt sich nicht mehr aufhalten und hört nicht mehr auf die alte Stimme der Vernunft. Du könntest sagen, sie sucht nicht mehr. Sie lebt. Ganz bewusst und achtsam. Das ist ein großer Unterschied."

„Und ich suche noch", flüsterte Ruth in die Stille.

„Das ist nichts Verwerfliches. Doch du suchst, weil du tief in dir glaubst, dass etwas in dir nicht richtig ist. Dass etwas anders sein müsste. Dass du noch nicht an dem Ort bist, an dem du hingehörst. Das ist es, was dich unruhig werden lässt. Dabei bist du immer gut so, wie du bist, weil alles da sein darf."

„Ich bin also nur auf der Suche, solange ich etwas ablehne?"

„Auf eine gewisse Weise schon. Vollste Annahme von dem, was ist, lässt dich ruhig werden und im Moment ankommen. Es öffnet den Raum für Vertrauen in das Leben selbst. In diesem Zustand fließen die Energien wieder und können dir auf allen Ebenen dienen. Es ist nicht so, dass dann keine Wandlung mehr passiert. Aber sie geschieht aus einer inneren Haltung des Erlaubens heraus. Du selbst bewegst dich nicht mehr auf die Zukunft zu. Die Zukunft kommt zu dir. Du bist das Zentrum und lässt geschehen, dass sich die Zeit und die Dinge durch dich hindurch begeben. Du bist dann ein ausstrahlender Magnet von hellem Bewusstsein."

„Aber warum fühle ich mich im Moment einfach nur unfähig und allein gelassen? Ich verstehe nicht, wie ich die letzten Tage alles noch so positiv wahrnehmen konnte und nun nur noch einen Scherbenhaufen sehe." Ruth stützte ihren Kopf auf beide Hände.

„Manchmal braucht es nicht viel im Außen, um uns mit einer neuen Schicht, die geheilt werden möchte, zu konfrontieren", antwortete Delia und strich mit ihren Händen über das feine Gras. „Diese innere Unruhe bedeutet immer, dass du erneut die Möglichkeit bekommst, Dinge in dir anzuschauen. Du sprichst von den Gefühlen des Alleinseins, vom Versagen und von Zweifeln an dir selbst. Dies hat mit den Urwunden zu tun. Du begegnest ihnen nun nochmals auf einer tieferen Ebene, damit du erneut fühlen kannst. Nur deine Bewertung der Situation, dass sie anders sein müsste, gibt dir nun auch das Gefühl, dass du unfähig wärst. In Wahrheit ist alles gut, wie es ist. Auch dann, wenn Dinge hochkommen."

„Oh. Das hat wieder damit zu tun, dass ich nie zufrieden bin mit mir", meinte Ruth und schüttelte leicht lächelnd den Kopf. „Ich komme mir manchmal so kompliziert vor, weil ich immer wieder in diese alten Muster falle und dabei ein riesen Durcheinander in meinem Kopf anstelle. Dabei ist die Leichtigkeit nur eine Entscheidung weit entfernt. Manchmal wirkt es aber wie ein Berg an Arbeit."

„Ja, weil du zu einem gewissen Teil auch Angst davor hast, ohne dein Gedankenkarussell zu sein. Es hat dir bisher in deinem Leben gedient. Sei es, weil es dich beschäftigt hat. Weil es dir einen gewissen Sinn gab oder dich glauben ließ, dass du das Richtige tust. Es kann sich auch fast schon nach einer Art Sicherheit anfühlen."

„Hmm... ich beginne zu verstehen. Und ich glaube, dass ich wirklich etwas Angst habe, diese große weiße Leere in mir zuzulassen, ohne dass ich etwas habe, woran ich mich halten kann."

„Du hast immer noch dich, meine Liebe. Deine Essenz und deine Seele, die immer da sind, wenn du ruhig wirst und fühlst."

Als Delia aufstand und sich mit einem Lächeln zu Ruth umdrehte, gab diese mit einem Nicken zu verstehen, dass sie noch eine Weile im Garten bleiben würde. Diese Ruhe der Natur tat ihr gerade gut.

Wer wäre ich, wenn ich einfach frei leben würde, ohne die einengenden Gedanken, die Zweifel und Abwägungen, warum ich etwas tun soll oder nicht? Wer wäre ich ohne meine Geschichte, die sich immer wieder zeigt? Sie ließ diese Fragen auf sich wirken und fühlte in die immer noch sehr präsente Leere in sich.

Es fühlte sich fast so an wie ein Wüste. Ein kahler Ort, an dem man sich am liebsten nicht allzu lange aufhielt und der dennoch eine ganz spezielle Schönheit besaß.

Kann ich wirklich einfach alles hinter mir lassen? Alle Zweifel einfach loslassen und losgehen? Steure ich so nicht direkt ins Verderben hinein, weil ich nicht aufpasse? Da war sie wieder, diese Angst vor dem, was geschehen könnte. Sie begleitete sie schon ein Leben lang. Doch war sie wirklich gerechtfertigt? Oder ließ sie sich die ganze Zeit von etwas bremsen, was nur in ihrem Kopf stattfand? Wer war sie ohne Angst?

Ruth atmete. Versuchte diese Wüste in sich anzunehmen. Es war so vieles, was sich gerade in ihrem Leben veränderte. Wo war die Abenteurerin in ihr, die Freude daran fand? Oder warum empfand sie all die Änderungen als zu schnell?

Sie atmete noch tiefer. Bewusster. Sie durfte diese Angst fühlen. Das war in Ordnung. Aber sie wollte sich nicht mehr davon aufhalten lassen. Nur... was würde sie dann tun? Gerade gab es nichts, was zu ihr sang, wie Delia immer meinte. Was wollte von ihr gelebt werden? Sie wusste es nicht.

Vielleicht gerade diese Leere? Wollte diese Leere von ihr gelebt werden? Doch wie tat man dies? Ruth schüttelte sich, als sie sich dabei ertappte, wie sie erneut versuchte, Dinge zu definieren, wo das gar nicht nötig war. Sie musste nicht wissen, wie sich etwas gestaltete. Sie durfte ihrer Intuition vertrauen. Warum nur fühlte sie sich immer so kompliziert an, wenn sie sah, wie andere scheinbar mühelos mit solchen Phasen umgingen?

Sie stand auf. Es reichte nicht mehr, nur zu atmen. Sie musste sich etwas bewegen. Starken Schrittes lief sie los in Richtung Wald. Sie war erstaunt, wie wenig sie inzwischen noch vom Unfall spürte. Es war fast so, als hätte es ihn nie gegeben. Und dennoch spürte sie nun jeden Tag seine Auswirkungen. Seine Veränderungen und Geschenke. Auch er hatte diese Wüste in ihr hervorgebracht.

„Warum bist du da, liebe Wüste?", murmelte sie leise in die kühle Waldluft, „magst du mir erzählen, was du mit mir vorhast?"

## 30
### Ferne Seele
*Amin*

Das letzte Brett war angebracht, keine Nägel waren mehr übrig. Amin saß hoch oben auf dem fertiggestellten Dach des Baumhauses und blickte sich um. Er hatte das Flachdach der Hütte bewusst begehbar gemacht, indem er eine zweite Leiter angebracht hatte. Nun konnte er weit über die Umgebung blicken. Er sah den Mandalagarten mit seinen runden und eckigen Beeten, die große Eiche, das Birkenwäldchen mit seinem Teich und die beiden Häuser des Ringelblumenweges. Auf der anderen Seite blickte er in die hohen Baumspitzen des nahen Waldes. Da die Buche, auf der das Baumhaus stand, doch eine beträchtliche Größe hatte, fühlte er sich den Baumwipfeln nun ganz nah.

Amin setzte sich hin, sodass er direkten Blick auf den darunterliegenden Garten hatte. Er betrachtete den riesigen Kreis, den der Mandalagarten einnahm. Es sah gigantisch aus mit all den Sträuchern, Torbögen und kleinen Bäumen. Einige Pflanzen hatten bereits bunte Blätter und gleichzeitig waren hie und da immer noch einige Spätblüher zu erkennen. Eine bunte Mischung aus allem.

Auch die Anordnung der Beete und Wege konnte er von hier oben überblicken. So wundervoll es sich auch anfühlte, durch diesen kleinen Dschungel aus kleinen Wegen mit teils überdachten Palisaden oder unerwarteten Bögen zu wandern, so gigantisch sah es von hier oben aus, wenn man das ganze Muster erkennen konnte.

Sein Blick blieb bei einem Apfelbaum hängen, unter dessen Krone sich etwas bewegte. Amin kniff seine Augen zusammen und erkannte, dass es Ruth war, die sich in das bereits mit einigen Blättern übersäte Gras gelegt hatte. Ein Lächeln zeigte sich auf den Lippen des jungen Mannes. Ruth war eine Frau, die er mit einer großen Achtung betrachtete. Auch sie war weite Wege gegangen und noch immer konnte man ihr ansehen, wie schwer diese menschliche Reise sein konnte. Zwar kam sie hin und wieder an ihre Grenzen, zauderte, zweifelte oder kämpfte, ohne es zu merken gegen sich selbst – doch sie ging immer weiter. Sie war eine so mutige Frau.

Amin wusste, dass sie sich selbst nicht wirklich so sah. Doch genau dies machte sie noch viel schöner. Sie verkörperte für ihn fast schon seinen ganz eigenen Weg, den er gehen durfte. Die Wüste, diese Einöde – wie gut er dies kannte.

Er hätte ihr so vieles sagen können über das, was nun in ihr geschah. Warum diese Wüste zu ihr gefunden hatte.

Amin kannte viele Geschichten, die von dieser Wüste erzählten. Die beschrieben, wie es war, wenn man seine Passion verlor und sich in einer gefühlten Leere mit sich selbst befand. All dies fand parallel mit den Besuchen des Drachen statt. Mit der Feuerkraft, die alles brennen und vergehen ließ, was nicht zu einem gehörte. Er hinterließ Asche. Oft auch ein Bild der Zerstörung. Ein Nichts. Und die Wüste wuchs. Mit jedem Besuch des Drachen etwas mehr.

Nicht jeder nannte diese Phase des Wandels Wüste. Nicht jeder empfand die Kraft der großen Reinigung als Drachen. Doch Amin sah und fühlte in Bildern. Er hörte Geschichten. Er roch den Rauch und spürte die Kraft des gigantischen Tieres.

Es waren Möglichkeiten, diesen ganzen Vorgang in sich selbst zu verstehen. Es war nichts ‚falsch' mit einem, wenn man plötzlich sein Leben, wie man es bis jetzt gelebt hatte, nicht mehr mochte und infrage stellte. Es war nichts Komisches dabei, wenn man erkannte, dass man sein wahres Ich nie kennengelernt hatte. Dass man sich nach so viel ‚mehr' sehnte. Dass man in sich eine Stimme wahrnahm, die einen hinaus ins Leben und gleichzeitig in sein tiefstes Innerstes zog. Es erging vielen so, die langsam aufwachten und sich erinnerten.


Bei seiner Nachbarin Ruth konnte Amin besonders eindrücklich beobachten, wie diese Reinigung vor sich ging. Es war so natürlich. Doch er wusste auch, dass es für sie selbst anders wirken konnte wie für ihn, der diese Schritte schon kannte.

„Es wird Raum gemacht für deine Seele", murmelte er und erinnerte sich an seine eigenen Tage in der Wüste. Ja, es war schwierig, sich inmitten dieser empfundenen Haltlosigkeit nicht zu ängstigen. Zuzusehen, wie die bisher sicherheitsspendenden Gegebenheiten aus dem Leben verschwanden, weil es Zeit war, sich auf den radikalsten und reinsten Kern in sich selbst zu fokussieren. Amin hatte schon so oft erlebt, wie Menschen genau dann umkehrten. Es war ihnen zu viel, zu tief, zu roh. Er konnte es so gut verstehen und sah deshalb mit einer Hochachtung auf Ruth, die ihren Weg weiterhin mutig ging. Das kleine Menschlein musste stark sein, um den sicheren Hafen zu verlassen und in diese gigantische Weite einzutauchen, die keinen Horizont zu haben schien.

Als Ruth aufstand und Amin beobachten konnte, wie sie sich die Blätter aus dem Haar zupfte, ließ er den Ruf eines Bussards ertönen. Es klang etwas schief und so lachte er leise vor sich hin – wohl wissend, dass er sie damit nicht in die Irre führen konnte. Und er hatte richtig vermutet. Ruth blickte auf und suchte mit ihren Augen die Umgebung ab. Als sie das Winken von Amin aus den Baumwipfeln bemerkte, hob auch sie ihren Arm und kam dann näher.

Die Sonne ließ ihre braunen Haare leicht rötlich erscheinen und mit ihrem dunkelgrünen Pullover passte Ruths Erscheinung wunderbar in die herbstliche Umgebung.

Amin gab ihr ein Zeichen, sie möge sich doch zu ihm setzen, was sie gerne annahm. Vorsichtig, um ihre noch etwas schwachen Muskeln nicht zu überfordern, stieg Ruth die Leiter hinauf und setzte sich neben den jungen Mann.

Sie lächelte. „Das ist ein wunderschöner Ort hier."

Amin nickte und sie schwiegen für eine ganze Weile. Eine kleine Blaumeise flog dicht vor ihnen auf einen dünnen Ast und schien sich ob ihrer Anwesenheit nicht zu stören. Sie putzte ihr Gefieder und reckte das Köpfchen.

„Was hilft dir zu vertrauen?", fragte Ruth und blickte ihn von der Seite an.

Er nahm sich Zeit zu antworten und ließ seinen Blick ins grüne Blätterwerk tauchen, das sie teils noch umgab.

„Der menschliche Teil in mir empfindet Angst und macht sich Sorgen. Doch meine Seele ist ruhig. Sie weiß, dass alles gut ist, wie es ist. Solange ich mit ihr verbunden bin und sie in mir spüre, kann ich aus meinem ganzen Sein heraus vertrauen."

„Ich weiß nicht, ob ich die Seele in mir fühle", murmelte Ruth nachdenklich.

„Soll ich dir ein wenig von unserer Seele erzählen?", fragte Amin und lehnte sich etwas zurück, sodass er das zustimmende Nicken seiner Gesprächspartnerin sehen konnte.

„Zu oft werden Dinge mit der Seele in Verbindung gebracht, die so gar nicht stimmen", begann er und zog seine Augenbrauen nachdenklich zusammen. „Es gibt keinen Seelenplan und es gibt keine Seele, die dich führt oder dir sagt, was zu tun ist. Deine Seele ist lediglich deine ureigene Energie. Deine Seele bist du. Ohne deine menschlichen Geschichten, ohne deine Anhaftungen, Muster und erdachten Grenzen. Deine Seele – oder du – bist reinste Essenz. Du kannst deine Seele auch als Reservoir unendlicher Potenziale sehen, denn es gibt nicht den einen richtigen Weg, den du einschlagen kannst. Deine Seele urteilt nicht, was du tust. Sie empfindet jede Erfahrung als wertvoll. Egal, wie schmerzhaft sie für den Menschen sein mag. Deshalb kann man sie auch als Speicher all der Weisheiten sehen, die du aus den Erfahrungen als Mensch gesammelt hast."

Ruth blickte ihn etwas fragend an: „Ist es nicht das Ziel der Seele, sich selbst zu erkennen? Dann gäbe es doch trotzdem einen richtigen Weg."

„Die Seele kennt keine Zeit. Sie ist einfach und stellt dir unendliche Möglichkeiten zum Entdecken zur Verfügung. Wenn du dich dafür entscheidest, ein ganzes Leben oder mehrere Lebzeiten hintereinander nur dasselbe zu tun und beispielsweise zu leiden, dann dient sie dir auch dabei. Sie urteilt nicht. Sie ist. Und letztendlich ist es der Mensch, der wählt."

„Aber kann ich nicht auch etwas wählen, was gegen meine Seele spricht?"

„Nicht wirklich. Du kannst dich entscheiden, deine Seele zu verleugnen. Doch du verlierst sie nie wirklich. Du träumst dann einfach noch etwas tiefer", antwortete Amin und zupfte ein braunes Blatt vom einen Ast der Buche.

„Schau, es gibt nichts, was du als Mensch falsch machen könntest. Das klingt so simpel, doch ändert es alles, wenn du dies wirklich verstehst. Deine Seele ist nie weg. Du hast jederzeit Zugang zu ihrer Weisheit, ihren Potenzialen und somit zu dir selbst, deinem Zuhause. Dennoch sucht der Mensch oft nach der einen richtigen Antwort auf seine Fragen. Dies geschieht aus Angst. Die Seele kennt keine Angst. Sie kennt nur Fülle, Entdeckungsfreude und Leichtigkeit. Sobald du dich mit ihr verbindest, verfliegt die Angst des Menschleins, weil die Seele reinstes Vertrauen ist. Sie weiß, dass es nichts gibt, was es zu beurteilen oder abzuwerten gibt. Es ist alles gut, wie es ist."

„Also ist es meine Aufgabe, die Seelenenergie in mir fühlen zu lernen?", hakte Ruth nach einer Weile nach.

„Du brauchst nichts zu lernen. Es ist das Natürlichste, was es gibt, meine Liebe", lächelte Amin und fügte hinzu, „du darfst dich daran erinnern, wie dein wahres Selbst sich anfühlt. Es ist schon in dir. Schon lange. Es war ja nie fort. Nun schaffst du sogar noch mehr Platz für deine Seelenenergie, weil du alte Geschichten aufräumst, Wunden heilst und alles loslässt, was dich behindert – doch letztendlich brauchst du nichts aktiv zu tun. Nur zu fühlen. Es ist bereits alles da, was du brauchst."

Ruth lachte leise: „Ja, es klingt immer so schön simpel. Einfach zu fühlen. Doch es stimmt schon. Ich habe auch schon gemerkt, dass das Vertrauen meistens dann da ist, wenn ich nicht alles zerdenke. Ich darf vom Kopf immer wieder in meinen Körper und somit zu meinen Empfindungen kommen. Dann ist vieles auf einmal gar nicht mehr so wichtig oder so schlimm."

„Ja, die Angst findet lediglich im Kopf statt, weil der Verstand alles in bestimmte Kategorien von gut und böse, von richtig und falsch, einteilt. Er kann nicht anders, als in der Dualität zu arbeiten. Dabei findet das wirkliche, lebendige Leben hinter all dem statt. Dies dürfen wir wiederentdecken und wahrlich fühlen. Dann ist auf einmal alles in natürlicher Ordnung."

Amin ließ seinen Blick über den Mandalagarten unter ihnen schweifen und fühlte, wie seine Worte in diesem Stück Natur sichtbar wurden. Die Natur kannte keine wirkliche Ordnung und dennoch hatte alles seinen Platz. Wild und bunt, lebendig und übersprudelnd in

Fülle war die Natur der Platz, an dem alles dennoch in gewisser Weise in Ordnung war.

„Es ist alles gut so, wie es ist", murmelte Ruth und blickte dann zu ihm hinüber. „Ein Teil von mir versteht dies alles und fühlt auch so. Wirklich! Dennoch zweifle ich immer wieder an diesem Gefühl der inneren Ruhe. Warum ist dieses Gefühl manchmal so schwer anzunehmen, auch wenn ich es gerne möchte?"

„Weil du dich mit deinen Gedanken und Zweifeln in der Dualität befindest. Und in der Dualität wirst du nie deine Ruhe finden. Da ist immer ein Zerren, ein Stoßen und ein Ziehen zu spüren. Es wird dich immer beschäftigen, weil es in seiner Natur liegt. Sobald du dies erkennst, wirst du auch in dieser Hinsicht fühlen, dass alles gut ist, wie es ist. Auch die Dualität darf sein. Es ist nichts, was du abwerten müsstest."

Amin nahm ein weiteres braunes Blatt vom nahestehenden Ast und ließ es zwischen seinen Fingern zerbröseln, bevor er fortfuhr: „Erkenne jedoch, dass die Dualität nicht DU bist. Deine Gedanken und deine Zweifel sind lediglich ein Teil dessen, was sich auf deiner Leinwand zeigt. Ob du danach mit ihnen interagierst, wählst du alleine. Du hast die Macht zu entscheiden, ob du dich im steten Ziehen der diversen Kräfte befinden möchtest oder ob du dich in dein eigenes Zentrum begibst. Es gibt einen Ort in dir, an dem du dein reines Bewusstsein spürst. Dein ureigenes Sein. Da gibt es keine Kraft, kein Zerren und keine Bewegung, die dich nach außen treibt. Da bist du einfach. Das ‚Ich bin'. Und genau an diesem Ort in dir wirst du Frieden finden. Und wirklich und wahrhaftig spüren, dass alles gut ist, wie es ist."

## 31
## Du und Ich

### Delia

Ein letzter Kuss auf das kleine Köpfchen, ein sanftes Streicheln über die weichen Flanken und ein Blick in die lieblichen, kleinen Augen. Delia schloss vorsichtig die Lade des Anhängers und gab Lukas das Zeichen, dass er losfahren konnte. Sie winkte dem Transporter hinterher, als sie zusah, wie ihre geliebte Lyah sich auf den Weg nach Hause machte. Lukas würde sie noch den Winter über bei sich behalten, bevor er sie im nächsten Frühling der Natur zurückgeben würde.

„Sie wird dir fehlen", hörte Delia die Stimme von Liliane hinter sich. Sie drehte sich um.

„Ich werde gewiss immer wieder an sie denken", antwortete Delia lächelnd, „zu viele wunderschöne Stunden haben wir miteinander verbracht. Doch sie wird mir nicht fehlen, weil es keine Lücke gibt, die sie hinterlässt. Da ist nur ganz viel Freude und Dankbarkeit für das, was wir gemeinsam erleben durften. Sie war ein unglaubliches Geschenk."

Liliane nickte: „Ich weiß, was du meinst. So geht es

mir ähnlich mit all den Veränderungen in meinem eigenen Leben." Ihr Blick schweifte nachdenklich über die Kisten, die sie neben einem silbernen Auto gestapelt hatte.

„Alles hat seine Zeit und darf sich auch wandeln", murmelte sie und blickte dann mit einem Zwinkern hoch zur jungen Frau, „auch wenn ich ab und zu noch meine Zweifel habe."

Delia grinste: „Die lieben Zweifel – wie sehr ich sie inzwischen fast schon mag." Sie lachte laut auf und ging in die Hocke, um eine große Kiste anzuheben. Liliane fasste am anderen Ende der Kiste mit an und gemeinsam luden sie die schwere Box ins Auto. Dann sah sie sich um. Noch geschätzte zehn Kisten standen bereit, danach war der Vorplatz des Hauses leer. Delia wusste, dass dies die letzten Dinge waren, die Liliane mit sich nahm. Der Rest war bereits in der Wohnung von Lotta. Nach mehr als fünfzig Jahren verließ Liliane den Ringelblumenweg.

Ein Blick zu ihr und Delia fühlte eine Wärme in sich aufsteigen. Wie sehr sie diese Frau liebte. Sie war eine Künstlerin aus ganzem Herzen. Eine Lebenskünstlerin. Eine, die Energien in Magie umwandelte und mit den Schwingungen tanzte. Eine Erschafferin neuer Wirklichkeiten. So hatte es Delia auch weniger erstaunt als erfreut, als sie miterleben durfte, wie aus der kritischen, fast schon etwas verbitterten Liliane eine lebensfrohe und bunte Erscheinung wurde. Die neuen lila Haare und die farbigen Kleider waren nur noch die Kirsche auf der Sahne gewesen. Der große Wandel selbst war über die letzten Monate von selbst geschehen. Mit Höhen und Tiefen, mit Umwegen und immer wieder mit einer neuen Portion Mut. Liliane hatte erlaubt, dass sich nach und nach all die alten Muster lösen durften. So war Platz entstanden, um das neue Leben willkommen zu heißen. Und auch wenn Liliane wohl nie geahnt hatte, wie dieses neue Leben sein würde, schien sie nun glücklicher zu sein, als je zuvor. War man das nicht automatisch, wenn man aufhörte, das Leben selbst in enge Boxen und Definitionen zu packen?

„Zweifelst du manchmal auch noch?", kam die vorsichtige Frage der älteren Frau.

Delia hielt kurz in ihrer Bewegung inne und stellte dann die nächste Kiste ins Auto. Danach setzte sie sich auf die eine Stufe, die zur Haustür führte.

„Ich bin genauso Mensch wie du, meine Liebe", antwortete sie dann bedacht, „doch ich habe gelernt, meinen Zweifeln keinen Raum mehr zu geben. Sie dürfen da sein. Doch ich weiß, dass sie nicht die Wahrheit sind. Es sind lediglich Gedanken eines großen Spiels. Wir alle kennen dieses Spiel, uns selbst klein zu halten. Doch ich habe für mich beschlossen, dabei nicht mehr mitzuspielen."

„Sind Zweifel nicht manchmal auch gut, damit wir unsere Entscheidungen und Handlungen hinterfragen?", bemerkte Liliane und setzte sich zu ihrer Freundin auf die Treppenstufe.

„Das haben wir so gelernt, ja. Doch aus meiner Erfahrung tust du dir keinen Gefallen, wenn du dich dauernd hinterfragst und zweifelst. Du hältst dich damit lediglich in Ketten. Du kontrollierst dich selbst, weil du dir und dem Leben nicht genug vertraust. Vielleicht denkst du, dass du verrückte Dinge tun würdest, wenn du dich nicht selbst im Zaum hältst. Wenn du dich selbst nicht ab und zu etwas bremst. Dabei ist es nach meinem Empfinden viel eher verrückt, dass wir uns dauernd hinterfragen. Es gibt nichts, was du tun könntest, was in sich nicht perfekt und vollkommen wäre. Es gibt nichts, was dich verrückt machen könnte, außer deiner eigenen Angst. Deshalb höre ich nicht auf meine Zweifel und versuche viel eher, bewusst zu agieren. Ein bewusstes Handeln grenzt keine Potenziale aus, die angeblich zu groß sind, zu gefährlich oder zu tief. Denn wenn du bewusst hinschaust und hineinfühlst, siehst du alles, was möglich ist und weißt, dass du geführt wirst. Gehalten wirst. Dass du mutig und stark genug bist, um das zu tun oder zu fühlen, was da sein möchte. Und wählst danach aus, was dich im Herzen ruft. Du bist im Vertrauen, dass dir alles dient.“

„Du ignorierst also deine Zweifel, wenn sie aufkommen?“, wollte Liliane wissen.

„Nein. Ich nehme sie an, als das, was sie sind: Gedanken, die aus Angst entstehen. Das ist alles. Weiter muss ich nichts mit ihnen tun. Sie dürfen auftauchen. Doch ich gebe ihnen kein Gewicht mehr, weil ich dieses Spiel nicht mehr mitmache. Uns selbst klein zu halten ist ein Spiel, das wir bis ins Endlose weiterspielen könnten... es hört nie auf. Außer du wählst anders und gehst bewusst in die Tiefe des Lebens. Dann erkennst du, dass es nichts gibt, wovor du dich fürchten bräuchtest. Es sind nur Gedanken. Weiter nichts.“ Delia lächelte.

Für eine ganze Weile blieben die beiden still auf der Treppe sitzen. Delia fühlte, wie ihre Freundin das ‚große Und‘ in sich wahrnahm. Da waren diese gewissen

Ängste, dieses alte Bild, wie alles zu sein hätte – gleichzeitig auch diese Vorfreude und das tiefe Wissen, dass alles gut war, wie es war. Sie spürte eine Ruhe in sich und eine Gelassenheit, ebenso wie große Nervosität und Freude.

Delia legte ihre Hand auf die Schulter von Liliane, drückte sie und stand dann auf, um die letzten Kisten ins Auto zu räumen. Dann machte sie sich auf den Weg zu ihrem geliebten Mandalagarten.


Die Blätter der verschiedenen Büsche und Bäume leuchteten inzwischen in den unterschiedlichsten Farben. Da waren das dunkle Rot der Eberesche und das satte Gelb des einen Ginkgo-Baumes. Auch der Ahorn zeigte seine ganze Farbenpracht und Delia kam nicht umhin, ein paar der schöngeformten Blätter hochzuheben und im Licht der Sonne zu bestaunen.

Ein paar Schritte weiter machte sie erneut Halt, um sich ein paar Weintrauben zu gönnen. Die Süße dieser weißen Beeren ließ sie leise seufzen. Das Gesicht der Sonne zugewandt, setzte sie sich unter die Staude und kaute genüsslich.

Die Augen geschlossen, lauschte sie dem leisen Summen einiger Bienen und anderer Insekten, die sich bei den Efeublüten nicht weit entfernt aufhielten. Sie spürte den Wind auf ihren Wangen und die Wärme der Sonne auf ihrem ganzen Gesicht. Den Kopf an den feinen Stamm der Staude gelehnt, wanderten ihre Gedanken zu dem, was im Moment im Ringelblumenweg und auch an so vielen anderen Orten der Welt geschah. Die Menschen wachten langsam auf. Nach und nach erinnerten sie sich, weshalb sie hier waren. Viele erkannten schmerzlich, wie lange sie sich mit Dingen beschäftigt hatten, die ihnen so gar nicht entsprachen. Und was wohl das Wichtigste war: Sie begannen, ihr wahres Selbst zu fühlen. Inmitten all der Ablenkungen des Kollektivbewusstseins und der vermeintlich linearen Geschichte, entdeckten sie, dass es etwas in ihnen gab, das immer ruhig war. Immer da. Immer in Frieden mit sich selbst und dem Leben. Ihr Bewusstsein, das ausstrahlte. Ihr Licht, das sie mit alldem versorgte, was sie sich wünschten. Die eigene Seele und das ureigene Licht zu sich einzuladen bedeutete auch, mit der Zeit in sich zu erkennen, dass alles, was einen umgab, die eigene Energie war. Sie war hier, um zu dienen. Dies war ein unglaublicher Schritt und auch für Delia war dies noch nicht so lange gelebte Realität. Doch seit dem Augenblick, in dem sie erkannt hatte, dass alles um sie herum ihre eigene Energie war, änderte sich ihre Wirklichkeit.

„Seelenblick", korrigierte sich Delia selbst und dachte lächelnd an Amin, der durch seine eigene Präsenz ihre Herzensblicke in eine neue, ab und zu noch etwas ungewohnte Tiefe hatte wachsen lassen. Es war alles bereits da. Es war alles in ihr. SIE selbst war alles.

Realisierte man dies auf all den Ebenen, die ein menschliches Dasein mit sich brachte, war das Erwachen auf einmal gigantisch groß. So unglaublich schön und in Freude angelegt.

Auch die Menschen um einen herum waren auf eine gewisse Weise die eigene Energie. Natürlich besaßen sie ihre eigene Seele und diese anzuerkennen war mitunter eine der größten Freuden. Doch gleichzeitig war das, was man selbst vom anderen Menschen wahrnahm das Echo der eigenen Schwingung. Auch sie diente, auch sie inspirierte und war Teil der großen Fülle, die so natürlich vorhanden war.

Delia lächelte. Wie lange hatte sie gebraucht, um diese Erkenntnisse auch wirklich in jeder Zelle wahrzunehmen. Dabei hatte ihr Seelengefährte ihr dies schon seit so langer Zeit gezeigt. Sie hatte sich in ihm gesehen und gespürt. Er war der Erste gewesen, der ihr den Weg gewiesen hatte. In ein Leben jenseits der Dualität von ich und du. Jenseits von Trennung.

Und nein, es war nicht so, dass sich die Energien verschiedener Seelen mischten. Das war nicht möglich. Jedenfalls nicht so, wie es sich der Mensch ausmalte. Jedes Wesen war in sich absolut souverän. In sich ganz. In sich vollkommen und ohne die Möglichkeit, dass Energie vermischt werden konnte. Dies war nur Teil des alten Traumes.

Delia wusste, dass sich viele Menschen wünschten, mit einem anderen zu verschmelzen. Doch in Wahrheit war dies lediglich die tiefe Sehnsucht nach einem selbst. Nach seinem wahren Ich, das man im Gegenüber gespiegelt bekam. Oh, wie viele waren noch so unbewusst auf dem Weg zu sich selbst. Wie viele ließen sich noch lieber etwas länger berieseln und ablenken. Deshalb war es für sie umso schöner zu sehen, dass sich immer mehr trauten, die altbekannten Wege zu verlassen und neue Gefilde zu erkunden. Und jeder würde ankommen. So war es seit Anbeginn der Zeit angelegt.

Delia seufzte wohlig, als sie leise Schritte vernahm. Sie brauchte ihre Augen nicht zu öffnen, denn sie wusste bereits, wer zu ihr kam. Als sie den so vertrauten Geruch einatmete und sich sein Schatten vor die Sonne schob, blinzelte sie dennoch kurz und lächelte, als sie seinen dunklen Wuschelkopf und das feine Gesicht vor sich erblickte.

Seine Hand wanderte zu ihrer Schläfe und streichelte sanft über ihre Wange bis hinunter zum Kinn. Delia legte ihre Hand über seine und setzte sich auf, als sie erkannte, dass er sich nicht zu ihr setzen würde. Der junge Mann sah sie ernst und dennoch liebevoll an.

„Ich werde für eine Weile fortgehen", murmelte Amin und blickte ihr dabei ruhig in die Augen, „weder weiß ich genau wohin, noch weiß ich, wie lange ich fort sein werde oder ob ich überhaupt wiederkomme. Ich kann dir nur sagen, dass ich diese Stimme in mir höre, der ich folgen muss. Etwas ruft mich. Ich werde gebraucht." Er schluckte.

Delia atmete ein paar Mal tief in ihre Lungen und kniete sich dann vor ihn, sodass sie sich Auge in Auge gegenüber waren. Mit einem leichten Lächeln auf den Lippen und einer Träne im Augenwinkel legte sie ihre Stirn an die seine.

„Ich verstehe", war alles, was sie flüsterte. Sie musste keine Details wissen. Sie spürte, dass es sein Weg war. Und dies war alles, was sie verstehen musste.

## 32
### Der lange Weg zurück

*Jakob*

Vorsichtig setzte Jakob einen Fuß vor den anderen. Er zuckte nur leicht zusammen, als sich erneut ein Stein unter seinen Sohlen löste und den steilen Hang hinunter kullerte. Kurz hielt er inne und lauschte, bis wieder Stille einkehrte.

Es war früher Morgen. Jakob konnte nicht genau sagen, warum er an genau diesem Tag beschlossen hatte, zu seiner Hütte zurückzukehren. Merlin war schon seit einiger Zeit wieder fit und hatte ihn immer mal wieder mit seiner Schnauze angestupst, als wollte er ihn auffordern, endlich loszugehen. Doch irgendwie hatte es erst heute gepasst. Als er in der Morgendämmerung die Augen aufgemacht hatte, da hatte er gewusst, dass er sich heute bereit fühlte. Der Weg würde lang werden. Er wusste ja gar nicht wirklich, wo er war. In der Sturmnacht vor geschätzten drei Wochen hatte er sich nicht umgeschaut. Er war nur gerannt.

Es kam ihm so vor, als wäre dies vor Ewigkeiten gewesen. Die Angst, das Ungewisse, die innere Starrheit. Doch die Zeit hier oben beim Felsvorsprung hatte ihn verändert. Hatte ihm ermöglicht, sich seinen schlimmsten Dämonen zu stellen.

Als Jakob so an die vergangene Zeit zurückdachte, schüttelte er sich kurz. Ja, es waren dunkle Tage und Nächte gewesen. Er konnte sich an eine unglaubliche Kälte erinnern. An eine wahnsinnige Tiefe und eine Schwärze, die einem dunklen Abgrund glich. Doch er war nicht gestorben. Er fühlte sich im Gegenteil seither wie neugeboren. Etwas war von ihm gewichen. Etwas hatte endlich Ruhe gefunden. Noch konnte er es nicht ganz greifen, doch er wusste, dass ihn jeder Schritt auf seiner Reise dem näherbrachte, was er nun in sich ahnte.

Anhand des Bergmassivs, welches er die letzten Tage bewusst betrachtet hatte, konnte er ungefähr abschätzen, in welche Richtung er seinen Rückweg starten musste. So ging er nach Nordwesten los. Merlin konnte es kaum erwarten und obwohl auch er in der Zeit hier oben in den Bergen stark abgemagert war, schien er dennoch eine Energie in sich zu tragen, die Jakob zu einem Lächeln veranlasste. Der Hund sprang freudig voraus, nur um bald darauf zurück zu ihm zu kommen, um nach dem Rechten zu schauen. Er spürte wohl, dass sein Herrchen nicht ganz so viel Kraft übrig hatte.

Jakob vermutete, dass Merlin auf seinen Streifzügen durch das Gelände die ein oder andere Beute hatte machen können. Anders konnte er sich nicht erklären, woher sein treuer Gefährte diese Energie nahm. Er selbst fühlte sich zittrig und leicht benommen. Ein paar Beeren ab und zu und eine Handvoll Knollen einiger Wildpflanzen, die hier oben im felsigen Gelände wuchsen, hatten ihn durch die zähen Tage gebracht. Nur Wasser hatten sie immer reichlich gehabt. Und das war mehr, als er sich zu Beginn erhofft hatte.

Sein Blick glitt über die schroffen Felswände an beiden Seiten des Tales, in welchem sie sich befanden. Eine karge Gegend. Fast schon trostlos und dennoch auf eine gewisse Weise wunderschön. Irgendwie war er ja selbst wie ein Fels durch sein Leben gestolpert − immer bemüht, seine Stärke zu zeigen und immer mit einer harten Schale als Schutz. Er hatte sich selbst ins Abseits befördert, das war ihm in der Zeit hier oben bewusst geworden. Ja, er hatte sich in seinem Leben oft missverstanden und nicht gesehen gefühlt. Doch eigentlich war er selbst derjenige gewesen, der sich von den anderen abgekapselt hatte. Er selbst hatte für Trennung gesorgt. Trotzdem war in ihm kein Groll gegen sich selbst. Er sah, wie er diese Überlebensstrategie gewählt hatte, um sich vor Schmerzen zu schützen. Um sich auf diese Weise vermeintlich besser durchs Leben zu bringen. Dabei fühlte er erst jetzt, nachdem er in diesen tief vergrabenen, urtümlichen Schmerz eingetaucht war, wie sehr er genau das erschaffen hatte, was er hatte vermeiden wollen. Statt Schmerzen zu vermeiden, hatte er Schmerz erschaffen. Immer wieder aufs Neue, indem er sich selbst verboten hatte zu fühlen, sich nicht mehr wirklich mit Menschen verband und sich auf viele Arten vom Leben selbst abtrennte. Wie hatte er all die Jahre nur so leben können?

Jakob dachte an die vielen Male, in denen er sich unerwünscht gefühlt hatte. Anders. Seltsam. Auch dies hatte er in all diesem Schmerz wahrgenommen. Da war dieser Widerstand in ihm gewesen, sich selbst als Mensch und Lichtwesen anzunehmen. Mit alldem, was damit einherging. In all seinen Tiefen und Höhen. Davor hatte er eine unglaubliche Angst verspürt. Warum war ihm früher nie aufgefallen, dass er selbst derjenige war, der sich selbst nicht lieben konnte? Warum hatte er dies immer von anderen Menschen eingefordert, ohne sich selbst ehrlich und wahr annehmen zu können?

Sein Blick schweifte zu den spitzen Felsen, über denen einige Raubvögel kreisten. Ihre vereinzelten Schreie erinnerten Jakob an seine so bekannten Hilferufe nach Freiheit, die ihn ein Leben lang begleitet hatten. Oh ja, er hatte sich immer so nach Freiheit gesehnt. Konnte nie wirklich sesshaft werden. Nie wirklich in die Tiefe gehen. Nun wusste er, warum. Wie konnte ein Mensch sich wahrlich niederlassen, wenn er vor sich selbst davonlief? Dabei war es gar nicht so schwierig, sich selbst in die Arme zu schließen. Jedenfalls nach dem, was er in diesen letzten Tagen gesehen hatte. All die Kälte, all die Schmerzen, all das Leid... er musste nicht alles verstehen. Doch er hatte tief in sich gespürt, dass ein Teil von ihm genau deshalb hier war, um dies zu erleben. Um mit sich selbst auf dieser Reise zu sein. Auf eine gewisse Weise verstand Jakob einfach, was er all die Jahre zuvor nicht hatte greifen können. Er wusste mit einem Mal, dass er nur glücklich werden konnte, wenn er es zuließ zu fühlen. Wenn er zuließ, sein Innerstes auszudrücken und sich selbst dabei liebevoll in die Arme nahm.

Er hatte eigentlich die ganze Zeit das gesucht, was er in der schlimmsten Zeit seines Lebens selbst in sich gefunden hatte. Fast schon etwas ungläubig schüttelte er den Kopf und fuhr sich mit der einen Hand durch den verfilzten Bart. Er fühlte sich so anders als auf dem Weg hierher. So viel ruhiger mit sich und so viel gelassener mit dem Leben selbst. Es war wie eine große Reinigung gewesen. Wie eine unglaublich tiefe Begegnung mit dem Drachen in sich selbst. Um zu erkennen, dass es nichts gab, wovor er sich schützen müsste.

Noch konnte er nicht alles in Worte fassen oder begreifen, was er in dieser Zeit hier in den Bergen erkannt hatte. Noch waren einige Dinge schwer zu verstehen oder nur als verschwommenes Bild in seiner Erinnerung. Doch Jakob zweifelte nicht mehr daran, dass sein Leben durch dieses Erlebnis eine unweigerliche Veränderung eingeläutet hatte. Irgendetwas hatte ihn erweckt, hatte ihn erinnert. Und so war es nun seine Aufgabe, so gut er konnte, diese Dinge mit in den Alltag zu nehmen. Doch wie wollte er leben? Was sollte er tun?

Ein kleiner Gebirgsbach schlängelte sich durch die steinreiche Gegend und Jakob nutzte die Gelegenheit, um sich kurz niederzuknien, sich das staubige Gesicht zu waschen und einen Schluck zu trinken. Auch Merlin leckte vom kalten Wasser. Er war merklich ruhiger geworden und war die letzte Stunde direkt neben dem älteren Mann dahingetrottet. Jakob streichelte über sein struppiges Fell und blickte in die treuen Augen seines Freundes. Er würde alles geben, um sich und seinem tierischen Gefährten ein erfülltes, lebendiges Leben zu ermöglichen. Doch was bedeutete dies konkret? Was musste er dafür alles loslassen und wo sich neu einfinden?

Jakob spürte, wie ihn der weiße Wolfshund betrachtete. Spürte Merlin, was für Gedanken in ihm vorgingen? Wie schwer er sich tat, die alte, lineare Geschichte hinter sich zu lassen? Jakob hatte in seinen Tagräumen viele Bilder gesehen. Von früheren Inkarnationen und von anderen Erfahrungen und Erlebnissen. Es war ihm wie eine gigantisch große Abenteuergeschichte erschienen. Und all dies hatte ihn an diesen einen Punkt geführt, an dem er sich jetzt befand. Egal wie sehr er sich gewehrt und wie fest er sich verschlossen hatte, das Leben hatte ihn zu diesem einen Moment geführt, an dem er verstand, warum er hier war. Warum er all diese Erlebnisse hatte machen müssen. Er war hier, um sich selbst als Mensch und Lichtwesen zu erfahren. Er war hier, um sich zu erkennen, um sich zu entdecken und um sein wahres Selbst auszudrücken. Nur hatte er noch keinen Schimmer, wie er dies tun sollte. Doch die Augen von Merlin ließen ihn lächeln und die vielen Fragen in seinem Kopf für eine Weile ruhen.

Mühsam und unter Muskelschmerzen stand Jakob auf und trocknete seine nassen Hände an seiner Hose. Er war so schmutzig. Wie wohltuend ein warmes Bad und eine frische Rasur sein würden. Doch in der kargen Hütte würde es schwierig werden, sich diesen Luxus zu gönnen. Vielleicht könnte er zu Daniel gehen? Doch zuerst musste er den Weg zurückfinden. Das schien ihm in diesem Moment gar nicht so einfach.

Kaum hatte er das Bächlein überquert, ging der Weg steil nach unten in eine schmale Schlucht. Auf beiden Seiten ragten hohe Felswände in die Luft und Jakob legte staunend den Kopf in den Nacken. Er sah, dass es schon langsam zu dämmern begann. Die Nacht würde bald hereinbrechen. War er diesen Weg damals in der Gewitternacht gegangen? Er wusste es nicht mehr. Er konnte sich an nichts mehr erinnern.

Sein Blick suchte die Umgebung ab. Die Schlucht schien sich zu verengen und weiter konnte Jakob nicht erkennen, was auf ihn und Merlin zukam. Würde er die Gegend wiedererkennen? Oder war er ein weiteres Mal auf dem Holzweg?

Ein Gefühl des Versagens kam auf. So altbekannt wie verhasst. Doch Jakob wusste, dass nichts ohne Grund geschah, und so spürte er gleichzeitig eine neugewonnene Zuversicht in sich, dass auch diese Geschichte sich ins Gute wenden würde. Zu oft war er schon im Sumpf stecken geblieben, zu lange war er schon in seiner eigenen Menschengeschichte unterwegs. Hier würde sie nicht enden.

Als der Himmel sich immer mehr verdunkelte und die ersten Sterne sichtbar wurden, rief Jakob Merlin zu sich und kauerte sich zwischen zwei große Steine. Hier war es ein wenig windgeschützt und das spärliche Gras am Boden bot ein klein wenig Trost, sich hinzulegen. Müde und dennoch mit einem Lächeln auf den Lippen glitt Jakob in einen traumlosen Schlaf.

## 33
### Pfad des Vertrauens

*Ruth*

Die Kiste mit den frisch gepflückten Äpfeln war viel zu schwer zum Tragen, sodass sie Ruth am selben Ort stehen ließ. Sie wollte die Heilung ihres Körpers nicht leichtsinnig aufs Spiel setzen. So langte sie weit nach oben, um einen der letzten Äpfel dieses einen Baumes zu erreichen und legte ihn danach vorsichtig zu den anderen. Die Ernte war dieses Jahr nicht so gut wie den Herbst davor. Doch Ruth ließ sich davon nicht die Freude nehmen. Jede einzelne Frucht, die sie vom Baum pflücken durfte, zauberte ihr ein Lachen ins Gesicht. Sie fühlte tiefe Dankbarkeit.

Als ihr Blick die drei bereits gefüllten Kisten streifte und sie die leichte Müdigkeit in sich wahrnahm, beschloss sie, eine Pause einzulegen und setzte sich unter den Apfelbaum. Das Gesicht der Sonne zugewendet, schloss Ruth die Augen.

Es war eine sonderbare Zeit. Nun war sie alleine in diesem großen Haus mit dem wundervollen Garten. Ganz alleine. So schlimm, wie sie gedacht hatte, fühlte sich dies zwar nicht an, aber es war ungewohnt. Auch da Amin fort war und Delia oft irgendwo im Wald unterwegs oder mit ihren eigenen Projekten beschäftigt war, fühlte sich alles so einsam an. So leer. Die innere Wüste schien nun auch im Außen sichtbar zu werden.

Ruth schmunzelte. Es war wirklich eine sonderbare Zeit. Sie war stets so müde und fühlte gleichzeitig, wie neue Energie in ihr wach wurde. Trotzdem gab es scheinbar nichts, was sie hätte ernten können, wie sie es gerade in der Natur erlebte. Ihr Inneres schien weiterhin in dieser unsäglichen Leere auszuharren. Wobei leer vielleicht das falsche Wort war. Ruth empfand es vielmehr so, dass sich nichts mehr festlegen ließ. Nichts schien mehr in dem Maße stimmig, als dass sie hätte Pläne schmieden oder Ziele setzen können. Ideen tauchten auf, einzelne kleine Visionen oder Möglichkeiten. Sie spürte inzwischen deutlich, welche Stimme aus ihrem Verstand kam, der aus Gründen von Angst oder Zweifel noch lieber heute wie morgen neue Bestimmungen festlegen wollte. Doch Ruth wollte viel lieber der Stimme vertrauen, die die Dinge so nahm, wie sie auf sie zukamen. Nicht mehr basierend auf dem Bedürfnis nach falscher Sicherheit und Plänen. Nicht mehr ausgehend von der Angst, dass sie doch etwas würde tun müssen. Das war nicht immer so einfach. Gerade auch deshalb, weil sie diese Leere nicht für einen einzelnen Tag so erlebte, sondern bereits seit Wochen. Und es schien kein Ende zu nehmen, diese Weite, diese Ungewissheit. Das war ein komisches Gefühl. So neu, so unsicher.

Zur selben Zeit nahm Ruth jedoch auch wahr, wie sie diese innere Stille achtsamer werden ließ. Wie sie plötzlich mehr wahrzunehmen schien. Wie sich Kanäle öffneten, von denen sie kaum gewusst hatte, dass sie existierten. Sie war auf einmal so viel feinfühliger. Auch dies war nicht immer so einfach, da sie aus diesen Gründen ihre eigenen Blockaden und Wunden so viel deutlicher wahrnahm und in Situationen, in denen sie beobachtete, unglaublich viel in sich spürte. Nuancen, Schattierungen und Tiefen von Gefühlen, die sie so bisher gar nicht gekannt hatte. Sie verstand Delia nun immer besser, wenn sie ihr Dinge erzählte, weil sie hinter den Worten mitfühlen konnte. Weil sie nicht mehr nur mit ihrem Verstand die Sätze zu entschlüsseln versuchte. Sie fühlte die Energie dahinter und verstand auf einer anderen Ebene.

Ruth lächelte. Sie veränderte sich so rasant, indem sie sich erlaubte, nichts zu tun. Nur zu sein, zu fühlen, zu fließen. Es war unglaublich und ein Teil von ihr war etwas überfordert damit. Ja, da waren Ängste und Empfindungen in ihr, die sie so noch gar nicht wirklich gefühlt hatte. Da war diese Traurigkeit, die sie spürte, weil die alte Ruth, die sie ihr ganzes Leben gekannt hatte, zu sterben schien. Ihr ganzes Leben zerbröselte und obwohl sie wusste, dass dies so unglaublich heilsam war, trauerte ein Teil von ihr. Sie fühlte diese Traurigkeit, die der altbekannten Sicherheit nachweinte, die viel lieber Pläne hätte und die die Ruth vermisste, die nicht halb so viel empfand. Es war eine große Reise des Loslassens und dieser Kloß im Hals durfte ab und zu da sein.

Auch fühlte Ruth immer mal wieder eine Angst, sich in dieser neu gefühlten Tiefe zu verlieren. Zu viel zu empfinden, zu viel Energie in sich zu tragen, die sie übermannen könnte. Sie fühlte diese Angst vor der eigenen Größe und Stärke. War das wirklich sie?

Sie lächelte erneut, als sie von weit her Delia singen hörte. Der kühle Herbstwind trug die hellen Töne zu ihr und ließ sie an die erste Begegnung mit ihrer Freundin erinnern. Seit diesem Tag war so unglaublich viel passiert. Dafür gab es fast keine Worte.

Ruth stand auf und klopfte sich das Laub von der Hose. Die Sonne war in der Zwischenzeit hinter einer Wolke verschwunden und so schnappte sie sich noch ihre weiche Jacke, die sie beim Ernten ausgezogen hatte. Es war doch schon merklich abgekühlt die letzten Tage.

Sie fand ihre Nachbarin beim Baumhaus, wo sie die noch unbehandelten Bretter mit einer hellen Lasur überzog. Die langen Haare mit einem roten Tuch zurückgebunden und in einer schmutzigen Latzhose, die ihr ein paar Nummern zu groß schien, sah Delia in Ruths Augen aus, als wäre sie soeben von einem Piratenschiff entflohen. Nur ihr Gesang passte so gar nicht in dieses Bild und ließ Ruth grinsen.

„Na, Land in Sicht?", rief sie nach oben und lachte, als die junge Frau in gespieltem Ernst die Hand vor die Augen hob und sich suchend umblickte.

„Brauchst du Hilfe?", bot sie gleich darauf an und kletterte nach oben, ohne eine Antwort abzuwarten. Delia streckte ihr einen zweiten Pinsel entgegen.

Ruth ließ keine Stille aufkommen. Dazu hatte sie schon viel zu lange mit niemandem mehr gesprochen. „Es ist etwas einsam hier die letzten Tage", ließ sie verlauten und beobachtete Delia, die seelenruhig ein Brett nach dem anderen einstrich.

Nach einer Weile hielt Delia inne und blickte sich nach Ruth um.

„Möchtest du darüber sprechen?"

Ruth wollte schon den Kopf schütteln und besann sich dann jedoch anders. Zu oft waren diese Gedanken nun in ihr präsent, als dass sie sie erneut hätte verdrängen wollen. Sie setzte sich auf die kleine Terrasse des Baumhauses und ließ die Beine baumeln.

„Nun ja... es sind ja eigentlich nur noch wir zwei hier. Das ist so ungewohnt."

„Und du fragst dich, ob das so bleibt?", erkundigte sich Delia und setzte sich zu ihr auf die Kante.

„Ich habe viele Fragen dieser Tage. Doch ich versuche, nicht gleich auf alle eine Antwort finden zu müssen."

„Doch ein Teil von dir ist unsicher", schloss Delia und blickte sie liebevoll wissend an.

„Oh ja, es kann sich komisch anfühlen, wenn alles, was man lieb gewonnen hatte, von einem geht. Da ist nicht mehr viel, was ich als etwas erkenne, was zu mir gehört. Es scheint fast nur so zu sein, dass Dinge losgelassen werden müssen. Wirklich viel Neues zeigt sich gerade nicht", murmelte Ruth nachdenklich.

„Ja, weil du es noch zu sehr mit deiner bisher bekannten Welt vergleichst. Doch das Neue wird nie mehr so fassbar und nie mehr so berechenbar sein, wie du es kanntest. Wenn du dich diesem Neuen gänzlich öffnen kannst, wirst du erkennen, wie viel Freiheit, Leichtigkeit und Weite dir dies schenkt. Doch zu Beginn kann es ängstigen, weil es einem die gewohnte Sicherheit nimmt und die bekannte Stabilität. Die wirst du jedoch nach und nach in dir selbst finden. Alles wandelt sich so, dass du aus dir selbst heraus lebst. Nicht mehr von außen nach innen, sondern von innen nach außen. Deshalb fühlt es sich oft auch so verwirrend an, weil Richtungen getauscht werden."

„Ich fühle auch viel mehr Ängste, die ich bisher noch nicht wirklich kannte", traute sich Ruth einzuwerfen.

„Dir wird dein menschlicher Teil gerade sehr bewusst, weil du gleichzeitig deine Seele immer mehr wahrnimmst. Es ist Raum entstanden, dass dein Lichtkörper integriert werden kann. Dadurch siehst du jedoch auch immer mehr, wie sehr du Mensch bist. Das ist wunderschön, doch auch das kann zu Beginn viele Ängste auslösen, weil wir es auf einmal so deutlich in uns erkennen. Da ist die Angst vor dem Tod, die Angst vor Schmerzen, vor Nähe und anderen Menschen und letztendlich vor sich selbst. Die Angst Mensch zu sein. All das wird dir in dieser Klarheit gezeigt, um auch mit dem Menschen in dir Frieden zu schließen. Du wirst nicht voll aus deiner Seele leben können, wenn du nicht auch Mensch sein kannst. Mensch sein mit all dem, was dazugehört. Ohne Angst vor sich selbst."

Ruth schwieg und versuchte das zu fassen, was sie soeben gehört und in sich gefühlt hatte.

„Ich glaube, ich verstehe, was du meinst", murmelte sie dann, „ich habe die Tage auch oft gespürt, wie ich mich selbst hindere, Dinge zu tun, weil Ängste im Weg stehen. Ich lasse die Energie dann nicht fließen und versuche eine gewisse Sicherheit aufrecht zu erhalten. Ich habe Angst, dass die Energie, die ich wahrnehme, mich überflutet."

„Wenn der Mensch und die Seele in Harmonie agieren, so entsteht eine unglaubliche Kraft und Intensität.

Doch oftmals ist viel zu wenig Vertrauen da, um sich selbst den Energien, die man fühlt, hinzugeben. Mit der Zeit jedoch, wenn du den Menschen und die Meisterin in dir erkannt und kennengelernt hast, wird sich dies ganz natürlich einstellen. Es braucht lediglich etwas Zeit und viel Mut, bis du dich in diesem neuen Sein zurechtfindest."

Die Augenbrauen nachdenklich zusammengezogen zupfte Ruth an einem welken Buchenblatt. „Wie kann ich denn mit meiner Seele sprechen und die Meisterin in mir kennenlernen?"

Leise lachend ließ Delia ihre Beine schaukeln und fing nach einer Weile an zu erzählen: „Du kannst deine Seele ganz bewusst immer wieder zu dir einladen. Fühle in diese ureigene Energie, die dir auf einer gewissen Ebene so vertraut ist. Sprich mit ihr, wie du mit mir sprichst, denn sie versteht dich auch ohne Worte und dann lausche. Sie wird dir immer antworten."

„Aber wie kann ich wissen, dass ich mir nichts einbilde?", wandte Ruth ein.

„Lerne deine ureigene Essenz kennen und du wirst dir diese Frage nicht mehr stellen. Die Energie und Sprache deiner Seele sind mitnichten zu vergleichen mit den Gedanken, die sich dein Verstand ausdenkt. Deine Seele wird dich führen, wenn du es zulässt. Doch dazu darfst du ihr zuerst Raum schenken und sie nähren, indem du dich immer wieder mit ihr verbindest. Mit der Zeit wird sie sich dann mit wundervoller Magie in dein Leben einfügen."

Delia setzte sich leicht auf die Seite, sodass sie Ruth direkt anschauen konnte.

„Weißt du, all dies geschieht so natürlich. Doch oft behindern wir den Fluss der Dinge und damit auch die Transformation zum Lichtwesen, weil wir sie wieder zu kontrollieren versuchen. Weil wir sie erneut mental begreifen wollen und weil wir das Gefühl haben, alles einordnen zu müssen. Das sind alte Muster, die aus fehlendem Vertrauen entstehen. Es lässt dich erneut limitiert und gefesselt zurück. Das ist nicht nötig. Es wäre alles so natürlich, wenn wir uns gestatten könnten, diesen Prozess im Vertrauen zu erlauben."

„Na ja, es scheint mir manchmal so, als ob von mir neue Pläne und neue, konkrete Ziele gefordert werden. Ein Teil von mir würde sich wünschen, dass dieser Wandel nicht mit einer solchen Leere einhergeht. Dass er konkreter ist, klarer und greifbarer", wandte Ruth ein und pflückte ein paar welke Blätter von dem Ast in ihrer Nähe.

„Sobald du dir wirklich bewusst bist, dass all dies aus einer einzigen Angst entsteht und du dich damit nur erneut klein halten würdest, wirst du dieses Bedürfnis loslassen können", antwortete Delia und breitete dann ihre Arme aus, „du wirst jeden Tag und jede Minute genau das sein dürfen, was du verkörpern möchtest. Ohne Schublade und ohne Masterplan im Hintergrund. Einfach nur du. Jederzeit wandelnd, jederzeit wachsend. Ist das nicht wundervoll?"

Nachdenklich ließ Ruth ihren Blick über den Garten schweifen. Sie sah so viele Farben, die den Herbst zu einer wunderschönen Jahreszeit werden ließen. Das tiefe dunkle Rot, das warme Gelb und das erdfarbene Braun gemischt mit Grün in allen möglichen Schattierungen. Es war alles so bekannt. Seit Jahren dasselbe und dennoch immer wieder aufs Neue so schön und berührend. Die Energie wandelte sich. Die Fülle ging und läutete eine Zeit der Stille und Besinnung ein. Würde sie genauso vertrauen können, dass der Frühling wiederkam? Doch was, wenn dieser Frühling anders wäre? Neu. Ungewohnt. Hätte sie auch dann genügend Vertrauen in sich und das Leben? Was, wenn der Frühling nie käme?

Delia schien wie so oft ihre Gedanken und Empfindungen zu ahnen. So erstaunte es Ruth nur ein kleines bisschen, als die junge Frau an ihrer Seite wieder zu sprechen anfing.

„Diese innere Stille ist nur so lang für dich leer, wie du nach dem Ausschau hältst, was du bereits kennst. Doch sobald du dich dafür öffnest, dass das Leben auch ganz anders sein kann, als das, was du bisher dachtest zu wissen, dann wird diese Leere keine Leere mehr sein. Dann brauchst du auch nicht mehr zu planen und brauchst keine Ziele mehr, weil sich alles von alleine fügen wird. Natürlich wirst du aktiv dein Leben angehen, wirst Dinge erschaffen und neue Welten betreten. Doch dies wird aus einer inneren Gewissheit kommen, dass du deiner Seele folgst. Du wirst den Impuls in dir spüren und ihn mutig ausführen. Ohne wirklich wissen zu müssen, wie es letztendlich ausgehen wird. Ohne konkrete Anforderung an ein Endprodukt und ohne das Bedürfnis nach Sicherheit. Es wird wahre Schöpfung sein. Zutiefst aus deinem Bewusstsein, zutiefst aus Vertrauen und Hingabe. Gefüllt mit Freude am Erschaffen selbst. Es wird immer genau das sein, was dich glücklich macht, weil es aus deinem Inneren entstanden ist."

Ruth lächelte. Sie spürte auf einmal, was Delia ihr erzählte. Sie spürte diese Leichtigkeit, nicht mehr wissen zu müssen, was ihr guttun würde. Ja, sie durfte ohne Plan dem folgen, was sie in sich wahrnahm. Sich und dem Leben zutiefst vertrauend.

Alles war gut, so wie es war.

## 34
### Reiche Ernte

*Delia*

Als die letzten Bretter bemalt waren, legte Delia ihren Pinsel zur Seite und betrachtete das nun fertige Baumhaus. Es sah so wunderschön aus, ihre kleine Burg hier auf dem Baum. Durch die feine Lasur konnte man die Zeichnungen des Holzes gut erkennen und Delia wusste, dass sie nie müde werden würde, diese Kunstwerke zu bewundern. Natürlich würde sie ihre kleine Höhle noch etwas einrichten. Mit ein paar Kissen und Decken, vielleicht einer Lichterkette und weiteren Lämpchen würde ihr Baumhaus zu einer richtigen Oase werden. Delia liebte solche Orte, an denen sie sich etwas zurückziehen und für sich sein konnte. Sie brauchte diese Stille und die Zeit für sich selbst, um ganz mit ihrer Energie zu sein und zu fühlen. Nun auch einen solchen Ort in der Natur zu haben und dennoch etwas geschützt zu sein, stimmte sie fröhlich. Die kalte Jahreshälfte näherte sich unaufhaltsam und so würde sie dennoch viele Stunden am Tag draußen verbringen können.

Vielleicht war dieser Ort aber auch einfach deshalb entstanden, weil sie so einen Begegnungsort für die

Menschen aus dem Ringelblumenweg geschaffen hatte. Ein Ort des Seins und der Träume, was manchmal mitten in diesem Wandel sehr wichtig war.

Behände stieg Delia die Strickleiter nach unten. Ruth war schon vor einer ganzen Weile nach Hause gegangen, doch Delia wollte nun ihre Arbeit fortsetzen. Sie liebte es, die Früchte und das Gemüse aus dem Garten zu ernten. Da sich bald schon ein paar sehr kalte Tage näherten, war die Zeit da, um die letzte Ernte einzubringen. Sie machte sich auf den Weg in den Mandalagarten.

Als Erstes blieb sie bei einem Beet stehen, in welchem sich ihre letzten Kartoffeln befanden. Auch ein paar Topinambur waren noch in der Erde, doch da die gelben Blüten noch kräftig am Blühen waren, ließ Delia sie weiterwachsen.

Bis zu den Ellenbogen buddelte sie sich durch das große, runde Beet und beförderte eine Kartoffel nach der anderen zu Tage. Ihr Lächeln vertiefte sich, als sie auf immer weitere Knollen stieß.

Wie viele Menschen noch immer jegliche Tiefe von sich wiesen und sich gegen all das scheinbar Dunkle wehrten. Doch in der Geborgenheit der weichen Erde stieß man auf Schätze jeglicher Art, sobald man sich traute, die gängige Oberflächlichkeit zu verlassen. Delia wusste um die Natur des gegenwärtigen Wandels. Noch nie hatte es in der bisherigen Menschheitsgeschichte etwas Ähnliches gegeben. Noch nie war man so tief vorgedrungen. Doch jetzt war der Zeitpunkt für viele da. Es ging darum, all die Wunden, die seit Anbeginn der Geschichte in den Zellen eines jeden gespeichert waren, freizulegen. Es ging um eine tiefgreifende Heilung, um Bewusstwerdung und eine gänzlich neue Ausrichtung. Dieser Weg war hart und forderte alles ein, was man zu geben hatte. Doch genau deshalb gelangte man auch an die dunkelsten Stellen und an die tiefsten Ängste. Auch alle Zweifel, Muster und die Ahnenlinien durften abgelegt werden. Es ging um eine Reise in eine ganz neue Welt.

Das Schwierigste war dabei wohl das Kollektivbewusstsein, welches so stark verankert oft als eigene Wahrheit empfunden wurde. Sich davon zu lösen, fühlte sich für viele an wie ein Loslassen dessen, was bisher als Identität und Sicherheit galt. Auf eine gewisse Weise hätte man sagen können, dass man starb und danach wiedergeboren wurde. Immer wieder über eine gewisse Zeit, bis man spürte, wie der innere Raum von Bewusstsein und Weisheit durchflutet wurde. Bis eine innere Ruhe und ein Frieden fühlbar waren, wo zuvor nur Dunkelheit herrschte. Ja, man durfte all diese Schatten anschauen, um sie später als wahre Schätze wiederzuerkennen. Es war ein Wandel auf allen Ebenen.

Delia putzte die Erde von den Kartoffeln und legte sie in einen Korb. Sie fühlte jede Delle, jede Rille und jede Unebenheit. Gleichzeitig auch die glatte und angenehme Haut, die jede Kartoffel umgab.

Auch der Körper des Menschen ging durch den großen Wandel. Ließ alles los, was er in sich gespeichert und dadurch festgehalten hatte. Machte Raum für das Licht der Seele und ein völlig neues Bewusstsein. Auch er wurde von Grund auf neu ausgestattet. Oft war dies zeitweise mit Schmerzen verbunden und nicht selten hatte man das Gefühl, gebeutelt zu werden. Es war mitunter ein Weg, um eingesperrte und verdrängte Emotionen freizulassen. Um loszulassen und sich zu reinigen.

Delia dachte an den Unfall von Ruth und all die weiteren Male, als sie von Gliederschmerzen und Krämpfen gesprochen hatte. Es war nicht bei jedem Menschen gleich. Dennoch konnte man fast sagen, dass es wohl mit dazugehörte und sich ganz natürlich zu diesem Prozess gesellte. Wenn man bedachte, was für Unmengen an Altlasten und Wunden die Zellen gespeichert hatten, war die Leistung, die der Körper in diesen Zeiten erbrachte, gigantisch. Sich umzuschreiben für höhere Frequenzen, Raum zu schaffen für den Lichtkörper und vor einem eng geschriebenen Plan der Gene zu einer neuen Freiheit und Leichtigkeit zu finden, war eine unglaubliche Wandlung. Dafür musste der Mensch nicht einmal groß etwas tun. Er durfte einfach da sein, erlauben, dass es geschah und so gut wie möglich den Körper bei seiner großen Entgiftung und Umwandlung unterstützen.

Die letzten Kartoffeln landeten im Korb und Delia trug ihn zur hölzernen Terrasse. Hier lag bereits eine Schale bereit, die sie an sich nahm und zum nahe stehenden Walnussbaum trug. Der Baum war noch nicht sonderlich groß, doch trug er dieses Jahr besonders viele Früchte. Delia legte die Schale ins Gras und kniete sich hin. Es lagen schon viele Nüsse am Boden, sodass sie nur ihre Hand auszustrecken brauchte. Nach und nach trennte sie die harte Schale vom weichen Kern.

Sie schmunzelte. Wie viele Parallelen sie auch hier zum großen Wandel sah. Es war nicht einfach, all die

Schutzhüllen, die man sich über Lebzeiten angeeignet hatte, loszulassen. Viele Überlebensstrategien führten lediglich dazu, dass man sich selbst im Weg stand und den Fluss der Energien behinderte. All dies gehen zu lassen und sich in vollstem Vertrauen für das kraftvolle Leben dahinter zu öffnen, war eine stete Herausforderung, die einen zeitweise etwas überfordern konnte. Noch waren sich nur wenige Menschen bewusst, dass alles, was ihnen begegnete, ihre eigene Energie war. Dass sie ihnen diente und sie auf diesem so natürlichen Weg begleitete. So versuchten sie sich dagegen zu stemmen, Dinge abzuwerten und in ihrem Schneckenhaus zu bleiben. Sich abzulenken war lange Zeit einfacher, als die so geliebte Schutzhülle fallen zu lassen. Doch man kam nicht darum herum, sich verletzlich zu zeigen, wollte man diesen Weg zu sich selbst gehen.

Mit der Zeit durfte man dann erkennen, dass es nichts Schöneres gab, als sich in solch ungewohnte Tiefen zu begeben. Es nährte und erfüllte einen auf eine Weise, wie es die harte Schale nie zugelassen hatte.

Immer mehr Nüsse füllten die Schale und Delia steckte sich ein paar davon in den Mund. Sie schmeckten süß und bitter gleichzeitig. Wie gut sie dies kannte. Seiner eigenen Sehnsucht zu folgen und sich immer mehr der Weite des Lebens hinzugeben, konnte so wunderschön sein. Gleichzeitig galt es dann aber auch, sich den Gefühlen wie Schuld oder Scham zu stellen. Es wollte gefühlt werden, was zum Beispiel totales Versagen bedeutete. Oder Ohnmacht, Hilflosigkeit, Einsamkeit – die ganze Palette wurde vor einem ausgebreitet, um das Spektrum des menschlichen Seins in sich wahr- und anzunehmen. Nur so konnte Raum für die Seele entstehen, indem der Kampf gegen ungewollte Empfindungen beendet wurde.

Als sie all die Nüsse gesammelt hatte und immer noch etwas Platz in der Schale war, spazierte Delia hinüber zu den Traubenstauden. Noch immer hingen viele Früchte an den dünnen Ästen. Vorsichtig durchtrennte Delia nach und nach die kleinen Zweige, sodass sie die süßen Beeren in ihre Schale legen konnte. Die vereinzelten Beeren, die sich von den Ästchen lösten und einzeln in die Schale kullerten, suchte Delia heraus und aß sie allesamt genüsslich auf. Wieder erstrahlte ein Lächeln auf ihren Lippen, als sie erkannte, was ihr die Weintraube über den Wandel erzählte.

Sie hatte bei Ruth und Liliane, aber auch schon bei vielen anderen Menschen beobachtet, wie sich Familienstrukturen auflösten. Scheinbar festgesetzte Strukturen zerfielen. Verbindungen, auf die man sich seit Jahren oder Jahrzehnten verlassen hatte, veränderten sich. Man wurde auf einmal gefordert, auf eigenen Füßen zu stehen und die Sicherheit in sich selbst zu finden. Für sich selbst die volle Verantwortung zu übernehmen. Für sich selbst da zu sein.

Delia steckte sich eine weitere süße Frucht in den Mund. Es war nicht einfach, sich von solch tiefen Freundschaften oder Familienmitgliedern zu lösen und dennoch sah sie es als unglaublich gesund an. Es bedeutete, die Ahnenlinie, die einen immer wieder in dieselben Themen zurückzog und einen in der Inkarnationskette hielt, loszulassen. Es bedeutete letztendlich Freiheit. Auch wenn ihr oft ein sehr schmerzhafter Weg voranging.

So löste man sich von vergangenen Geschichten, von Ahnenlinien, dem Kollektivbewusstsein und allen möglichen Erwartungen und Plänen. Es gab auf einmal keine altbekannte Ordnung mehr. Keinen Plan und kein fixes Ziel. Das war die Leere, die Ruth im Moment so sehr in sich spürte. Delia wusste, wie herausfordernd dies sein konnte. Gleichzeitig war es das wohl größte Geschenk. Die Seele nahm nach und nach Platz im Körper des kleinen Menschleins und erschuf ein Leben mit einem völlig neuen Sein. Ein Leben in einer neuen Welt.

Sie hatte nur wenige Traubenstauden hier in ihrem Mandalagarten. Es würde nicht reichen, um diese Beeren zu gären. Dennoch wäre dies genau der Prozess, der nun mit Ruth und vielen weiteren Menschen geschah: Gemachte Erfahrungen wurden zu Weisheit. Auch wenn sich der Mensch oft nicht im Klaren darüber war, wie dies geschah – er konnte nicht verhindern, dass sich dies einstellte, sobald er begann, den Wandel in aller Tiefe zu erlauben. Es war auch nicht der Mensch, der hier etwas tun oder forcieren konnte. Es war die Seele alleine, die ihren Raum dazu nutzte. So wurden auf einmal aus schwierigen Erlebnissen wahre Schätze sichtbar. Und die uralte Geschichte des kleinen Menschleins kam zu einem großen Ganzen. War dies nicht unglaublich? Delia legte den Kopf in den Nacken und schloss die Augen. Sie fühlte eine so unglaubliche Dankbarkeit in sich, als sie so die Schönheit dieses Wandels vor sich sah, dass sie berührt schluckte. Sie wusste, dass dieser Prozess das wohl Anspruchsvollste war, worauf sich ein Mensch einlassen konnte. Dennoch war es gleichzeitig das größte Geschenk, das er sich selbst machte. Er kam nach Hause. In sich selbst.

Delia legte die gut gefüllte Schale auf den Boden und durchstreifte die nahe gelegene Wiese, auf welcher sich bereits eine gute Schicht Laub befand. Sie lachte, als sie das Rascheln und Knistern vernahm. Sie würde nie müde werden, die Schönheit der Natur und die des natürlichen Wandels zu sehen. Sie liebte die Erde und sie liebte ihren eigenen Weg. Die junge Frau wusste, dass der Wandel, den sie fast vollkommen hinter sich hatte, der größte war, den man durchleben konnte. Und sie wusste auch, was dies bedeutete. Delia war nun hier, um das Licht ihrer Seele auszustrahlen und ihre Weisheit zu leben. Das hatte sie bewusst so gewählt. Gleichzeitig bedeutete dies aber auch, dass es ihr letztes Leben hier auf der Erde sein würde. Sie hatte alles erlebt, was sie erleben wollte. Hatte alles gesehen und gefühlt. Sie fühlte sich innerlich ganz. Rund. Erfüllt mit dem Leben selbst. Sie würde noch nicht gleich jetzt gehen. Noch war es nicht an der Zeit. Zu sehr genoss sie das Leben, welches sie sich erschaffen hatte. Doch sie wusste, dass sie jederzeit die Wahl hatte. Sie lebte in Freiheit und Verbundenheit mit dem großen Ganzen. Und alles war gut, so wie es war.

## 35
### Endlich Zuhause
*Amin*

Die Suppe schmeckte irgendwie komisch, doch Amin wusste, dass sie ihren Dienst tun würde. Er hatte das, was er an Essen in der karg eingerichteten Hütte gefunden hatte, bestmöglich verwendet. Vieles war ungenießbar gewesen, war es in der bescheidenen Behausung doch feucht und modrig. So hatte er aus zwei Kartoffeln, etwas Maismehl und ein paar Wurzeln eine Suppe gekocht, die es wohl in kein Kochbuch geschafft hätte, doch allemal Wärme und Sättigung schenkte.

Er legte den hölzernen Löffel auf den Tisch und goss etwas von der heißen Brühe in eine kleine Schale. Da sie noch etwas auskühlen musste, nutzte Amin die Zeit und legte ein paar Holzscheite ins Feuer. Ihm selbst war heiß, doch es ging jetzt nicht um ihn. Er wollte es dem alten Mann so angenehm wie möglich machen.

Der weiße Hund lag unter dem Tisch und schlief. Auch er wirkte noch immer total erschöpft, doch kam er etwas schneller zu Kräften als sein Herrchen.

Als Amin die beiden vor ein paar Tagen gefunden

hatte, war es höchste Zeit gewesen. Es hatte das erste Mal in den Bergen geschneit und die Luft war schneidend kalt gewesen. Mit seinem spärlichen Umhang gekleidet und bis zu den Knochen abgemagert, hatte er den Mann mit dem wilden Bart sofort erkannt. Er hatte ihn damals im Baumhaus vor seinem inneren Auge gesehen, als er die Geschichte der Zeit erzählt hatte und neulich war er ihm auch in seinem Traum erschienen. Um diesen Mann zu treffen, war er losgeschickt worden. Noch wusste er nicht genau, was seine Aufgabe war und wen er hier vor sich hatte. Doch er sah täglich neue, innere Bilder und bekam Botschaften, die ihn alles nach und nach verstehen ließen.

Dass sie die Hütte gefunden hatten, war der unglaublichen Lebenskraft des bärtigen Mannes zu verdanken. Er hatte Amin unermüdlich den Weg gewiesen, auch wenn er selbst kaum noch hatte gehen können. Und so waren sie hier gelandet.

Die letzten Tage hatte der ältere Mann in einer Art Dämmerschlaf verbracht, aus dem er bisher nicht wieder erwacht war. Doch Amin wusste intuitiv, dass es bald soweit sein würde. Deshalb stand die Suppe bereit.

Kurz bevor der Mann die Augen öffnete, spürte Amin den inneren Impuls und setzte sich auf den Rand des groben Holzbettes. Die Decke war rau und dünn, sodass Amin auch seine Jacke über den Schlafenden gelegt hatte. Als er ihm nun das erste Mal nach langer Zeit in die wachsamen und zugleich liebevollen Augen blickte, lächelte Amin und schluckte berührt. Ja, er kannte diesen Mann. Ihre Seelen waren schon seit Langem verbunden und nun hatte sie das Leben wieder zueinander geführt. Auch spürte er, was für eine unglaubliche Reise der wilde Mann hinter sich hatte. Sie war der seinen nicht unähnlich.

„Hallo Bruder", murmelte Amin und sah, wie sich der Blick des Mannes von einer kurzen Verwirrung zu einer wissenden Ruhe wandelte. Auch er hatte ihn erkannt. Zwei erwachte Brüder blickten sich in die Augen.

„Jakob ist mein Name", flüsterte der Mann und musste dann eine Weile pausieren, bis er wieder die Kraft hatte, weiterzusprechen. „Ich habe dir eine Menge Umtriebe bereitet."

Amin lächelte nur und griff zur Schale mit der Suppe. Die Augen des bärtigen Mannes weiteten sich vor Freude, als er den Duft der warmen Mahlzeit roch und Amin half ihm, sich leicht aufzusetzen. Vorsichtig hielt er Jakob den ersten Löffel Suppe hin. Er lachte leise, als sein Gegenüber die Augen genießerisch schloss und sein Gesicht zu einem breiten Grinsen verzog. Diese Schale würde schnell leer sein, da war er sich sicher.


Wahrlich nicht allzu viel später saß ein rundum zufriedener Jakob vor dem Feuer und streichelte seinen geliebten Hund. Amin war innerlich berührt von der Kraft, die dieser Mann ausstrahlte. Er musste vieles für sich erkannt haben, um mit so viel Freude erneut ins Leben einzutauchen. Amin setzte sich zu den beiden auf den harten Boden.

Nach einer ganzen Weile der Stille, die nur durch das leise Knistern des Feuers unterbrochen wurde, sprach Amin die Worte aus, die er in sich spürte.

„Du bist weit gereist, mein Freund. Ich sehe dich."

Als sich erneut eine Stille ausbreitete und Amin

schon dachte, dass sich der Bärtige nicht mehr zu Wort melden würde, begann Jakob mit ergriffener Stimme zu erzählen.

„Es fühlte sich an, als ginge ich durch die Hölle. Als würde ich sterben. Ich habe ja schon einiges erlebt in meinen vielen Jahren, doch ich bin noch nie so tief gefallen. Habe mich noch nie so sehr der inneren Dunkelheit hingegeben. Ich sah auf einmal, wie ich mein ganzes Leben verbracht hatte und all die Lebzeiten davor. Wie ich mir etwas vorgemacht hatte, um weniger zu fühlen, um die Leere in mir zu stopfen oder um einfach irgendwie doch noch glücklich zu sein. Aber ich war es nie. War stets auf der Suche, stets auf der großen Reise, die endlos ins Nichts führte. Ich sah nie, dass ich immer wieder auf mich selbst zurückgeworfen wurde. Ich wollte es nicht sehen, wollte immer nur im Außen fündig werden und war nie zufrieden, dass ich bei mir selbst endete. Das wollte ich doch nicht. So sollte es doch nicht sein, oder?" Jakob lächelte in Amins Richtung und schüttelte sachte den Kopf.

„Ich wollte nicht, dass ich selbst die Lösung bin. Dass ich mein Zuhause bin und meine eigene Liebe. Ich wollte es nicht, weil ich mich selbst nicht mochte. Weil ich die ganze Zeit vor mir selbst davonlief."

Amin konnte das Erzählte so sehr nachfühlen. Doch es brauchte keine Worte der Bestätigung oder seiner eigenen Empfindung. Es reichte, diesen heiligen Raum der Ehrlichkeit und Erkenntnis mit Jakob zu teilen. Da zu sein und zu erlauben, dass die Energie fließen konnte. So schwieg er und fühlte die Dankbarkeit, Teil dieser Reise des bärtigen Mannes sein zu dürfen.

„Ich sah, wie alles zu diesem einen Leben, zu dieser besonderen Zeit, hingeführt hatte. Es fühlte sich so an, als würden alle Fäden genau jetzt hier oben in den Bergen zusammenführen", fuhr Jakob mit leiser Stimme fort. Sein Blick hing an den Flammen, die in einem ständigen Tanz Energie sichtbar werden ließen.

„Es war an der Zeit für dich, um dich selbst wiederzufinden", schloss Amin.

„Ja, ich habe es endlich begriffen. Und noch so viel mehr dazu. Ich fühle jetzt, warum ich hier bin und warum ich all die Erfahrungen der vielen Leben machen wollte. Ich spüre nun, wie alles irgendwie Sinn ergibt. Wie alles stimmig ist. Und wie sehr wir Menschen alles kompliziert machen, weil wir es nicht mit unserem Bewusstsein erfassen, sondern mit unserem großen Rucksack an Urteilen, Wunden, Ängsten und Mustern. Dabei ist diese andere Welt des großen Ganzen so nah! Nur habe ich sie bisher nie sehen können."

„Es geschah alles zur richtigen Zeit. Du warst bereit, das ist alles. Du brauchst deswegen nicht deinen Weg zu hinterfragen. Es war und ist alles genau so, wie es ist, gut", antwortete Amin und lächelte Jakob zu.

„Das spüre ich auch so. Doch gleichzeitig sehe ich, wie sehr ich mir selbst und meinen Liebsten im Weg gestanden bin. Das tut weh." Er nickte und seufzte laut, bevor er fortfuhr: „Ich weiß und sehe aber gleichzeitig auch, wie mein Verhalten den anderen gedient hat, um ihre Erfahrungen zu machen und ihren eigenen Weg zu gehen. Es ist alles Teil eines großen Ganzen. Sich dann dennoch genau so, mit alldem, was war, anzunehmen, das gelingt mir noch nicht immer."

„Was hast du in diesen Innenschauen und Visionen über die Zeit erkannt?", fragte Amin.

Jakob blickte ihn zuerst etwas verwirrt und dann nachdenklich an.

„Ich hatte den Eindruck, dass die Zeit nicht so linear war, wie wir sie gerne hätten. Sie fühlte sich viel flexibler an. Viel weicher und biegsamer. So, als könnte man beliebig mit ihr spielen."

„Und was hast du über deine Rolle als Mensch hier auf der Erde erkannt?", stellte der junge Mann die zweite Frage.

„Ich erkannte, dass ich hier war, um alle möglichen Erfahrungen zu sammeln. Sogenannte gute, wie schlechte und dies in allen möglichen Variationen. Ich fühlte keine Bewertung dessen hinsichtlich richtig oder falsch und auch kein Urteil, ob wertvoll oder nicht. Ich war einfach hier, um mich selbst zu entdecken. Um zu erfahren, was es heißt, Mensch zu sein. Um zu erfahren, was Energie ist und wie ich damit umgehe. Und um letztendlich meine Seele zu erkennen, die ihr Bewusstsein und ihre Weisheit mit sich bringt. Es geht um ein absolut bewusstes Erwachen in Form eines menschlichen Körpers. Um die Realisation, wie alles aufgebaut ist und dass ich Herr meiner Energie bin. Ich bin ein souveränes Wesen. Doch um dies zu erkennen, durfte ich zuerst ganz viele Lebzeiten im großen Schlaf verbringen. Ich sah sogar, wie sich meine bisherigen Leben verändern, weil ich nun erkenne und verstehe. Ich weiß, das klingt etwas absurd." Jakob schwieg und kraulte Merlin, der zu seinen Füßen lag.

„Wenn du sagst, dass die Zeit nicht linear ist und wenn du erkannt hast, dass sich alles – auch die Vergangenheit noch ändern kann... warum zweifelst du dann noch an dem, was du bisher getan hast? Ist es nicht einfach an der Zeit, all dies loszulassen?", fragte Amin und blickte seinem neuen Freund ruhig in die Augen.

„Es war und ist immer alles gut, wie es ist. Das dürfen wir langsam in aller Tiefe begreifen. Nur im jetzigen Augenblick kannst du wählen und hast ein Buffet an grenzenlosen Potenzialen vor dir. Dann ist alles offen. Dann kann sich auch alles ändern. Doch in der Vergangenheit, die gar nicht wirklich vergangen ist, herum zu graben oder sich um die Zukunft zu sorgen, das bringt uns nur weg von unserer eigenen Energie. Es bringt uns weg vom jetzigen Moment, der so viel Kraft in sich hat, dass er Welten bewegen kann. Ja, wir sind souveräne Wesen und ich spüre, dass du eine unglaubliche Energie mit dir bringst. Bitte fange an, sie zu nutzen. Sei es dir wert, dass du ganz in deiner Kraft bist."

Jakob nickte und Amin konnte sehen, wie seinem Gegenüber eine Träne über die schmutzige Wange kullerte.

„Sei dir bewusst, dass du alles in deinem Leben wählst", flüsterte Jakob und fügte hinzu: „Dies hat einmal eine ganz weise Frau zu mir gesagt." Er atmete hörbar aus. „Und jetzt verstehe ich endlich."

Amin nickte leicht und schmunzelte. „Soll ich dieser weisen Frau und ihrer Nachbarin etwas von dir ausrichten, wenn ich wieder im Tal bin?" Als er den verblüfften Gesichtsausdruck seines neuen Freundes sah, lachte er laut und voller Freude. Er konnte richtiggehend beobachten, wie sich im Innern seines Gegenübers unzählige Empfindungen austobten.

Jakob schluckte. Dann atmete ein paar Mal tief ein und aus, bevor er aufstand und auf Amin zulief, so gut es ihm seine zittrigen Beine erlaubten. Er hielt Amin mit flackerndem Blick die ausgestreckte Hand hin.

„Bringst du mich nach Hause, Amin?", fragte er dann mit dünner Stimme.

## 36
## Neues
## Beisammensein

### Liliane

Liliane zog den dampfenden Nudelauflauf aus dem Ofen und stellte ihn auf die Anrichte. Sie hatte sich wieder einmal übertroffen und freute sich über die knusprige Kruste aus Hefeflocken und Kokosmilch. Sie streute ein paar frische Kräuter über die überbackenen Nudeln mit Gemüse und setzte den Kochlöffel an, um die wohlriechende Mahlzeit in die drei Teller zu schöpfen.

Sie hörte Lotta und Ruth nebenan lachen und spürte, wie sich eine Wärme in ihr ausbreitete. Es war für sie nicht selbstverständlich, wie wohlwollend und offen sich ihre Tochter gegenüber ihrer neuen Lebensgefährtin verhielt. Nie hatte Ruth ihre Entscheidung hinterfragt oder sie gebeten, diese großen Veränderungen langsamer anzugehen. Sie hatte sich stets darum bemüht, sie auf ihrem Weg zu unterstützen. Dies hatte ihnen auf ungewohnte Weise mehr Raum in ihrer Verbindung gebracht und gleichzeitig mehr Nähe. Es war wunderschön.

Die geblümte Kochschürze noch um ihre Hüften gebunden, schnappte sich Liliane die reichlich gefüllten Teller und machte sich auf den Weg zum Esstisch.

„Hmm, das duftet himmlisch", ließ Lotta verlauten und schickte Liliane eine Kusshand zu. Auch Ruth kam an den Esstisch gelaufen, obwohl sie sich kaum hatte losreißen können von der Leinwand, die mitten im Wohnzimmer stand.

„Ihr erschafft zusammen Kunst, wie ich sie noch nie gesehen habe", murmelte sie und schüttelte verblüfft den Kopf, „so, als würdet ihr etwas ganz Neues kreieren."

Liliane verteilte je einen dampfenden Teller an ihre Partnerin und ihre Tochter. Dann holte sie auch noch ihre eigene Portion und setzte sich zu den zwei Frauen an den Tisch.

„Ich habe bisher auch noch nie gesehen, dass jemand auf der Leinwand Farbe, Edelsteinstaub und feinste Goldelemente verwendet", nahm sie das Gespräch wieder auf, „doch du glaubst nicht, wie sehr ich und Lotta zusammen auf unzählige Ideen kommen. Nichts kann zu bunt sein, nichts zu abwegig. Alles wird ausprobiert und falls nötig in Form und Größe gebracht. Wir haben auch schon überlegt, ob wir noch zusätzlich mit Draht, Federn und Glas arbeiten möchten. Du siehst, uns werden die Ideen nicht ausgehen." Sie lachte.

„Nein, da habe ich überhaupt keine Bedenken", lächelte Ruth und fügte hinzu, „ich finde es einfach schön zu sehen, wie du strahlst, seitdem du dich in vollen Zügen auslebst. Du bist nicht mehr in erster Linie für andere da und dennoch tust du damit allen gut, die um dich sind. Zu sehen, wie glücklich du bist und wie genießerisch du das Leben nun angehst, erfüllt mich mit großer Dankbarkeit."

„Das freut mich, meine Liebe", antwortete Liliane und aß einen Bissen Nudeln mit Lauch, bevor sie weiterfuhr, „ich staune auch immer wieder, wie sehr ich mich erfüllt fühle, nur indem ich endlich aufgehört habe, den richtigen Weg zu suchen. Ich bin einfach und tue das, was mich im jeweiligen Moment glücklich macht. Vielleicht ist das auch schon das ganze Geheimnis."

„Sich den eigenen Raum zu nehmen, um sich auszudrücken, ist deine pure, weibliche Energie", meldete sich nun auch Lotta zu Wort. „Du hast sie und den Zugang zu deiner ureigenen Essenz wiedergefunden, indem du dich nicht mehr vergleichst und weißt, dass du niemandem was schuldig bist."

„Nein, das bin ich wirklich nicht. Zu lange fühlte ich Schuld und Scham in mir, ohne zu wissen, woher sie kommen."

„Delia hat mir einmal erzählt, dass dies die Urwunden sind, die in uns gespeichert sind", sagte Ruth und nahm einen Schluck Pfefferminztee. „Es sind Wunden und Erinnerungen, die in uns vergraben sind, solange wir uns nicht von alldem lösen, was nie wirklich unseres war. Doch da wir zu sehr gewohnt sind zu leiden und den Zugang zu unserem Lichtwesen oftmals von uns weisen, weil wir denken, es nicht verdient zu haben, kann sich dieser Weg doch länger anfühlen, als er sein müsste. Seitdem ich aufgehört habe, die ganze Zeit an mir etwas verändern zu wollen, geschieht vieles von alleine."

„Ja, du hast dich auch verändert", nickte Liliane und lächelte ihrer Tochter zu.

Lotta nahm sich unterdessen noch eine weitere Portion Nudelauflauf und wandte sich dann Ruth zu: „Wie wirst du nun weitergehen? Deine Praxis hast du aufgegeben, soweit ich gehört habe?"

„Ja, meine Praxis habe ich der lieben Mara übergeben. Ich habe bemerkt, wie sehr ich noch immer mein Glück und meine Erfüllung im Außen gesucht habe. Sei dies bei meiner Arbeit oder auch mit Jakob. Doch dies konnte letztendlich nicht gänzlich erfüllend sein, weil es auf Erwartungen, Plänen und Ängsten basierte. Als ich dies erkannte, konnte ich es nach und nach etwas loslassen. Und so habe ich begonnen, die Richtung zu wechseln. Nun auch einfach diesen Raum in mir zu genießen, zu nähren und zu pflegen. Ich möchte erforschen, was alles noch in mir steckt. Und ich möchte mir selbst in vollstem Maße vertrauen lernen, weil ich sehe, wie unglaublich viel dieses tiefe Vertrauen ändern kann."

Sie aßen eine Weile schweigend und lächelten sich zu. Dann nahm Ruth den Faden wieder auf: „Ich habe die letzten Monate gemerkt, wie sehr ich mich immer wieder verliere, wenn ich mich in die Zukunft richte und auch wenn ich an mir arbeite. Dabei kommt alles zu mir, wenn ich mich vertrauensvoll dem Leben öffnen kann. Es braucht unglaublich viel Mut, das ist nicht zu leugnen, doch das ist es mir wert, weil ich dadurch auch zu mir selbst viel Nähe aufbaue. Es kamen auch bereits viele Ängste hoch, die ich bisher nicht kannte, weil ich mich bis jetzt noch nie wirklich dieser inneren Stille gewidmet habe. Die Angst vor diesen tiefen Gefühlen oder die Angst, Schmerzen zu empfinden und ganz Mensch zu sein. Natürlich auch die Angst wiederum vor meiner Größe, wenn ich fühle, dass ich mehr bin als Mensch."

Ruth lachte: „Es ist manchmal richtig absurd und gleichzeitig darf alles da sein. ‚Das große Und'. Ohne zu werten oder etwas zu ändern. Alles ist gut, wie es ist und unsere Reise ist die natürlichste, die es gibt. Dies alles beginne ich langsam zu verstehen."

Liliane nickte und nahm den letzten Bissen auf ihre Gabel. „Ja, das ist so. Auch wenn es sehr anspruchsvoll ist, ist es auch unglaublich wertvoll."

„Könnt ihr denn immer in diesem Vertrauen bleiben?", fragte Lotta etwas skeptisch und fiel dann in das laute Lachen ihrer beiden Tischgefährtinnen mit ein.

„Natürlich nicht", grinste Ruth und langte über den Tisch, um die Teller zusammen zu stellen, „doch müssen wir perfekt sein? Hoffentlich nicht!" Sie lächelte zu Lotta und stand auf, um das Geschirr in die Küche zu tragen.

„Es ist ein Weg, bei dem alles seinen Platz haben darf", murmelte Liliane und blickte ihre Partnerin liebevoll an, „genau dadurch gewinnen wir an Bewusstheit und Verständnis."

Als die drei Frauen später auf dem gemütlichen Sofa gekuschelt saßen und die Schokokekse in der goldenen Schale die Runde machten, fühlte sich Liliane einfach nur pudelwohl. Ihr Leben war inzwischen ein so anderes. Sie wohnte in der kleinen Stadt, was sie gar nicht gewohnt war und sich fast täglich wie ein Abenteuer anfühlte. Sie hatte ihren geliebten Ringelblumenweg hinter sich gelassen und damit verblassten auch nach und nach ihre Erinnerungen an die Zeit mit Ben und ihrer Familie. Sie lebte nun mit einer Frau zusammen. Sie machte den ganzen Tag lang Kunst und brauchte nichts mehr zu tun, was sie nicht wollte. Es war fast schon zu schön, um wahr zu sein. Natürlich, sie war Mitte siebzig und dadurch hätte man sagen können, dass sie es sich verdient hätte. Doch war es nicht so, dass sie bereits mit zwanzig hätte glücklich sein können, wenn sie mehr nach ihrem Innersten gegangen wäre? Es war nicht das Alter, welchem sie eine Bedeutung beimessen wollte. Sie selbst war erst jetzt an dem Punkt angelangt, an dem sie sich selbst wichtig war. An dem sie sich liebte. Und an dem sie das Leben selbst so unglaublich schätzen gelernt hatte. Es war alles da, um ihr zu dienen. Das, was sie bisher immer wieder von Delia gehört hatte, machte auf einmal auf einer so viel tieferen Ebene Sinn. Sie lächelte.

Lotta stand auf und legte eine Schallplatte auf den alten Plattenspieler. Zuerst ertönte gemütliche, sanfte Musik, die Liliane noch etwas tiefer in ihr Kissen sinken ließ. Doch Lotta hatte anderes vor und wechselte kurzerhand die Platte. Nun ertönten Trommeln und Rasseln, gefolgt von mehrstimmigen Klängen, die sie tief drinnen berührten.

Liliane stand auf und zog sich ihren Strickpullover aus. Auch Lotta hatte sich in der Zwischenzeit ihrer kunterbunten Jacke entledigt. So standen sie sich gegenüber, ein Lächeln im Gesicht und mit den Füßen den Rhythmus stampfend, als Ruth sich auch zu ihnen gesellte.

„Los!", jauchzte Lotta und drehte die Lautstärke weiter auf. Liliane lachte und ergriff die Arme ihrer Tochter. Diese kicherte und ließ Liliane eine Drehung vollführen.

Dann nahmen sie Lotta mit dazu und tanzten zu dritt im Kreis. Mal hielten sie sich an den Händen, mal wirbelten sie um sich selbst. Die Trommeln wurden schneller, der Gesang eindringlicher und fordernder. Das Tempo legte zu.

Liliane sah ein Wirbeln aus bunten Farben, hörte das Lachen ihrer zwei Schwestern und fühlte den Puls des Lebens, der durch sie hindurch strömte. Sie fühlte sich so lebendig. So wunderschön lebendig.

Und sie tanzte. Und sang mit. Und tanzte.

Das Leben diente ihr.

Und alles war gut, so wie es war.

37
Seelenblicke
Delia

Das weiße Kleid, welches sie sich im Jahr davor selbst genäht hatte, bedeutete Delia sehr viel. Sie zog es nur selten an und freute sich, als sie nun den Impuls verspürte, erneut in dieses Kleid zu schlüpfen.

Es passte noch immer wie angegossen und erinnerte sie an ihren eigenen Weg, den sie das Jahr über gegangen war. Als sie das Kleid entworfen und genäht hatte, war ihr bewusst gewesen, dass es sie verändern würde. Sie liebte Veränderungen und war geduldig und vertrauensvoll diesen Weg gegangen. Tief in sich hatte sie gespürt, dass es darum ging, die Dualität endgültig loszulassen und das gigantische Feld dahinter zu betreten. Wie genau hatte sie nicht gewusst und sie hatte auch nicht ahnen können, was dies alles in ihr bewirken würde. Dass sie auf einmal erkennen würde, dass auch ihr Liebster ein Teil ihrer selbst war. Gespiegelt durch einen wundervollen Menschen im Außen, den sie erneut auf einer der wohl tiefsten Ebenen gehen lassen durfte. Ja, sie durfte weiteren Raum schaffen, um gänzlich alles im Außen loszulassen. Um vollkommen bei sich selbst anzukommen. Alles war ihre eigene Energie.

Sie band sich ihr Haar zu einem langen Zopf und flocht zwei weiße Bänder hinein. Schon damals hatte sie gefühlt, dass eine neue Freiheit auf sie wartete. Jenseits der Dualität. Da, wo alles möglich war und nichts gewertet wurde. Da, wo es nichts mehr zu definieren gab und dennoch stets Klarheit vorhanden war. Dies dann in dieser Form gänzlich in sich selbst zu fühlen und zu erkennen, dass die ganze Welt sich dadurch änderte und das bisherige Leben und alle vorherigen Lebzeiten sich wandelten, war doch recht erstaunlich gewesen. Es war etwas, was die menschliche Vorstellungskraft bei Weitem überstieg.

Nun war sie in eine andere Welt eingetaucht, die mit der bisher gekannten nichts mehr zu tun hatte. Sie waren völlig verschieden. So hatten sich Augenblicke zu Herzensblicke gewandelt und waren in der Zwischenzeit zu Seelenblicken geworden. Und es ging immer tiefer, immer weiter, wurde immer mehr von tiefster Liebe und Achtung durchtränkt.

Delia stieg in ihre warmen Stiefel und nahm ihren dicken, beigen Umhang mit Kapuze vom Haken neben der Tür. Es war über die Nacht sehr kalt geworden und der erste Schnee war gefallen. Das flockige Weiß hüllte die bunten Herbstfarben ein und ließ erahnen, welche Stille bald für längere Zeit bei ihnen verweilen würde.

Die Tür quietschte ein wenig und Delia lächelte fröhlich, als sie in den mit Schnee bedeckten Garten blickte. Es sah alles so friedlich aus.

Noch war alles unberührt und abgesehen von einigen Vogelspuren war die Schneedecke gänzlich frisch. Die junge Frau jauchzte leise, als sie das Knirschen unter ihren Fußsohlen hörte und wahrnahm, wie anders die Geräuschkulisse in der kalten Landschaft wirkte. Alles war etwas gedämpft, sanft und wunderbar weich. In Ruhe präsent.

Delia öffnete ihren Mund und ließ ihren warmen Atem entweichen. Sie beobachtete, wie er in der kalten Morgenluft kurz sichtbar wurde, bevor er sich wieder verzog und Teil des Ganzen wurde. Sie lächelte und stülpte die Kapuze über den Kopf, um ihre Ohren zu wärmen.

Durch den Garten ging es weiter in Richtung Wald. Mehrmals drehte sie sich um die eigene Achse, um die Spur, die sie im frischen Schnee hinterließ, betrachten zu können. Es erfüllte sie mit Freude.

Als die Sonne hinter den Bäumen hervorkam und die Schneekristalle im hellen Licht erstrahlen ließen, blieb Delia für eine ganze Weile einfach stehen. Es war unsagbar schön und sie fühlte eine tiefe Dankbarkeit dem Leben gegenüber.

„Ich bin, die ich bin", murmelte sie und hauchte erneut kleine Wölkchen in die kalte Morgenluft hinaus.

Soeben hatte sie die ersten Tannen erreicht, als sie weit hinten am anderen Ende des Waldrandes zwei Gestalten sah. Sie brauchte nicht zweimal hinzuschauen, um die beiden zu erkennen. Zu gut kannte sie den einen bärtigen Mann und den anderen, stets in weiß gekleideten Herrn mit dunkelrotem Schal. Auch Merlin sah sie durch den frischen Schnee toben. Sie kamen nach Hause. Sie waren wieder da.

Sie konnte aus der Ferne beobachten, wie die beiden Männer und der Hund sich ihrem geliebten Zuhause näherten. Wie sie vor ihrem Haus kurz innehielten und dann aber gemeinsam zur Tür des Nachbarhauses liefen und an die Holztür klopften.

Delia spürte eine Träne der Freude über ihre Wange rollen, als sie zusehen konnte, wie Ruth die Tür öffnete und sich in die Arme von Jakob fallen ließ. Sie hatte geahnt, dass er wiederkommen würde. Und dennoch war es nun so wundervoll mitanzusehen, wie sich der Kreis wieder schloss.

Delia lächelte selig und strich über ihr weißes Kleid, welches auch aus diesem Tag einen ganz besonderen machte. Nun wusste sie, weshalb sie in der Früh diesen Impuls verspürt hatte. Ein Teil von ihr hatte bereits gewusst, was heute geschehen würde.

Die junge Frau duckte sich unter ein paar tief hängenden Tannenästen hindurch und ging tiefer in den Wald hinein. Sie würde Ruth den alleinigen Raum lassen, das Wiedersehen mit Jakob zu genießen. Sie selbst spürte das Bedürfnis in sich, diese Schneelandschaft zu entdecken und eine Weile für sich zu sein. Wie sehr sie die Stille und die weichen Klänge dieses Morgens liebte. Er war erfüllt von Sanftheit und Ruhe.

Der Schnee unter ihren Sohlen knirschte, als sie behände über einen umgefallenen Baumstamm sprang. Auch hier gab es tief hängende Äste, die durch die Last des Schnees den Wald ganz anders wirken ließen. Alles war zugedeckt. In Watte gepackt.

Delia schob sich unter ein paar Fichtenzweigen hindurch und kam auf eine kleine Lichtung, die durch die einfallende Morgensonne auf eine fast magische Weise glitzerte. Hier fand sie die Spuren, nach denen sie gesucht hatte. Ein Hirsch war hier gewesen, noch nicht allzu lange her. Sie hatte von Lukas gewusst, dass es welche in diesem Wald gab und vor ein paar Wochen hatte sie zum ersten Mal ihr durchdringendes Röhren vernommen. Doch bisher war es ihr noch nicht vergönnt gewesen, eines dieser mächtigen Tiere zu erblicken. Zu scheu und clever waren diese majestätischen Wesen.

Nun sah sie jedoch die Spur vor sich im Schnee und lächelte. Sie würde früher oder später eines dieser Tiere sehen, davon war sie überzeugt. Mit dem Finger fuhr sie die Form der Hufe nach, als sie auf einmal wachsam aufblickte. Ihr Lächeln bekam einen verschmitzten Zug und ihre Augen blitzten.

„Versuchs doch", murmelte sie und stand auf, um sich schnellen Schrittes von der Lichtung zu entfernen. Leicht gebückt und immer absolut wachsam hastete sie durch den morgendlichen Winterwald. Ein Lächeln auf den Lippen und die Kapuze tief ins Gesicht gezogen, umrundete sie jede Baumgruppe und jedes Gebüsch. Immer tiefer ging es in den Wald hinein. Sie wusste, dass ihre Spuren im Schnee sie verrieten und dennoch hielt sie nicht inne, um sie zu verwischen. Er würde sie sowieso finden. Die Frage war nur, wann.

Ihr Herz pochte laut und sie spürte die Hitze auf ihren Wangen, als sie kurz innehielt, um tief durchzuatmen. Die Hände an die eiskalte Rinde einer Esche gepresst, spähte sie hinter dem Baum auf den Waldweg, der vor ihr lag. Niemand war zu sehen – gut so!

So schnell sie konnte, huschte sie über die offene Fläche zur anderen Seite, um sich hinter dem Stamm der nächsten Tanne zu verstecken. Sie fühlte, dass er nah war. Doch sie würde nicht klein beigeben. Noch spürte sie all ihre Kräfte in sich. Ein Lächeln erhellte ihr Gesicht, als ihr eine Idee kam.

Erneut legte sie an Tempo zu und hastete durch die Tannen und Fichten. Inzwischen war sie voller Schnee, da sie kaum alle Äste rechtzeitig zur Seite schieben konnte. Der nächste Zweig riss ihr die Kapuze vom Kopf. Kalter Schnee rutschte in ihren Kragen. Delia keuchte leise und versuchte ihr Lachen zu unterdrücken. Doch sie hatte es geschafft. Sie war bei ihrem geliebten großen Felsen angelangt, den sie so oft aufsuchte. Auf ihn hochzuklettern wäre zu riskant, doch sie huschte zur einen Seite der Lichtung, wo viele große, dunkle Tannen dicht an dicht standen. Kaum Sonnenlicht drang durch die Nadeldecke. Hier war es düster und nicht wirklich einladend. Delia lehnte sich mit dem Rücken an einen besonders dicken Baum und versuchte, ihren Atem wieder etwas zu beruhigen. Sie schloss die Augen und lächelte.


Sie spürte seinen Blick, noch bevor sie blinzelte. Dennoch zuckte sie etwas zusammen, als sie direkt in die dunklen, tiefen Augen blickte, die zu jenem Mann gehörten, den sie so sehr liebte. Sein neckisches Lachen und sein durchdringender Blick ließen sie leise ausatmen. Sie spürte ihre heißen Wangen und wie sich ihr Herzschlag erneut etwas beschleunigte. Delia legte ihren Kopf in den Nacken und öffnete leicht ihre Lippen, als Amin näherkam und seine beiden Arme seitlich von ihr an den Stamm legte. Es gab kein Entkommen mehr. Dies war auch nicht mehr nötig. Sie blickten sich stumm an. Dann begann Delia zu lachen.

Zuerst leise, dann immer lauter und sie wischte sich eine Träne aus dem Augenwinkel, als sie sah, wie auch der großgewachsene Mann mit dem Lachen kämpfte.

Es war, als wäre Amin nie fortgewesen und Delia wusste, dass dies immer so sein würde. Egal wie lange er wegging oder ob er überhaupt wiederkam. Es war alles gut so, wie es war. Sie liebten sich und sie liebten diesen einen Moment, den sie teilten. Beide vertrauten sie dem Leben und achteten den ganz eigenen Weg des anderen. Jeder Moment, den sie teilten, war heilig. Doch genauso heilig waren auch all die Zeiten, die sie ohne einander verbrachten. Sie waren frei. Frei zu lieben und frei mit sich selbst zu sein.

Amin nahm Delias Hand und gemeinsam gingen sie zurück zum großen Felsen. Es war nicht ganz einfach, mit dem rutschigen Schnee den gigantischen Stein zu erklimmen. Doch gemeinsam schafften sie es und oben angekommen war die Aussicht atemberaubend schön.

Delia konnte sich kaum sattsehen an den schneebedeckten Baumwipfeln und den feinen Nebelschwaden, die mit den Sonnenstrahlen zu einem wunderbaren Tanz verschmolzen.

„Ist das nicht einfach nur traumhaft schön?", murmelte sie und drückte die Hand von Amin, der neben ihr in die Winterlandschaft blickte.

„Ja, das ist es", antwortete er und lächelte ihr zu.

„Früher hätte ich gewollt, dass ich einen solchen Moment für immer einfrieren könnte", lachte Delia, „ich wollte ihn nicht loslassen, vertraute nicht, dass noch viel mehr kommen würde. Heute weiß ich es besser. Heute spüre ich, dass mich meine Reise noch so viel weitertragen wird, als ich es mir je hätte erträumen können. Das Leben ist so gigantisch."

Der sanfte Druck seiner Hand war ihr Antwort genug. Für so vieles gab es einfach keine Worte mehr und gerade dies machte es auf eine neue Art besonders.

„Es ist alles so anders, wie ich dachte, dass es sei", fügte sie nach einer Weile der Stille hinzu und blickte hinüber zu Amin, der sie aufmerksam ansah.

„Ja, die Welt ohne die Spiele des Mangels und des Leidens ist eine andere", antwortete er schließlich und ließ seinen Blick umherschweifen, „ohne Drama. Ohne Kampf und Angst. Ohne Wollen und Haben. Jenseits der Spiegel und hinter dem Horizont der Dualität gibt es nur noch Fülle, Vertrauen und Klarheit. Manchmal wünschte ich mir, ich könnte dies der Welt schenken. Den vielen Menschen auf der Suche einen Einblick geben, was doch so nah ist, wenn wir wahrhaftig erlauben. Wenn wir wahrlich loslassen lernen und uns hingeben können." Amin lächelte und drückte Delia an sich.

Sie blickte zu ihm hoch. „Das wünsche ich mir manchmal auch. Doch dann erinnere ich mich an meine eigene Reise und wie viel ich auf diesem Weg an Reichtum erfahren durfte. Ein Reichtum an Erfahrung und Weisheit, die es mir möglich gemacht haben, diese neue Welt zu betreten. Wir müssen nichts forcieren oder beschleunigen. Es wird geschehen. Für jeden Menschen auf seine Weise und zu seiner Zeit."

Als ein Bussard über ihnen kreiste, seine hellen Rufe ausstieß und Delia den feinen Wölkchen ihrer ausgeatmeten Luft hinterherblickte, da fühlte sie sich so sehr mit sich selbst und dem großen Ganzen verbunden, dass ihr ganz warm ums Herz wurde. Ja, so fühlte sich ein wahrhaftiger Seelenblick an. Verbunden mit ihrer ureigenen Essenz und gleichzeitig verwoben mit dem Ursprung allen Seins. In Freiheit, Verbundenheit und Liebe.

„Ich verstehe erst jetzt so wirklich, was es bedeutet, ein souveränes Wesen zu sein. Wirklich zu existieren. Als Seele. Jenseits von Raum und Zeit. Unendlichkeit. Ich erkenne dies erst jetzt. Und gleichzeitig wusste ich es schon immer. Ich war schon immer verbunden mit dem großen Ganzen. Und schon immer in meiner ureigenen Energie ganz." Delia lachte leise und legte ihren Kopf in den Nacken, um dem Flug des Vogels zu folgen.

Amin deutete mit dem Finger auf die Sonne, die sich hinter ein paar Schleierwolken versteckt hatte. Durch die feine Dunstschicht konnte man regenbogenfarbene Lichtreflexe sehen, die in der kristallklaren Luft glitzerten. Delia zog scharf die Luft ein und staunte.

Dann begann sie leise zu singen. Helle Töne der Demut und Dankbarkeit entsprangen ihren Lippen und erklangen über dem schneebedeckten Wald. Das Leben war ein einziges Wunder und sie versuchte, all ihre Liebe zu diesem gigantischen Sein in ihren Ausdruck zu bringen.

Und sie sang. Aus tiefstem Herzen und mit Tränen der Berührung in den Augen.

Als auch Amin seine wohlklingende Stimme in die Melodie mit ein webte und sich ihre Blicke trafen, spürte Delia, dass es nichts gab, was unmöglich war. Das ganze

Leben, das ganze Sein und der jetzige Moment waren erfüllt von Bewusstsein, von Liebe und von einer unglaublichen Kraft des Erkennens.

Es war alles gut, wie es war.

Ja, es ist alles gut, wie es ist.

# Gemeinsam unterwegs

Möchtest du dich weiterhin auf deinem Weg
inspirieren lassen?
Hast du Fragen oder wünschst du dir eine Begleitung
auf der Reise zu dir selbst?

Mit meiner Erfahrung der Transformation, der Dualseelenverbindung und mit meinem Wissen um den Bewusstseinswandel und unsere besondere Zeit, bin ich gerne an deiner Seite, um dich auf deinem Weg zu unterstützen.

Sanft und dennoch klar kann ich dein Spiegel sein und dir dabei helfen, in die Tiefe zu gelangen und alte Wunden zu erkennen und anzunehmen. Ehrlichkeit, Neugierde und eine gewisse Forscherfreude helfen uns dabei.

Bist du bereit, einen Schritt tiefer (und höher)
zu reisen?

Auf meiner Website
*www.livia-schwander.com*
findest du weitere Infos zu mir
und meinen Angeboten.

Ungefähr einmal die Woche teile ich meine Texte und Gedanken auf meinem Blog zu Themen der Schattenarbeit, Selbstliebe und Achtsamkeit. Einen davon findest du auf den folgenden Seiten.

Es ist mir inzwischen eine unglaubliche Freude, auf diesem Weg mit euch verbunden zu sein.

Du findest meinen Blog auf meiner Website, wie auch die Links zu Social Media.

In Planung steht ein „Herzensblicke"-Praxisbuch – aufbauend auf meinen Blogtexten, sowie mit Impulsfragen, Gedanken und Übungen für den Alltag. Noch ist nichts spruchreif, doch du wirst über meinen Blog weiter informiert.

Ich freue mich auch sehr über Rückmeldungen zu diesem Buch. Deine Gedanken zur Geschichte, deine Fragen oder Anliegen darfst du mir gerne mitteilen.

Du erreichst mich unter
*livia.schwander@gmail.com*

Alles Liebe für deinen Weg
und mögest du nie aufhören,
deinen Herzens- und Seelenblicken zu folgen.

# In Liebe sein

Es gibt nichts zu tun,
um den Wandel zu forcieren,
um zu beschleunigen, zu pushen,
um schneller DA zu sein.
Wo denn genau? Im Jetzt?

Nein, es gibt nichts zu tun,
um die Welt zu verändern,
um Zustände zu lösen,
zu heilen, zu gesunden – um ganz zu sein.
Wie denn genau? Im Widerstand?

Geh nicht verloren im Ziehen und Stossen,
im Richtig und Falsch,
im Licht und Schatten.
Dualität.
Ein Spiel, weiter nichts.
Endlose Schlaufe, nie endendes Theaterstück.
Oh bitte – geh nicht verloren im Suchen,
im Kontrollieren, im Planen, im Hetzen.

———— ⚘ ————

Trete aus.
Wähle anders.

Und wisse, dass du weißt:
Es ist alles bereits da.
In dir.
Alles bereits gelöst.
Im Jetzt.
Geheilt.
Ganz.
In meisterhafter Präsenz.
DA.
Lausche tief.
Fühle roh.

Es gibt nichts zu tun.
Ausser zu erlauben.
Dass geschieht.
Dass Energie uns dient.
Dass wir erkennen, was ist.
In uns. Um uns.
Bewusstsein.

Nein, es gibt nichts zu tun.
Ausser zu strahlen.
Dein Licht auszusenden.
Präsent und bewusst in Liebe zu sein.
In Liebe zu sein.

# Mio und die Funkelsteine

## Ein Abenteuer im Wichtelwald

Im Wichtelwald, da wo Mio und seine Freunde wohnten, besaß jeder Wichtel einen ganz besonderen Stein. Kümmerte er sich gut um sich selbst und diesen Funkelstein, so leuchtete dieser hell und schenkte Wärme und Freude.

Ausgerechnet an Mios Geburtstag verschwanden viele dieser Funkelsteine.

In einem aufregenden Abenteuer machen sich der Wichteljunge und seine Freunde auf die Suche nach dem Dieb. Werden sie die Funkelsteine wiederfinden?

*Eine spannende Geschichte zur Förderung der Empathiefähigkeit und Selbstfürsorge.*

Autorin/Illustratorin:
Livia und Jana Schwander
Gebundene Ausgabe: 32 Seiten
ISBN: 978-3-948576-03-5
Empfohlenes Alter: ab 3 Jahre
Größe: 21 x 29,7 cm
Preis: 19 Euro bzw. 21 CHF

Zu beziehen unter
www.livia-schwander.com (CH)
oder auf
www.verlag.massel.net (DE, AT)

# Über mich

Im Sommer 1991 in Luzern (CH) geboren, besuchte ich nach dem Gymnasium die pädagogische Hochschule. Es folgten sieben bereichernde Jahre als Kindergärtnerin und parallel dazu zwei Jahre als Schulleitung und Lernbegleitung in der mitgegründeten Kompass-Schule in Luzern.

Im Sommer 2020 löste ich mich von der Arbeit mit den Kindern und bin seither nur noch sporadisch in einem Klassenzimmer anzutreffen. Ich widme mich nun intensiv unter anderem den Themen der Selbstliebe, Schattenarbeit und der Bewusstseinsentwicklung. So sind außer dem spirituellen Roman, den du in den Händen hältst, auch viele Blogtexte und weitere Projekte entstanden.

Nebst dem Schreiben halte ich mich von Herzen gerne in der Natur auf und liebe es zu singen, zu tanzen oder mich auf andere kreative Weise auszudrücken.

Ganz nach dem Motto „alle Energien dienen mir" folge ich Schritt für Schritt dem Weg meines Herzens und lasse mich tagtäglich von Herzens- bzw. Seelenblicken beschenken.